평균의 종말

KB132011

평균의 종말

평균이라는 허상은 어떻게 교육을 속여왔나

THE END OF AVERAGE

토드 로즈 지음 | **정미나** 옮김 | **이우일** 감수

21세기북스

나의 멘토이자 벗인 커트 피셔에게 이 책을 바칩니다.

인간 만사에서는 오랫동안 당연시해왔던

문제들에도 때때로 물음표를 달아볼 필요가 있다.

– 버트런드 러셀, 영국의 철학자

평균은 한 가지 잣대로 줄 세웠을 때 산출 가능하다. 올림픽에서 다른 종목들을 무시하고 달리기 하나로만 줄 세운다면, 우리 교육은 수많은 김연아와 박태환을 놓칠 것이다. 91점이 붙고 100점이 떨어지는 것을 불공정으로만 보는 프레임에 반격을 가하는 매우 의미 있는 책이다. 수많은 사례를 통해 토드 로즈는 결국 교육은 속도가 아니라 방향이어야 함을 다시 한 번 외친다. _이혜정, 교육과 혁신 연구소장, 『서울대에서는 누가 A+를 받는가』 저자

『평균의 종말』은 철학책이다. '국 · 영 · 수 문제를 골고루 잘 푸는' 학생을 명문대로 실어 나르는 컨베이어 벨트의 효능을 의심하는가? 이 책이 견고한 이론적 기초를 제공할 것이다. 국가가 교과서를 검열하고('검정' 교과서) 학생들에게 획일적인 시간표를 나눠 주는 게 당연시되는 한국의 교육 현실에서, 토드 로즈의 외침은 거센 죽비와 같다. "모든 것은 하나의 결정에서부터 시작된다. 즉 개개인을 소중히 여기기로 마음먹는 일이다."

_이범, 교육평론가

토드 로즈는 보기 드문 수작을 통해 도발적이면서도 옳은 주장을 담아냈다. 재능에 대한 우리의 기본적 가정을 뒤엎고 주체적인 새로운 세계관을 제시해준다. 흥미로운 이야기, 참신한 자료, 대담한 아이디어로 가득한 책이다. _애덤 그랜트, 와튼 스쿨 교수, 『오리지널스』 『기브 앤 테이크』 저자

'평균적' 수행력에 대해 우리가 알고 있다고 생각했던 모든 것들이 전부 틀렸음을 일깨워준다. 사실 성취도에 대한 일차원적 이해, 즉 평균 점수, 평균 등급, 평균 재능의 추종에는 인간의 잠재력을 심각할 만큼 과소평가해온 측면이 있다. 쉽게 읽히면서도 깨우침을 주는 이 책은 평균을 초월하는 걸작이라 할 만하다.　_다니엘 핑크, 『새로운 미래가 온다』 『드라이브』 저자

다른 사람들을 위해 일하거나 해결책을 만들어내는 사람이라면 누구나 읽어야 할 필독서다. 이 책은 우리의 시스템을 다시 생각해볼 방법을 일러주는 길잡이일 뿐만 아니라 여러 면에서 내가 지금껏 읽은 최고의 자기계발서다.　_짐 셸턴, 미국의 전 교육부 부장관

토드 로즈의 글을 읽어나가다 보면 문화, 학교, 직장, 주변의 모든 사람들을 바라보는 관점에 변화가 일어나고, 테일러주의가 공식적으로 수명이 다했음을 깨우치게 된다. 저자는 설득력 있는 서술과 흡인력 있는 문체로 우리가 어떤 존재이며 무엇이 중요한가를 이해하게 해준다.
　_세스 고딘, 『보랏빛 소가 온다』 저자

생각거리를 던져주는 좋은 책이다. 일상어처럼 굳어진 '평균'의 변별력에 의문을 제기하며 인간의 다양성과 잠재력에 대한 새로운 개념화 방식을 고려해보도록 이끌어준다.　_하워드 가드너, 하버드대학교 심리학 교수, 『다중지능』 저자

빠져들 만큼 흥미롭다. 토드 로즈는 등급이든 표준화 시험의 점수이든 직장에서의 위계이든 간에 우리의 성취도가 단순한 숫자나 평균으로 가늠 가능하다는 식의 잘못된 통념을 날려버려준다. 『평균의 종말』은 모든 사람이, 정말로 모든 이들 누구나가 잠재력을 펼치며 살아가도록 이끌어줄 만한 책이다.　_에이미 커디, 하버드대학교 경영대학교 교수, 『프레즌스』 저자

4차산업혁명 시대의
가장 뜨거운 화두, 교육

강산이 세 번 변하는 세월 동안 대학 교육의 일선에서 학생들과 함께 해오면서 '교육'은 그 자체로 내가 풀어내야 할 화두이자 내 삶의 전부였다고 해도 과언이 아니다. 그런 나에게 '평균의 종말The End of Average'이란 상당히 도발적인 제목의 책이 눈에 띈 것은 어쩌면 행운이었다. 무슨 내용일까 하는 정도의 호기심으로 아마존을 통해 이 책을 구입해서 몇 페이지를 읽다가 나도 모르게 책 속으로 빠져들어 갔다. 바로 내 개인의 화두이자 우리 사회 역시 가장 고민하고 있는 문제 가운데 하나인 교육과 평가, 그리고 그것의 주체이자 객체인 개인의 의미에 대한 문제와 함께 시원한 해결책을 제시하고 있었기 때문이다.

우리나라가 엄청난 속도로 산업화를 이룬 것은 우리의 모델인 선진국들이 잘 닦아놓은 길을 열심히 달려왔기 때문이다. 가야 할 방향과 목표가 정해져 있었기 때문에 거기에 빨리 도달하기 위한 속도만 고민하면 됐다. 아마도 '빨리빨리' 문화는 이 과정에서 생기지 않았나 싶다. 이 과정에서 우리나라 교육도 정해진 교과과정 또는 매뉴얼을 빨리 습득하는 학생들을 양산하는 시스템으로 정착됐고, 그것은 매우 효과적인 것으로 여겨졌었다. 그런데 정작 문제는 우리가 그동안 열심히 달린 결과 선진국으로 진입할 수 있는 문턱에 도달한 요즈음에 생기고 있다.

어느새 우리가 선두 그룹으로 나서기 시작하면서 이제는 속도보다, 가야 할 방향과 목표를 우리 스스로 찾고 세워야 하는 상황으로 바뀌었다. 여기에다 쓰나미처럼 밀려오는 4차산업혁명의 물결은 산업 분야를 넘어 사회 전 분야로 급격히 퍼져 나가고 있다. 사람과 사람, 사람과 사물, 사이버 세상과 현실 세계가 연결되고, 엄청난 양의 데이터를 처리할 수 있는 세상에 살게 됐다. 예전에는 '평균'이라는 개념에 묻혀 무시될 수밖에 없었던 개개인의 특기와 장점을 고려할 수 있는 능력이 생기게 됐고, 사회의 발전은 이 능력을 얼마나 확보하고 잘 활용하느냐에 따라 좌우되는 세상으로 진입했다.

사람은 사람대로, 사물은 사물대로 각 개체가 가지는 다양성이 무엇보다 중요하게 고려돼야 할 세상이 이미 시작된 것이다. 그런데 우리는 아직도 획일적 사고의 틀에서 벗어나지 못하고 있다. 예를 들면 젊은 엄마들은 자기 아이가 다른 아이들보다 두어 달이라도 늦게 걷기 시작하면 불안해한다. 자기 아이가 '평균'에 못 미친다는 것은 무엇인가 문제가 있는 것이라 인식하기 때문이다. 대학 수능 시험만 해도 우리가 얼마나 획일적인 교육과 평가의 틀에 사로잡혀 있는지 적나라하게 보여주고 있다.

이 책은 아직도 획일적 평균주의의 함정에서 허우적대고 있는 우리들에게 천지를 뒤흔드는 우레로 다가온다. 지금은 하버드대학교 교육대학원 교수인, 저자 토드 로즈는 우리가 '평균'적으로 알고 있는 우등생이 절대로 아니었다. 고등학교를 중퇴하고 최저임금 일자리를 전전하면서 공부해 결국은 하버드대학교 대학원의 교수가 되고 세계 최고의 교육학자가 됐다. 저자는 왜 자기가 고등학교 때 문제 학생으로 분류됐는지, 어떻게 공부의 '요령'을 터득했는지 스스로의 경험을 반추하면서 평균주의에 함몰돼 있는 교육과 평가 시스템의 문제를 조목조목 짚어내고 있다.

저자가 문제만 제기했다면 그리 큰 울림은 없었을 것이다. '평균주의'에서 벗어나는 구체적 해결책까지 제시함으로써 여타의 비슷한 저서들과 차별화는 물론 독자들의 흥미를 집중시키는 데 성공하고 있다. 저자는 근대사회의 발전 과정에 대한 놀라운 통찰력과 교육은 물론 사회과학 전반을 넘나드는 해박한 지식으로 독자를 심심할 틈이 없게 만든다. 이 책에 소개된 다양한 예들은 특히 우리가 당연하다고 여기고 있었던 평균에 대한 생각을 여지없이 깨부수어버리는 것들로써, 그 진위를 의심하게 만들 정도로 충격적이다. 그런데 더욱 놀라운 것은 저자가 제기하는 평균주의의 문제점이 미국에서는 물론 오늘날 우리나라에서 우리가 겪고 있는 문제라는 점이다.

예컨대 우리나라에서는 좋은 대학에 입학하려면 중·고등학교 내내 우수한 성적을 유지해야 한다. 한순간의 일탈도 허용되지 않고 자기가 속한 집단의 평균보다 늘 높은 점수를 받아야 한다. 위인전에서 흔히 보는 위대한 인물들은 거의 예외 없이 '열등'과 '실수'의 유소년기를 보냈다. 우리는 그런 과정을 통해 자기 스스로 깨우쳐 온전히 자기 것으로 만드는 것이야말로 진정한 학습 과정이라고 말한다.

그런데 현실의 우리 시스템은 그와 정반대다. 무조건 암기해야 하고 실수는 용납되지 않는다. 에디슨이 이 시대 우리나라에 살았다면 어떤 모습이 됐을까 상상하는 일은 어렵지 않다. 글로벌 경쟁의 4차 산업혁명 시대에 이러한 시스템이 100년, 1,000년 계속될 수 없다는 것은 자명하다. 교육에서는 창의적 인재를 키우고, 기업에서는 직원들이 자기의 잠재 역량을 극대화할 수 있도록 만들어야 한다. 이미 급변하고 있는 시대적 환경은 이런 시스템의 변화를 선택이 아닌 필연으로 만들고 있다. 다윈은 진화론을 통해 변화하는 환경에 제때에 제대로 적응하지 못하는 생물 종은 멸종의 길을 걷는다고 했다.

이 책을 통해, 만약 독자가 학생이라면 어떻게 자신의 잠재력을 최대로 이끌어낼 수 있는가 알 수 있으며, 기업의 CEO는 물론 인사와 성과 평가 담당자라면 회사를 위한 최적의 인재를 선발하고 잠재력을 최대로 발휘하게 할 아이디어를 얻을 수 있다. 학부모들은 아이들의 성취에 일희일비하지 않고 아이들의 긍정적인 면을 북돋아주며 잠재력을 발휘할 수 있게 만드는 방법을 터득하게 될 것이다. 물론 교육자들은 자신의 교육 방법에 대해 다시 한 번 돌아보게 될 것이 틀림없다. 고교 중퇴생이 하버드대 대학원의 교수가 될 수 있는 통로가 열려 있는 미국에서 이렇게 시스템에 대한 끊임없는 반성을 하고 있다는 점은 놀라움과 자책감으로 다가온다. 우리나라에서 고교 중퇴생이 일류 대학 교수가 될 수 있는 확률이 과연 조금이라도 존재하는 것일까? 우리는 인구 절벽을 말하며 부족한 생산 인구가 가져올 미래를 걱정한다. 그렇다면 개개인의 다양성을 인정하고 잠재력을 극대화할 수 있는 시스템을 정책 입안자들이 앞장서서 만들어야 하지 않을까? 이런 의미에서 교육 생태계의 모든 구성원인 학생, 학부모, 교사 및 교수, 정책 당국자들이 이 책을 반드시 읽어볼 것을 권한다.

서울대학교 기계항공공학부 교수

이우일

차 례

제 1 부 | 평균의 시대

닮은꼴 찾기 대회

1940년대 말, 미국 공군은 심각한 난관에 봉착했다. 공군 조종사들이 전투기 조종에 애를 먹고 쩔쩔맸기 때문이다. 당시는 제트엔진 항공기 시대가 도래하면서 전투기의 비행 속도가 빨라지고 비행 방식이 복잡해진 상황이었다. 하지만 그렇다 해도 문제가 너무 빈발하고 아주 여러 기종에서 동시다발로 일어나는 통에 공군으로선 생사가 걸린 원인 불명의 문제에 골머리를 앓으며 가슴 졸여야 했다. "비행을 하면서 그때만큼 힘들었던 적이 없었어요. 언제 어떻게 땅바닥으로 곤두박질치게 될지 몰랐으니까요." 한 퇴역 공군 조종사의 회고담이다. 최악의 순간에는 단 하루 사이에 17명의 조종사가 추락을 겪었다.[1]

정부에서는 이와 같은 전투 외적 불상사를 **사고**와 **변고**라는 두 단어로 규정했고 그런 사고와 변고는 의도치 않은 급강하와 비정상적 착륙에서부터 기체 폭발로 인한 불의의 죽음에 이르기까지 다양하게 나타났다. 군 고위 장교들은 초반엔 그 책임을 조종석의 조종사들에게 떠넘기며 추락 보고서에 '조종사 과실'을 원인으로 기재했다. 이 판단은 타당해 보였다. 기체 자체에는 오작동이 전무하다시피 했기 때문이다. 엔지니어들이 몇 차례나 기체의 기계장치와 전자장치를 검사했지만 아무런 결함도 발견하지 못했다. 조종사들 입장에서도 어찌 된 노릇인지 몰라 당혹스러웠지만 자신들의 조종술이 문제의 원인이 아니라는 점만큼은 확신했다. 인간의 과실도 기계적 과실도 원인이 아니라면 대체 무엇이 문제였을까?

수차례의 조사에서 아무런 해답을 얻지 못하자 담당자들은 조종석의 설계로 관심의 초점을 옮겼다. 군에서 최초의 조종석을 설계했던 때는 1926년으로, 당시에 엔지니어들은 남성 조종사 수백 명의 신체 치수를 잰 뒤(여성 조종사가 나올 가능성은 진지하게 고려되지 않았다) 이 자료를 기준으로 조종석 규격을 표준화했다. 그 뒤로 30년이 지나도록 조종석 시트의 규격과 모양, 가속페달과 기어의 배치 거리, 앞 유리의 높이를 비롯해 심지어 비행 헬멧의 모양까지도 1926년 조종사의 평균 신체 치수에 맞춰 설계됐다.[2]

그러다 비로소 군 엔지니어들 사이에서 1926년 이후로 조종사들의 체격이 커지지 않았을까, 하는 의문이 제기되기에 이르렀다. 공군에서는 조종사 신체 치수를 새롭게 측정하기 위한 사상 최대 규모의 조사를 인가해줬다.[3] 그로써 1950년에 오하이오주 소재의 라이트 공군기지에서 4,000명 이상의 조종사들을 대상으로 엄지손가락 길이, 가랑이 높이(바닥면에서 가랑이 지점까지의 수직거리-옮긴이), 조종사의 눈과 귀 사이의 간격 등 140가지 항목의 치수를 측정한 뒤 항목별 평균 치수를 산출했다. 이제는 개선된 조종사 평균 치수를 바탕으로 조종석이 보다 적합하게 설계돼 추락 사고가 줄어들 것이라고 모든 사람들이 믿었다. 아니, 거의 모두가 믿었다. 신입으로 들어온 23세의 과학자 한 명만은 여기에 의혹을 품었으니 말이다.

길버트 S. 대니얼스Gilbert S. Daniels 중위는 남성호르몬 테스토스테론으로 철철 넘치는 공군 문화를 떠올릴 때 으레 연상되는 그런 사람이 아니었다. 그는 갸름한 몸에 안경잡이였다. 꽃과 조경에 관심이 많아 고등학생 때는 식물원 탐방 동아리 회장을 맡기도 했다. 대학 졸업 직후 라이트 공군기지 항공의학연구소에 들어왔을 당시엔 비행기를 타본 경험도 전무했다. 하지만 그 점은 중요하지 않았다. 신참 연구원으로서 대니얼스에게 맡겨진 업무는 줄자로 조종사들의 팔다리 길이를 재는 것이었으니까.[4]

대니얼스에게 인체 측정은 처음 접해보는 분야가 아니었다. 항공의학연구소가 대니얼스를 채용한 이유도 대니얼스가 하버드대학교 재학 시절에 인체 해부를 전문적으로 다루는 분야인 체질인류학을 전공했기 때문이었다. 20세기 초반기에 이 분야는 평균 체형별 사람들의 특성을 분류하려는 시도, 이른바 '전형화typing'에 관심이 집중돼 있었다.[5] 그런 전형화의 한 예로서 당시의 체질인류학자 대다수는 단신에 뚱뚱한 체형은 쾌활하고 놀기 좋아하는 성격을 암시하는 특성이며, 대머리에 입술이 두툼하면 '범죄자형'의 상이라고 믿었다.[6]

하지만 대니얼스는 전형화에는 별 관심이 없었다. 학부 졸업논문의 주제도 하버드대학교 남학생 250명의 손 모양을 찬찬히 비교해놓은 내용이었다.[7] 대니얼스가 조사한 학생들은 인종이나 사회적·문화적 배경이 비슷비슷했지만(즉 백인 부유층이었지만) 예상과 달리 그들의 손에는 서로 비슷한 특징이 거의 없었다. 이보다 더 의외의 조사 결과도 있었다. 대니얼스가 조사 자료를 평균화해 비교해본 결과 평균 치수와 비슷한 학생이 한 명도 없었던 것이다. 평균적인 손 크기 같은 건 없었다. "저는 하버드대를 졸업할 무렵 한 가지 확신을 갖게 됐습니다. 개개인용 제품의 설계에서는 평균치가 아무짝에도 쓸모없다는 확신이었죠." 대니얼스가 나에게 털어놓은 말이다.[8]

그래서 공군에서 조종사들의 신체 치수 측정 업무를 맡겼을 당시 대니얼스는 평균에 관한 한 100년에 가까운 군 설계 철학에 반하는, 남다른 소신을 품고 있었다. 항공의학연구소에 앉아 손, 다리, 허리, 이마를 재는 내내 그는 머릿속에서 한 가지 의문을 떨칠 수가 없었다. '과연 평균치인 조종사들이 몇 명이나 될까?'

대니얼스는 직접 그 의문을 풀어보기로 했다. 먼저 조종사 4,063명의 치수를 재면서 축적된 자료를 토대로 키, 가슴둘레, 팔 길이 등 조종석 설계상 가장 연관성이 높다고 판단되는 10개 항목의 신체 치수에 대해 평균값을 냈다. 이 평균값을 바탕으로 '평균적 조종사'를 각 평균값과의 편차가 30퍼센트 이내인 사람으로 넓게 잡았다. 예를 들어, 자료상으로 구해진 정확한 평균 키는 5피트 9인치(약 175센티미터)지만 '평균적 조종사'의 키를 5피트 7인치(약 170센티미터)에서 5피트 11인치(약 180센티미터)까지로 정하는 식이었다. 대니얼스는 그다음엔 조종사 개개인의 수치를 평균적 조종사의 수치와 일일이 대조했다.[9]

대니얼스가 결과값을 산출해내기 전에 공군 내 동료 연구가들 사이에서는 조종사들 대다수가 대부분의 치수에서 평균치에 들어갈 것으로 예상하는 분위기가 퍼져 있었다. 하긴 측정 대상으로 선발된 조종사들은 이미 외관상 평균 체격에 해당하는 이들이었으니 충분히 그럴 만도 했다[이를테면 키가 6피트 7인치(약 2미터)인 사람은 애초에 대상으로 뽑히지도 못했다는 얘기다]. 공군 내 연구가들은 상당수 조종사들이 10개 항목 전체에서 평균 범위에 들 것이라고 예상하기도 했다. 하지만 실제 값을 일람표로 작성해보니 대니얼스조차도 깜짝 놀랄 만한 예상 밖의 결과가 나왔다.

0명이었던 것이다.

조종사 4,063명 가운데 10개 전 항목에서 평균치에 해당하는 사람이 단 한 명도 없었다. 어떤 조종사는 팔 길이가 평균치보다 길지만 다리 길이는 평균치보다 짧은가 하면 또 어떤 조종사는 가슴둘레가 평균치보다 넓은 편이지만 엉덩이 둘레는 좁은 편으로 나타나는 식이었다. 대니얼스가 더 놀라워했던 의외의 결과는 따로 있었다. 10개 항목 가운데 임의로 3개 항목만을 골라서, 이를테면 목둘레, 허벅지 둘레, 허리둘레만을 고르는 식으로 비교해본 결과에서도 3개의 전체 항목에서 평균치에 드는 조종사의 비율이 채 3.5퍼센트도 안 됐다. 대니얼스가 얻어낸 이러한 결과를 통해 논의의 여지 없이 명백히 입증됐다시피 **평균적인 조종사 같은 것은 없었다.** 평균적인 조종사에게 맞는 조종석을 설계해봐야 어느 누구에게도 맞지 않는 조종석을 설계하는 셈이었다.[10]

대니얼스가 밝혀낸 이 예상 밖의 결과는 개인적 특징에 대한 기본적 가정의 부문에서 새로운 시대를 열 만한 중대한 개념이었다. 하지만 아무리 중대한 개념이라 해도 정확한 해석이 필요하다. 우리는 사실을 액면 그대로 받아들이고 싶어 하지만 알고 보면 그와는 다른 경우가 비일비재하다. 어쨌거나 평균적 조종사라는 것이 없다는 사실을 발견한 최초의 인물은 길버트 대니얼스가 아니었다.

잘못된 이상

당시보다 7년 전 지역신문 「클리블랜드 플레인 딜러Cleveland Plain Dealer」는 1면에 클리블랜드 건강박물관과 공동 주최하고 클리블랜드 의학회, 클리블랜드 의과대학, 클리블랜드 교육위원회가 협찬하는 대회의 개최에 관해 발표했다. 우승자에게는 100달러, 50달러, 25달러 상당의 전쟁 채권이 수여되고 그 외 10명의 여성 참가

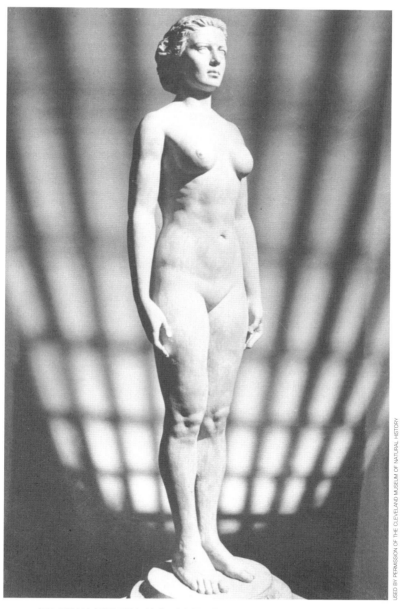

미국 여성의 평균적인 신체 치수를 바탕으로 만든 조각상, '노르마'

자들에게 행운상으로 10달러 상당의 전쟁 우표가 지급되는 대회였다. 대체 무슨 대회일까? 클리블랜드 건강박물관에 조각상으로 전시돼 있던, 전형적 여성상인 '노르마Norma'와 신체 치수가 근접한 여성을 뽑는 대회였다.[11]

'노르마'는 유명한 부인과 의사 로버트 L. 디킨슨Robert L. Dickinson 박사가 조각가 아브람 벨스키Abram Belskie와 합작해 탄생시킨 작품으로서 벨스키가 1만 5,000명의 젊은 성인 여성들로부터 수집한 신체치수 자료를 바탕으로 빚어낸 조각상이었다.[12] 디킨슨 박사로 말하자면 브루클린 병원 산부인과 과장, 미국 부인과학회 회장, 미국 의학협회 산과학 부문 의장을 지내던 당대의 유력 인물이었다.[13] 예술적 자질도 뛰어나 한 동료로부터 '산과학계의 로댕'이라는 찬사를 받기도 했으며[14] 의학계에 몸담고 있는 내내 그런 재능을 활용해 다각도의 크기와 모습으로 여성을 스케치하며 신체 유형과 신체 동작의 연관성을 연구했다.[15] 당대의 과학자들 대다수와 마찬가지로 디킨슨 역시 대규모로 자료를 수집해 얻어낸 평균치가 중요한 사실을 결정짓는 요소라고 믿었다. '노르마'가 바로 그런 신념에 따른 중요한 사실의 상징이었다. 디킨슨은 자신이 수천 건의 자료로 산출해낸 평균값이 여성의 전형적 체격, 즉 여성의 정상 체격을 판단하는 데 유용한 지침이 돼준다고 믿었다.

클리블랜드 건강박물관은 '노르마' 조각상을 전시하는 것으로만 그치지 않고 미니어처 조각상까지 판매하며 '노르마'를 '이상적 여성상'으로 선전하면서[16] '노르마' 열풍에 불을 댕겼다. 어느 유명한 체질인류학자는 '노르마'의 체구를 "인체의 완벽한 전형"이라고 칭했고 예술가들은 '노르마'의 아름다움을 "뛰어난 귀감"이라고 찬양했는가 하면 체육 담당 교사들은 '노르마'를 젊은 여성의 이상적 외형의 표상으로 삼으며 그 이상형에서 벗어난 학생에게는 운동을 권하기도 했다. 심지어 한 목사는 '노르마'가 정상적 신앙심을 가졌을 것이라고 설교하기까지 했다. 열풍이 절정에 이르렀을 무렵 '노르마'는 「타임」에 기사로 오르고 신문 삽화로 그려졌을 뿐만 아니라 CBS 다큐멘터리 시리즈 〈미국인의 외모〉의 소재로 다뤄져 시청자들에게 정상 체격을 확인해보는 기준으로서 그 신체 치수가 떠들썩하게 소개될 정도였다.[17]

1945년 9월 23일, 「클리블랜드 플레인 딜러」는 극장 출납원으로 일하는 마사 스키드모어라는 이름의 늘씬한 흑갈색 머리 백인 여성을 우승자로 발표했다. 이 신문 기사는 스키드모어가 춤, 수영, 볼링을 즐긴다는 점을 함께 소개하며 스키드모어의 취미가 여성 체형의 귀감으로 떠받들어지는 그 몸매만큼이나 바람직하고 정상이라는 뉘앙스까지 덧붙였다.[18]

대회가 열리기 전에 심사 위원들은 대다수 참가자들의 신체 치수가 평균치에 근접해서 승부가 밀리미터 단위로 아슬아슬하게 갈릴 것이라고 예상했다. 막상 대회가 열리자 예상은 완전히 빗나갔다. 9개 항목의 치수 중 5개 항목에 한정한 경우에서도 평균치에 든 여성은 3,864명의 참가자들 가운데 40명도 되지 않았다. 9개의 전체 항목에서 평균치에 가까운 여성은 마사 스키드모어까지 포함해 단

한 명도 나오지 않았다.[19] 대니얼스의 조사에서 평균 체격의 조종사라는 것은 없다고 밝혀졌듯 '노르마' 닮은꼴 찾기 대회에서도 평균 체격의 여성은 존재하지 않는 것으로 증명됐다.

하지만 대니얼스와 '노르마' 닮은꼴 찾기 대회 기획자들은 똑같은 결과에 맞닥뜨렸음에도 그 결과가 의미하는 것에 대한 결론에서는 사뭇 다른 해석을 내렸다. '노르마' 닮은꼴 찾기 대회 당시의 대다수 의사와 과학자들은 대회의 결과를 '노르마'가 잘못된 이상임을 보여주는 증거로 해석하지 않았다. 오히려 그 반대로 해석해 미국 여성들이 대체로 건강하지 못하고 몸 상태가 나쁘다는 식의 결론이 주류를 이뤘다. 그런 결론을 내린 인물의 한 예가 클리블랜드 건강박물관 관장이던 내과 의사 브루노 겝하드Bruno Gebhard였다. 그는 전후의 여성들 대부분이 군 복무에 부적격일 만큼 형편없다고 한탄하며 "그런 부적격자들은 생산자로서도 소비자로서도 바람직하지 못하다."라는 주장으로 핀잔을 줬다. 그러면서 그런 문제를 해결하기 위해 체력 향상에 더욱 힘써야 한다고 강조했다.[20]

대니얼스는 정반대의 해석을 내렸다. 1952년에 대니얼스가 쓴 글을 읽어보자. "많은 사람들이 '평균적 인간'의 관점을 취하는 사고 경향에 곧잘 빠지는데 이는 조심해야 할 함정이다. 평균적인 공군 조종사를 찾기가 사실상 불가능한 이유는 이 집단만의 어떤 독특한 특징 때문이 아니라 모든 인간의 특징, 즉 신체 치수의 극도의 다양성 때문이다."[21] 대니얼스는 이와 같은 분석을 통해 정상에 대한 인위적인 이상을 더 열심히 따르도록 권고하기보다 이 책이 토대로 삼은 다음의 반反직관적 결론에 이르렀다. **평균적 인간을 바탕으로 삼아 설계된 시스템은 실패하기 마련이다.**

대니얼스는 1952년도 공군 기술 보고서에 '평균적 인간The Average Man?'이라는 제목으로 자신의 조사 결과를 실었다.[22] 그리고 이 글을 통해 군이 조종사들을 비롯한 병사들의 수행력을 향상시키고 싶다면 해당 병사들의 임무 수행 환경의 설계 방식을 바꿔야 한다는 주장을 펼쳤다. 그런 주장에 이어 파격적인 변화를 제안하며 환경을 평균치보다는 개개인에 맞춰야 한다고 권하기도 했다.

놀랍고도 장하게도 공군에서는 대니얼스의 주장을 수용했다. 다음은 대니얼스가 나에게 직접 들려준 이야기다. "예전까지만 해도 공군의 설계는 평균적 조종사와 체격이 비슷한 조종사들을 찾는 방식 위주였어요. 하지만 우리가 평균적 조종사가 쓸데없는 허상이라는 점을 증명해 보인 뒤로 조종석을 개개인 조종사에게 맞춰 설계하는 방향에 주력할 수 있었습니다. 그 이후로 차츰 상황이 개선되기 시작했죠."[23]

공군은 평균을 참고 기준으로 삼던 관행을 버리고 **개인 맞춤형**을 새로운 지침 원칙으로 삼으면서 설계 철학에서 비약적 진전을 이뤘다. 이제는 개개인을 시스템에 맞추기보다 시스템을 개개인에 맞추게 됐다. 또한 지체 없이 실행에 나서 전 조종석을 각 항목의 치수에서 5~95퍼센트 범위 내에 드는 다양한 치수를 가진 조종사들에게 맞춰 설계하도록 지시했다.[24]

항공기 제작자들은 이 같은 새로운 지시를 전달받자 초반에는 비용이 너무 많이 들고 관련 엔지니어링 문제를 해결하는 데도 수년이 걸릴 것이라는 이유를 들어 꺼려했다. 하지만 군에서 한사코 태도를 바꾸지 않자 항공 엔지니어들은 저렴하면서도 실행하기 쉬운 해결책을 꽤나 금세 내놓으며 모두를 놀라게 했다. 엔지니어들은 하나의 해결책으로서 조절 가능한 시트를 설계해냈는데, 이는 현재 모든 자동차의 표준으로 자리 잡힌 바로 그 기술이다. 또 조절 가능한 가속페달을 만들어내고 조절 가능한 헬멧 조임 끈과 비행복도 개발했다. 이 밖에도 여러 가지 설계상의 해법을 실용화하고 나자 조종사들의 비행술이 크게 향상되면서 미 공군은 지구 최강의 공군으로 도약했다. 그 직후 미군의 전 부문에서 평균치를 중심으로 표준화할 것이 아니라 장비를 다양한 체격에 맞추도록 명하는 지침이 발표됐다.[25]

군에서 그런 파격적 변화를 그토록 신속하게 받아들인 이유는 무엇이었을까? 그런 시스템 변화가 지적 차원의 문제가 아닌, 시급한 문제에 대한 실용적 해결책이었기 때문이다. 음속보다 빠른 속도로 비행하던 조종사들은 복잡하게 배열된 제어장치를 다루며 안 그래도 조종이 버거운 터라 눈에 잘 띄지도 않는 계기판을 확인하거나 손에 간신히 닿는 스위치를 조작할 여력이 없었다. 말하자면 순간의 결정이 생사를 좌우하는 상황에서 조종사들은 가뜩이나 불리한 환경에서 비행을 수행해야 했던 것이다.

평균의 은밀한 독재

군이 병사들에 대한 사고방식을 바꾸는 것으로 그치지 않고 군대 밖의 사회에서도 군의 선례를 따랐더라면 얼마나 좋았을까? 그랬다면 사회가 사람들을 잘못된 이상에 비춰 비교하기보다는 있는 그대로의 모습인 **개개인으로서** 바라보고 **개개인으로서의** 가치를 존중할 수 있었을 것이다. 현재의 우리 사회는 그러기는커녕 대다수 학교, 직장, 과학 단체들이 여전히 '노르마'의 유효성을 믿고 있다. 자의적인 기준, 즉 평균치에 따라 조직을 설계하고 연구를 수행하면서 우리 스스로와 다른 이들을 허상적 이상과 비교하도록 내몰고 있다.

우리에게는 일평생 평균이라는 잣대가 졸졸 따라다닌다. 우리는 평균에 얼마나 근접한가, 또 평균을 얼마나 뛰어넘을 수 있는가에 따라 평가를 당하며 살아가고 있다. 학교에 다닐 때는 평균적인 학생의 성적과 비교돼 등수와 등급이 매겨지고, 대학에 지원하면 등급과 시험 성적이 지원자 평균치와 비교당한다. 입사 지원 시에도 등급과 시험 성적만이 아니라 자질과 경력과 인성 점수까지 지원자 평균치와 비교된다. 취업이 되고 나서도 연례 평가로 해당 직무 수준에서의 직원 평균치와 대비돼 또다시 비교당하기 십상이다. 재정적 기회조차 평균 점수에서의 이탈 여부에 따라 평가되는 신용 점수에 근거해 정해진다.

우리 대다수가 직관적으로 느끼고 있다시피 인성 평가의 점수,

표준화된 평가에서의 등급, 평균 학점, 수행평가 등급이 우리 자신, 혹은 우리 자녀들이나 학생들이나 종업원들의 능력을 그대로 반영하는 것은 아니다. 하지만 개개인을 측정하기 위한 척도로서의 평균이라는 이 개념은 우리 뇌리에 너무 뿌리 깊이 박혀 있어 여간해선 진지한 의문을 품기가 힘들다. 우리는 이따금씩 평균이라는 것에 거북함을 느끼면서도 평균을 사람들에 대해 어느 정도의 객관적 사실을 보여주는 지표로서 받아들인다.

내가 평균이라는 이런 측정 방식이 **거의 언제나** 틀리다고 말한다면 어떻게 생각하겠는가? 개개인을 이해하는 문제에 관한 한 평균은 결과적으로 부정확하고 현혹적일 가능성이 높다면? 조종석 설계와 '노르마' 조각상처럼 이런 평균의 이상이 잘못된 허상일 뿐이라면?

이 책의 주요 전제는 언뜻 보기엔 단순하다. 즉 **평균적인 사람은 아무도 없다는 것이다.** 당신은 평균적인 사람이 아니다. 당신의 아이도 동료도 학생도 배우자도 평균적인 사람이 아니다. 이 말은 기분을 띄워주려고 꺼낸 빈말도 아니요, 겉멋만 부린 빈 구호도 아니다. 무시하려야 무시할 수 없을 만큼 수많은 실질적 귀결들이 뒷받침하고 있는 그런 과학적 사실이다. 혹시 몰라 밝혀두자면, 이 책에는 개리슨 케일러Garrison Keillor 진행의 〈프레리 홈 컴패니언Prairie Home Companion('워비곤 호수'라는 가상의 마을을 배경으로 이 마을의 소식을 전하는 식으로 진행된 미국의 라디오 프로그램. 이 마을은 '여자들은 모두 강인하고, 남자들은 모두 잘생겼으며, 아이들은 모두 평균 이상인' 허구의 세계다—옮긴이)〉처럼 '모든 아이들이 평균 이상'인 워비곤 호수 같은 의심쩍은 이야기로 세상 사람들을 홀리려는 의도는 없다. 단순한 통계학적 이치를 내세워 평균적인 사람들도 일부 있지 않겠느냐고 주장하는 독자도 있을지 모르겠다. 그렇다면 이 책을 통해 그 자명해 보이는 가정마저도 필히 폐기해야 할 정도의 심각한 결함이 있는 이유를 납득하게 될 것이라고 자신한다.

그렇다고 해서 평균이 아무짝에도 쓸모없다는 얘기는 아니다. 평균에도 나름의 역할이 있다. 서로 다른 두 **그룹**의 사람들을 비교할 경우라면, 그러니까 예를 들어 각자 다른 그룹에 속한 2명의 **개인**을 비교하는 것이 아닌 칠레의 조종사들과 프랑스의 조종사들 간의 실력을 비교하는 경우라면 이때는 평균이 유용한 역할을 해준다. 하지만 **한 사람**의 조종사나 한 사람의 배관공이나 한 사람의 의사가 필요한 순간이거나, **이** 아이를 가르쳐야 하거나 **저** 종업원을 채용할지 말지를 결정해야 하는 순간이라면, 다시 말해 어떤 **개개인**과 관련된 결정을 내려야 하는 순간이라면 평균은 쓸모가 없다. 아니, 쓸모없다는 말도 과분한 표현이다. 평균이 사실상 한 개인의 가장 중요한 면모를 알아보지 못하게 속일 경우엔 허위 정보를 제공하는 격이기 때문이다.

앞으로 이 책을 읽으면서 깨닫게 될 테지만 평균적인 신체 치수 따위는 없듯 평균적인 재능, 평균적인 지능, 평균적인 성격 같은 것도 없다. 평균적 학생이나 평균적 직원도 없고 그 점에서라면 평균적 두뇌 역시 없다. 이러한 일상화된 개념들 모두는 잘못된 과학적 상상이 빚어낸 허상이다. 평균적인 인간과 관련된 현대의 이런 개념은 엄밀한 진실이 아니라 인간의 잘못된 통념이며 150년 전에 유럽의 두 과학자가 당시의 사회문제를 해결하기 위해 도출해낸 발상이 그 시초였다. 이 두 사람이 생각해낸 '평균적 인간'의 개념은 사실 수많은 난제를 해결했으며, 심지어 산업 시대를 촉진시키고 그 틀을 잡아주기까지 했다. 하지만 우리가 사는 지금은 더 이상 산업 시대가 아니다. 현재의 우리는 그때와는 아주 다른 문제에 직면해 있다. 게다가 과학과 수학의 수준이 19세기에 비해 비약적으로 발달했다.

지난 10년 동안 나는 **개개인학**science of the individual이라는 흥미롭고 새로운 이분야異分野 융합 학문에 참여해왔다.[26] 개개인학은 평균을 개개인의 이해를 위한 주요 도구로 삼길 거부하며 개개인을 이해하려면 개개인성 자체에 초점을 맞춰야만 한다는 주의를 내세우고 있다. 최근에 들어 세포생물학자, 종양학자, 유전학자, 신경과학자, 심리학자 들이 이 새로운 개개인학의 원칙을 하나둘씩 채택하면서 세포, 질병, 유전자, 두뇌, 행동 등의 연구에 근본적 변화를 일으키고 있다. 재계에서 손꼽히는 기업 여러 곳에서도 이런 원칙을 도입해왔다. 실제로 개개인성의 원칙은 모든 영역에 차츰차츰 적용되고 있는 중이다. 다만 예외의 영역이 한 곳 있다면 이 원칙이 가장 중대한 영향을 끼칠 만한 한 영역, 바로 당신 자신의 삶이다.

내가『평균의 종말』을 쓰게 된 동기도 이런 상황을 변화시키기 위해서다. 앞으로 여러 장章에 걸쳐 개개인성의 3원칙인 **들쭉날쭉의 원**

칙, **맥락의 원칙, 경로의 원칙**을 알려주겠다. 이 3원칙은 내가 몸담고 있는 분야의 최신 과학 지식에 바탕을 둔 것으로 당신 자신만의 진정한 고유성이 무엇인지 헤아리는 데 도움이 될 것이다. 게다가 삶을 유리하게 이끌기 위해 당신의 개개인성을 온전히 활용할 방법까지도 알려줄 것이다. 제트기 시대에는 더 이상 제2차 세계대전 때의 항공기로 비행할 필요가 없으며, 존재하지도 않는 '노르마'에 당신 자신을 비교할 필요도 없다.

개개인성의 원칙에 내재한 변화의 힘

우리는 지금 세계를 다른 관점으로 바라보며 하나의 중대한 개념, 즉 개개인성의 문제를 중심축으로 삼은 변화를 맞이하기 직전에 와 있다. 너무 단순한 생각 같은가? 이런 기본적 개념이 실질적으로 어떤 대단한 결과를 불러일으키겠냐며 설마 싶은가? 하지만 생각해보라. 또 하나의 중대한 개념인 세균의 개념이 세상에 소개됐을 때 어떤 일이 일어났었는지를.

19세기에 보건의료계에서 가장 존경받던 전문가들은 질병의 원인으로 이른바 '미아즈마miasma'를 내세웠는데, 미아즈마란 나쁜 공기를 가리키는 용어였다.[27] 당시에 서구 사회의 보건 시스템은 이런 미아즈마설에 바탕을 두고 있었다. 질병의 예방은 방의 내부나 외부에 미아즈마가 더 많은가 어떤가의 여부에 따라 창문을 열어놓거나 닫아놓는 식이었다. 의사들은 신사들의 경우엔 나쁜 공기가 있는 곳에 살지 않는다는 이유로 질병을 옮기지 않는다고도 믿었다. 그러다가 세균이라는 개념이 등장했다.[28]

한때는 모든 사람들이 나쁜 공기가 병을 일으킨다고 믿었다. 그러던 상황이 거의 하룻밤 사이에 달라지면서 사람들은 미생물과 박테리아라고 불리는 눈에 보이지 않는 것들이 질병의 진짜 원인이라는 사실을 차츰 깨닫게 됐다. 질병에 대한 이런 새로운 관점은 의료계에 일대 변화를 몰고 와 외과 의사들은 소독제를 도입했고 과학자들은 백신과 항생제를 발명했다. 하지만 이에 못지않게 중대한 변화가 한 가지 더 있었으니, 세균의 개념 덕분에 보통의 일반인들에게 스스로의 생명을 좌우할 통제력이 생겼다는 것이다. 다시 말해, 이제는 건강을 지키고 싶으면 손을 깨끗이 씻고 물을 끓여 마시고 음식을 잘 익혀 먹고 베이거나 긁힌 상처를 요오드(일명 빨간약)로 닦아내면 됐다.

나는 평균이라는 구세계와 개개인성이라는 신세계에 대해서도 이런 식의 세계관 변화가 일어나길 기대한다. 현재 우리는 개개인과 개개인의 재능을 알아보는 능력의 측면에서 예전에는 꿈도 못 꾸었던 수준에 올라서 있다. 따라서 이 새로운 개개인성의 개념을 받아들이면 앞으로 우리의 조직에 중대한 영향을 끼치게 될 것이다. 다시 말해 재능을 희귀한 산물쯤으로 바라보지 않으면서 학교에서는 모든 학생의 우수성을 육성하고 고용주들은 더 폭넓은 인재풀을 확보할 수 있을 것이다. 제대로 인정받지 못해 제대로 활용되지 못하는 잠재력에 안타까워하고 있거나, 자신의 진정한 재능을 펼칠 기회를 누리지 못하고 있는 이들이 꿈을 펼치며 살아갈 수 있게 될 것이다.

당신의 아이가 독해력이 부족한 경우라고 가정해보자. 이때 학교에서는 단순히 독해력이 부족하다는 진단을 내리는 데 그치지 않고 대안적 읽기 수업의 필요성을 인식해 그에 따라 아이의 학습을 조절해줄 수도 있다. 이번엔 당신의 부하 직원 중에 업무 수행력이 부진해 동료들로부터 '함께 일하기 힘든' 사람으로 낙인찍힌 직원이 한 명 있다고 쳐보자. 이 경우엔 그 직원을 해고하지 않고도 그의 행동 맥락을 파악해 그가 동료들과의 관계를 다지고 업무 능력을 대폭 향상시키도록 격려해주면서 부서 내의 숨겨진 보석을 발견하게 될 수도 있다. 개개인성의 원칙을 적용하면 엄청난 변화가 일어나기도 하며 그런 변화를 직접 체험하고 나면 평균을 바라보는 관점이 예전과는 달라질 것이다.

인간 게놈 지도를 만들어내고 건강 증진을 위해 유전암호를 살짝 조작할 수 있는 시대를 살면서 인간 잠재력의 지도를 제대로 만들어내지 못한다면, 그것은 용납할 수 없는 일이다. 따라서 내가 이 책에서 전하려는 메시지는 그런 현실을 바로잡는 방향에 맞춰져 있다. 인간의 잠재력은 우리의 현 시스템이 가정하는 것처럼 한정적이지 않다. 지금 우리에게 필요한 것은 각각의 사람들을 종형 그래프상의 한 점수로서가 아닌 개개인으로서 이해할 도구다.

이는 내가 직접 체험하면서 통감한 사실이다.

내가 개개인성의 개념에 처음 관심을 갖게 된 계기는 인생에서 번번이 좌절을 겪으며 영문을 몰라 막막해하면서였다. 나는 나름대로 노력한다고 하는데도 매사가 꼬이기만 하는 것 같았다. 열여덟 살 고등학생 때는 GPA(각 과목의 성적 평점을 평균한 수치로 우리나라의 내신 성적에 해당한다—옮긴이) 0.9점으로 평균 점수 D⁻를 받으며 낙제의 쓴맛을 봤다. 그러다 음주 허용 연령도 되기 전에 아내와 아들을 부양하느라 10가지나 되는 최저임금 일자리를 이리저리 전전했다. 스물한 살에는 아들을 하나 더 얻게 됐다. 인생이 밑바닥까지 추락했을 때는 생활보호 대상자로 전락한 상황에서 시간당 6달러 45센트의 가정방문 간호 보조사로 일하며 관장을 하러 다니기까지 했다.

주위 사람들은 열이면 아홉은 내가 문제라고 했다. 나를 게으르고 한심한 아이로 취급했고 내가 가장 많이 들었던 말은 '문제아'라는 핀잔이었다. 부모님과의 면담 자리에서 아들의 미래에 너무 큰 기대를 걸지 말라는 식으로 얘기했던 학교 담당자도 한둘이 아니었다. 하지만 가장 밑바닥으로 추락해 있던 순간에도 나는 이런 평가가 어쩐지 부당하다는 느낌을 떨치지 못했다. 진정한 나와 세상 사람들이 바라보는 나 사이에 커다란 괴리가 있는 것 같았다.

나는 상황을 해결하고자 처음엔 다른 사람들과 똑같이 되려고 애써봤지만 아무리 해도 엉망으로 끝나기 일쑤였다. 수업마다 낙제했고 들어가는 일자리마다 진득하게 붙어 있지 못했다. 나는 도저히 안 되겠다 싶어 시스템에 순응하려는 노력은 그만두기로 마음먹고 시스템을 나에게 맞출 방법을 찾아보려 매달렸다. 이 방법은 효과가 있었다. 덕분에 나는 고등학교를 중퇴한 지 15년 뒤에 하버드대학교 교육대학원의 교수가 됐고 현재는 이 대학원의 지성·두뇌·교육Mind, Brain, and Education 프로그램 책임자를 맡고 있다.

내가 인생 반전을 맞았던 이유는 세상 사람들이 알아봐주지 못하는 숨겨진 어떤 재능에 눈떴기 때문이 아니다. 어느 날부터 독하게 마음먹고 열심히 공부하기 시작해서도 아니고, 어떤 추상적 인생철학을 새롭게 발견하게 돼서도 아니다. 나에겐 추상적인 것에 매달릴 여유가 없었다. 생활보호를 받으며 살아야 하는 처지에서 벗어나야 했고 내 자식들을 부양해야 했으며 보람을 갖고 일할 만한 직업을 갖기 위한 실질적인 진로를 찾아내야 했다. 사실 내가 인생 반전을 맞을 수 있었던 것은 처음엔 직관에 따라, 또 그 뒤엔 의식적 결심에 따라 개개인성의 원칙을 따랐기 때문이었다.

내가 이 책을 쓰게 된 동기는 이런 원칙을 당신과 공유하고자 하는 바람에서다. 부디 당신이 이 원칙을 활용해 학교에서나 직장에서나 개인적 삶에서 성취도를 끌어올릴 수 있기를 바란다. 새로운 개념을 배울 때 가장 어려운 일은 새로운 개념을 받아들이는 것이 아니라 옛 개념에서 벗어나는 것이다. 이 책의 목적도 당신을 평균의 횡포로부터 완전히 해방시키는 것이다.

THE END OF AVERAGE

평균의 시대

"개개인의 재능은 너무 종잡기 어렵고 예측 불가능해서
사회조직 내에서 중요한 요소로 삼기가 곤란하다.
사회 시스템이 지탱되도록 떠받쳐주는 기반은
어떤 지위를 맡겼을 때 뛰어나지는 않더라도
적절히 수행해낼 만큼 훈련돼 있는 평균적인 사람들이다."

– 스튜어트 체이스, 『인류에 대한 타당한 연구』

제1장

/

평균의 탄생

2002년에 캘리포니아대학교 샌타바버라캠퍼스의 신경과학자 마이클 밀러Michael Miller는 언어 기억과 관련해 한 가지 실험을 벌였다. 이 실험에서는 먼저 16명의 실험 참가자들을 한 명씩 기능적 자기공명영상fMRI 뇌 스캐너 장치에 눕게 한 상태에서 일련의 단어들을 보여줬다. 이어서 얼마간의 휴식 시간을 준 뒤 또 다른 배열의 단어들을 보여주며 앞에서 봤던 단어라고 여겨지는 단어가 나올 때마다 버튼을 누르게 했다. 이때 각 참가자가 특정 단어를 좀 전에 봤는지 안 봤는지 판단하는 순간마다 fMRI 스캐너를 통해 그 참가자의 뇌를 스캔하면서 뇌 활동에 대한 일종의 디지털 '지도'를 만들었다. 밀러는 실험을 마친 뒤 신경과학자들이 으레 따르는 방식대로 실험 결과 보고서를 작성했다. 다시 말해 모든 참가자의 뇌 지도를 취합해 평균을 산출함으로써 평균적 뇌 지도를 만드는 방식의 보고서였다.[1] 밀러는 이 평균적 지도를 통해 전형적 인간의 뇌에서 언어 기억에 관여하는 신경 회로가 밝혀질 것으로 예상했다.

뇌의 단층촬영에 따른 새로운 신경과학적 발견에 대한 발표 기사를 보게 된다면, 즉 사랑을 느낄 때 뇌의 어느 영역이 활성화된다거나 공포를 느낄 때 뇌의 어느 영역이 활성화된다는 식의 연구 발표 글을 읽게 된다면 그것이 다름 아닌 평균적 뇌 지도의 발표라고 봐도 거의 틀림없다. 나 역시 대학원생 시절에 하버드 의과대학 매사추세츠 종합병원에서 뇌 영상 기법을 익히던 중에 평균적 뇌의 산출 및 분석 방법(전문 과학 용어로 '임의 효과 모형random effects model'이라고 불리는 방법[2])을 배운 적 있다. 이 방법에서는 평균적 뇌가 보통의 전형적인 뇌에 해당하고 각 개개인의 뇌는 이런 보통 뇌의 변형에 해당한다는 식의 가정을 중심으로 삼고 있는데, 이는 '노르마' 닮은꼴 찾기 대회의 동기로 작용했던 가정과 흡사하다. 이런 식의 가정으로 인해 신경과학자들은 왼손잡이 사람들을 연구 대상에서 제외하게 된다(왼손잡이 사람들의 뇌는 보통의 뇌와 다르다는 이유에서다). 심지어 뇌 활동이 평균적 뇌 활동에서 **너무** 크게 벗어나 있는 사람들조차 연구 대상에서 제외하는데 그 이유인즉슨 이런 이탈자들이 평균적 뇌에 대한 견해를 흐려놓을까 봐 우려돼서다.

따라서 밀러가 평균적 뇌 지도를 작성하는 식으로 실험 결과를 발표한 것 자체는 특이한 일이 아니었다. 하지만 밀러는 실험 결과를 분석하던 중에 특이한 순간을 맞았다. 어쩐지 참가자들 각각의 뇌 지도를 보다 주의 깊게 검토해보고 싶어졌던 것이다. 분석 중이던 그 두뇌 활동 실험 결과가 표준적 방법을 활용해 제대로 잘 수행된 것이었을 뿐만 아니라 참가자들의 평균적 뇌에서 별난 부분이 전혀 없었음에도 불구하고 참가자 개개인의 뇌 지도에서 몇 가지가 밀러의 시선을 끌었다. 밀러는 나에게 그때의 경험을 이렇게 들려줬다. "정말 놀랐습니다. 개개인의 뇌 지도는 그나마 두 명 정도만 눈을 잔뜩 찡그리고 봐야 겨우 평균적 지도와 비슷해 보일 정도였고 대다수는 평균적 지도와 판이하게 달랐어요."[3]

밀러가 이처럼 개개인의 뇌에 주목하기 이전에도 평균적 뇌와 비슷하지 않게 나타나는 경우의 연구 사례들이 많이 있었다. 하지만 다른 연구가들은 하나같이 이런 불편한 사실을 무시해 넘겼다. 과학자들과 의사들이 현실에는 '노르마' 같은 여성이 존재하지 않는다는 사실을 오래전부터 무시해왔듯 그들 역시 그 사실을 무시하기 일쑤였다. 하지만 밀러는 달랐다. 반드시 실행에 옮겨야 마땅하지만 굳이 시도하려 드는 사람이 드물었던 행동에 착수했다. 바로 언어 기억 실험에 참가한 16명의 참가자 개개인의 뇌 지도를 평균적 뇌 지도와 체계적으로 비교해보는 일이었다. 그 비교 결과는 정말로 놀라웠다. 각 참가자의 뇌는 평균적 뇌와 달랐을 뿐만 아니라 참가자 서로 간에도 모두가 달랐다.

어떤 참가자들의 뇌는 주로 왼쪽 영역이 활성화된 반면 또 다른 참가자들은 오른쪽 영역이 활성화됐다. 주로 뇌의 앞쪽이 활성

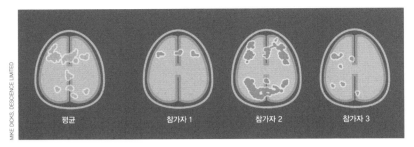

평균 　　　　 참가자 1 　　　　 참가자 2 　　　　 참가자 3

뇌의 기억 활동

화되는 이들이 있는가 하면 뒤쪽이 활성화되는 이들도 있었다. 참
가자에 따라 활성화 영역의 표시 형태가 인도네시아 열도의 지도
처럼 길쭉하고 빼곡한 모양을 이루기도 하고 공백에 가까운 모양
을 이루기도 했다. 하지만 가장 중요한 사실에서는 모든 참가자가
예외 없이 똑같았다. 즉 모든 참가자의 뇌 지도가 평균적 뇌 지도
와 비슷한 모양을 나타내지 않았다. 밀러의 분석 결과는 길버트 대
니얼스가 손의 모양을 조사하면서 얻은 결과와 유사했으며, 차이
점이라면 이번에는 연구 대상이 손발 같은 신체가 아니라 생각, 감
정, 인격의 요람인 한 기관腦이라는 점뿐이었다.

　밀러는 이런 결과 앞에서 당황스러웠다. 평균적 뇌 기반의 연구
법을 떠받치는 핵심 가정에 따르면 대다수 사람의 뇌가 평균적 뇌
와 아주 비슷해야 옳았다. 게다가 신경과학계에서는 **일부** 사람의
뇌는 평균적 뇌와 같아야 한다는 확신이 퍼져 있기도 했다. 하지만
밀러의 실험에서는 평균적 뇌와 미미하나마 비슷한 뇌조차 없었
다. 밀러는 실험 장비에 어떤 기술적 결함이 있었던 게 아닐까 불

안한 마음에 두 달 뒤에 똑같은 참가자들 대다수를 참여시켜 똑같은 단어 기억 활동을 시키면서 다시 한 번 뇌를 스캔해봤다. 결과는 거의 동일했다. 각 참가자의 뇌 지도가 1차 실험에서의 뇌 지도와 아주 흡사했을 뿐만 아니라 이번에도 각 참가자의 뇌 지도가 평균적 뇌 지도와 큰 차이를 나타냈다.

밀러는 그 결과에 대해 이렇게 말했다. "그 일로 저는 확신하게 됐습니다. 그런 식의 개개인별 기억 수행 패턴이 불규칙 잡음 같은 무작위 패턴이 아니라 개개인별로 나름의 체계를 띠는 패턴 같다고요. 말하자면 각 개인의 기억 시스템이 저마다 독특한 신경 패턴으로 이뤄져 있다는 확신이었죠. 하지만 제가 가장 놀랐던 부분은 따로 있었어요. 그런 패턴의 차이가 미묘하지 않고 **현저하게** 두드러진다는 점이었죠."[4]

밀러가 사람들의 뇌에서 발견한 이 '현저한' 차이는 단지 언어 기억에만 국한되지 않는다. 얼굴 인식과 심상에서부터 절차적 지식(무엇을 어떻게 할 것인가'와 같은 방법에 관한 지식—옮긴이) 습득과 감정에 이르기까지 온갖 다양한 연구에서도 발견돼온 차이다.[5] 이러한 차이는 무시하기 힘든 시사점을 던져준다. 평균적 뇌를 바탕으로 사고나 인식이나 인격에 대한 이론을 세울 경우 그 누구에게도 적용되지 않는 이론이 되기 십상이라는 점이다. 수십 년 동안 신경과학계 연구에 지침이 돼온 가정은 근거 없는 헛된 가정이다. **평균적인 뇌라는 것은 없다.**

밀러가 반직관적으로 도출해낸 그 결과를 발표했을 당시의 첫 반응은 회의론이었다. 몇몇 과학자들은 소프트웨어 알고리즘상의 문제로 결과가 잘못 나왔을지 모른다. 운이 나빠 참가자들이 잘못 선정되는 바람에 참가자 중 '이탈자'의 비율이 너무 높았을지 모른다는 둥의 회의론적 지적을 내놨다. 하지만 밀러의 동료 과학자들이 보인 가장 흔한 반응은 지적이 아닌 지긋지긋할 정도의 무시였다. "다른 동료들도 제가 감지한 그 결과를 예전에 나름대로 감지했다면서 이렇게들 무시해버리더군요. '그거야 이미 다들 아는 사실이잖아. 별거 아니라고. 그 점을 감안해서 평균을 사용할 때는 그런 개개인별 차이를 고려하는 거지. 그런 변수쯤이야 별문제 아니니까 공연히 소란 떨 필요 없어.'라고 말입니다."[6]

하지만 밀러는 그 결과가 중요한 문제라고 확신했다. 그것도 학술 논쟁상의 문제가 아니라 실질적 귀결과 결부된 중요한 문제라고 느꼈다. "법과 관련해서 신경과학을 연구하는 사람들이 저에게 꾸준히 연락을 해오고 있습니다. 그런 연구가들은 재판정에서 사람들의 정신 상태와 심리 상태를 추론하는 데 유용한 방법을 마련하는 일에 매진하는 이들이라서 어떤 사람을 감옥에 보내야 할지 말지를 결정하는 데 뇌 스캔을 활용하는 것에도 관심 있어 합니다. 그래서 개개인의 뇌와 '평균적' 뇌 사이에 체계적 차이가 있는지의 여부를 무엇보다도 중요하게 여기죠."[7]

평균의 활용 분야에 일대 파란을 몰고 올 만한 딜레마에 직면하는 과학자가 밀러 한 명뿐인 것은 아니다. 인간을 연구하는 모든 학문은 오랜 세월에 걸쳐 근본적으로 똑같은 연구 방법에 의존해왔다. 일단의 사람들을 어떤 실험적 상황에 놓이게 해 그 상황에서의 평균적 반응을 판가름한 다음 이 평균을 활용해 **모든** 사람에게 적용되는 보편적 결론을 세우는 방법에 의존해온 것은 밀러의 분야만이 아니었다. 생물학자들은 평균적 세포 이론을 수용했고 종양학자들은 평균적 암 치료에 지지 입장을 취했으며 유전학자들은 평균적 게놈을 찾아내기 위해 애썼다. 이런 식의 과학 이론과 방법에 따라 우리 학교들은 예나 지금이나 변함없이 학생 개개인을 평균적 학생에 비교해 평가하고 있으며 기업들은 입사 지원자와 직원 개개인을 평균적 지원자와 평균적 직원에 대조해 평가하고 있다. 하지만 평균적 신체나 평균적 뇌 같은 것은 없다. 그렇다면 이쯤에서 중대한 의문에 이르게 된다. 대체 우리 사회는 어쩌다 평균적 인간이라는 개념에 절대적인 믿음을 갖게 된 것일까?

과학자들, 학교들, 기업들 모두가 '평균적 인간'이라는 잘못된 개념을 수용하게 된 배경에 얽힌 비화를 이야기하려면 1819년으로 거슬러 올라가야 한다. 바로 이해에 일반인에겐 이름도 생소하겠지만 아주 저명한 과학자 아돌프 케틀레Adolphe Quetelet라는 젊은 청년이 대학을 졸업했다.

수학으로 인간을 분석하다

케틀레는 1796년에 태어났으며 스물세 살의 나이에 겐트대학교에서 최초로 수학 박사 학위를 받았다. 똑똑한 데다 인정받고 싶은 욕망에 불타올라 자신의 우상인 아이작 뉴턴 경처럼 명성을 떨치고 싶어 했다. 뉴턴이 물질과 시간으로 뒤엉킨 혼돈 속에서 질서 있는 원칙을 끄집어냄으로써 숨겨진 우주의 작동 법칙을 발견해낸 업적에 경탄을 품고 있던 중에 당시 과학계의 대세였던 천문학 분야야말로 그에 버금가는 업적을 세울 만한 최적의 기회라고 생각했다.[8]

19세기 초반에는 과학계의 명성 쟁쟁한 인물들이 천상으로 관심을 돌렸고 한 국가의 과학적 위상을 가늠하는 가장 중요한 상징은 망원경 천문대의 소유 여부였다. 하지만 벨기에에는 망원경 천문대가 없었다. 그러던 중 1823년에 케틀레가 어떤 수완을 발휘했는지는 모르겠으나 아무튼 당시에 벨기에를 지배하고 있던 네덜란드 정부를 설득해 브뤼셀에 천문대를 세우는 데 필요한 막대한 자금을 용케 얻어낸 데 이어 얼마 뒤엔 그 천문대의 최고 수장인 천문대장직에 임명됐다.[9] 장시간이 소요되는 건축 기간 동안 케틀레는 유럽 전역의 천문대를 여기저기 찾아다니며 최신 관측법을 익히면서 과학적 찬사를 얻기 위한 경주에서 남부럽지 않은 입지를 원만히 다져났다고 흡족해하고 있었다. 그런데 1830년에 유럽 순회를 막 마무리 지었을 무렵 비보가 날아들었다. 벨기에에 혁명이 발발했다는

소식이었다. 브뤼셀 천문대는 반군에게 점령당하고 말았다.[10]

케틀레로선 혁명이 얼마나 이어질지 몰라 애가 탔다. 새 정부가 천문대의 완공을 지원해줄지, 또 자신에게 벨기에의 '왕립 천문대장' 지위를 계속 맡길지조차 장담할 수 없는 상황이었다. 결과적으로 보면 바로 이 시기는 그의 삶은 물론 사회가 개인을 바라보는 관점에서도 전환기였다.[11]

케틀레는 이전까지만 해도 정치에 대해서나 대인 관계 역학의 복잡성에 대해서는 별 관심이 없었다. 오로지 천문학밖에 모르고 살았다. 그는 자신이 사회적 동요에 휘말릴 일이 없을 줄 알았다. 사회적 동요라는 것은 자신의 고매한 과학 활동과는 무관하다고 믿었다. 하지만 자신의 본거지, 그것도 자신의 **천문대**가 혁명의 무대가 되면서 인간의 사회적 행동이 돌연 아주 개인적인 문제로 다가오게 됐다. 케틀레는 이제 안정된 정부가 들어서서 자신이 구상해놓은 꿈을 좌절시키고 유럽 전역에 동요를 일으킬 기미마저 보이는 그런 사회적 혼란을 막아줄 만한 분별 있는 법과 정책을 통과시켜주길 갈망하게 됐다. 당시로선 명백한 문제는 딱 하나, 즉 현대 사회가 한 치 앞도 예측할 수 없어 보인다는 것뿐이었다. 인간 행동에는 그 어떤 법칙도 없어 보였다……. 마치 아이작 뉴턴 이전까지 우주가 너무 해독 불가능해 보였던 것처럼.[12]

케틀레는 과학자로서의 야심을 좌절시킨 그 혁명을 유심히 관찰하던 중 어떤 착상이 떠올랐다. 사회문제를 다루기 위한 **과학**을 개발할 수는 없을까? 그 자신이 신비로운 천문 현상에 숨겨진 패턴을 찾아내기 위한 방법을 터득하려고 평생을 매달려왔던 바로 그 과학을 활용해 혼란스러워 보이는 사회적 행동 속에 숨겨진 패턴을 찾을 수는 없을까? 케틀레는 이제 새로운 목표를 세웠다. 천문학적 연구법을 사람들의 연구에 적용해보며 **사회**물리학계의 아이작 뉴턴이 되자고.[13]

케틀레에게는 운이 따라줬다. 마침 그가 사회적 행동을 연구해보기로 결심했던 그 당시는 역사적으로도 시기적절했다. 유럽은 역사상 '빅데이터big data'의 첫 번째 물결이 밀려들면서 역사가들이 일명 '활자화된 숫자들의 쇄도avalanche of printed numbers'라고 일컫는 시기에 들어서 있었다.[14] 19세기 초에 이르면서 여러 국가에서는 차츰 대대적 규모의 관료 체제와 군대를 꾸리면서 월별 출생아 수 및 사망자 수, 연간 수감되는 범죄자 수, 도시별 발병자 수 등 국민과 관련된 막대한 규모의 데이터를 일람표로 만들어 발표하기 시작했다.[15] 바야흐로 현대의 자료 수집이 개시된 여명기였으나 그 누구도 이런 잡다한 자료를 유익하게 해석할 방법을 간파하지 못했다. 당시의 과학자들 대다수는 인간 관련 자료가 워낙에 뒤죽박죽 엉켜 있어서 분석이 불가능하다고 여겼다. 적어도 케틀레가 천문학적 수학 공식을 응용해보기로 작정하기 전까지는 그랬다.

케틀레도 잘 알고 있었듯, 18세기의 천문학자들에게 공통의 과제 한 가지는 천체의 회전속도 측정이었다. 이 과제는 행성, 혜성이나 별 같은 천체가 망원경 렌즈상의 두 평행선 사이를 지나갈 때까지 걸리는 시간을 기록하는 방식으로 이뤄졌다. 예를 들어 천문학자가 토성의 속도를 계산해 앞으로의 경로를 예측하고 싶을 경우엔 토성이 첫 번째 평행선에 닿는 순간 회중시계를 작동시켰다가 토성이 두 번째 평행선에 닿을 때 시계를 중단시키는 식으로 측정했다.[16]

하지만 오래지 않아 이런 측정 방식에서 심각한 문제점이 발견됐다. 10명의 천문학자가 각자 같은 천체의 속도를 측정해보면 10명의 측정값이 저마다 다르게 나오기 일쑤였던 것. 여러 관찰에서 서로 다른 측정값이 나올 경우 그중 어떤 측정값을 사용할지 판가름해낼 해결책이 필요했다. 마침내 천문학자들은 초창기에 '평균법 method of averages'[17]이라는 명칭으로 불렸던 독창적 해결책을 채택했다. 개별 측정값을 취합해 하나의 '평균적 측정값'을 산출해내는 이런 방법을 놓고 그 옹호자들은 해당 측정값에 대해 그 어떤 단독의 관찰보다 더 정확히 산출된 참값이라고 평했다.[18]

케틀레가 사회학의 수립에 과감히 뛰어들면서 가장 중요시한 결단은 천문학의 평균법을 차용해 그 평균법을 사람들에게 응용해보는 것이었다. 그리고 결국 이런 결단이 사회의 개개인관에 일대 변화를 일으키게 만들었다.

평균적 인간

1840년대 초에 케틀레는 에든버러 의학 전문지가 스코틀랜드 병사 5,738명의 가슴둘레 치수를 인치로 측정해 실은 일람표를 자료로 삼아 분석을 해봤다. 이는 과학 연대기상의 인간 연구에서 유명하게 알려진 사례는 아니지만 그럼에도 중요하게 손꼽힐 만한 연구였다. 케틀레는 각 측정값을 합산한 다음 그 합산값을 총 병사 수로 나눴다. 그 결과 39.75인치(100.965센티미터)를 살짝 넘는 수치가 스코틀랜드 병사의 평균 가슴둘레인 것으로 나타났다. 이 수치는 과학자가 인체의 특징을 대상으로 평균값을 낸 최초의 사례에 들었다.[19] 하지만 그로써 새로운 역사를 쓰게 된 것은 케틀레의 평균값 계산 자체가 아니라 다소 단순하게 여겨질 만한 다음의 의문에 대해 그가 내린 답이었다. 이 평균값에 정확히 어떤 **의미**가 담겨 있을까?

잠시 곰곰이 생각해보면 사실상 '평균 치수'가 의미하는 것은 분명치 않다. 평균 치수란 보통 사람의 치수를 가늠할 대략적 지침으로 봐야 할까? 아니면 무작위로 선정된 사람의 치수 추산에 대한 어림값으로 봐야 할까? 그도 아니면 그 수치 이면에 더 본질적인 어떤 의미가 내재돼 있는 걸까? 케틀레가 내린 해석, 다시 말해 인간의 평균에 대한 최초의 과학적 해석은 당연한 일이겠지만 천문학적 관찰에 따른 개념을 바탕으로 착안된 것이었다.

당시의 천문학자들은 개별적 천체 측정값(예컨대 한 과학자가 잰 토성의 속도 측정값 등)은 모두 예외 없이 어느 정도의 오류가 있으나 일단의 개별 측정값 전체(여러 과학자들이 잰 토성 속도 측정값이나 한 명의 과학자가 잰 여러 가지 측정값 등)에 걸쳐 축적된 **전체** 오류값은 평균 측정값을 통해 최소화될 수 있다고 믿었다.[20] 사실상 저명한 수학자 카를 가우스Carl Gauss의 유명한 증거에 비춰 보더라도 평균 측정값이 측정값의 참값(토성의 진짜 속도 등)에 대한 기대 가능한 최대 근접치로 여겨졌다.[21] 케틀레는 인간의 평균을 해석하며 바로 이런 생각을 적용시켰다. 즉 개개인이 오류에 해당하고 평균적 인간이 참 인간에 해당한다는 입장을 표명한 것이다.[22]

케틀레는 스코틀랜드 병사들의 평균 가슴둘레를 계산한 뒤 각 병사의 가슴둘레가 자연 발생적 '오류'의 경우에 해당하는 반면 평균 가슴둘레가 '참된' 병사, 즉 신체적 오점이나 흠이 없는 완벽한 체형을 갖춤으로써 병사로서의 본질에 적합한 그런 병사의 치수에 해당한다고 결론지었다.[23] 이와 같은 해석을 정당화하기 위해 이른바 '검투사상像'이라는 설명적 비유를 제시하기도 했다.

케틀레는 검투사 조각상 하나를 상상해보라면서 다음과 같은 주장을 폈다. "조각가들이 이 조각상의 모사작 1,000점을 만든다고 치자. 손으로 조각한 이 조각상들 모두는 단 하나의 예외도 없이 원작과는 다른 어떤 실수나 결점이 있기 마련이다. 하지만 모사 조각상 1,000점 전부를 취합해 그 평균을 내본다면 이 '평균 조각상'은 원작 조각상과 거의 동일할 것이다." 케틀레는 논리의 비약을 통해 이어서 주장하길, 그와 마찬가지로 1,000명의 병사들을 취합해 평균을 내면 살아서 숨 쉬는 병사들 한 사람 한 사람 모두가 불완전한 조각상이나 다름없는 일종의 관념적 영역에 존재하는 하나의 참된 병사에 대해 아주 근접값을 얻게 될 것이라고 했다.[24]

케틀레는 전체로서의 인간에 대해서도 같은 노선의 논리를 펴며 우리 모두가 말하자면 인간의 보편적 원형原型의 결함 있는 모사작이라고 주장했다. 그러면서 이 원형을 '평균적 인간'이라고 명명했다.[25] 물론 오늘날에는 '평균'으로 평가되는 사람에 대해서는 열등하거나 부족한 부류, 즉 평범한 부류로 여기기 예사다. 하지만 케틀레에게는 평균적 인간이 완벽 그 자체이자 자연이 꿈꾸는 이상으로서 오류라곤 없는 표상이었다. 역사에서 가장 위대한 인간은 자신이 속한 공간과 시대에서 평균적 인간에 가장 가까운 이들이라고 단언하기도 했다.[26]

케틀레는 평균적 인간의 숨겨진 얼굴의 정체를 밝히고 싶은 열정에 들떠 평균 키, 평균 체중, 평균 얼굴빛 등등 자료의 입수가 가능한 인간 특징에 대해 닥치는 대로 모조리 평균을 냈다. 평균 결혼 연령, 평균 사망 연령도 계산했다. 연간 평균 출산, 평균 빈곤 인구, 연간 평균 범죄 발생 건수, 평균 범죄 유형, 평균 교육 수준, 심지어 연간 평균 자살률까지도 계산했다. 그런가 하면 케틀레 지수 Quetelet Index(현재의 체질량지수 BMI에 해당한다)를 고안해 평균적 건강 상태를 확인하기 위한 남성과 여성의 평균 BMI를 산출하기도 했다. 케틀레의 주장에 따르면 이런 평균값 모두는 유일한 참 인간, 즉 평균적 인간의 숨겨진 특성을 상징하는 것이었다.

케틀레는 평균적 인간을 우러러 받든 반면 평균에서 벗어난 불운한 개인들에 대해서는 그에 맞먹는 혐오감을 가졌다. 실제로 이렇게 주장했다. "평균적 인간의 비율 및 몸 상태와 다른 모든 측면은 무조건 기형과 질병에 해당될 소지가 있다. 간주된 비율이나 형태와 비슷하지 않을 뿐만 아니라 관측된 한계를 초과하는 모든 것은 기형에 해당할 소지가 있다."[27] 한편 다음의 발언으로 미루어 짐작컨대 케틀레는 '노르마' 조각상을 봤다면 분명히 칭송을 보냈을 것이다. "사회의 한 특정 시대에서 어떤 개인이 평균적 인간의 모든 특징을 지니고 있다면 그 사람은 위대함이나 훌륭함이나 아름다움 그 자체를 상징하는 셈이다."[28]

오늘날에는 평균적인 사람을 완벽한 사람으로 여기지는 않지만 한 집단, 즉 한 **유형**의 전형적 표본으로 간주한다. 인간의 마음은 '변호사들'이나 '노숙자들'이나 '멕시코인들' 같은 한 집단의 전체 구성원들이 일련의 공통적 특징에 따라 행동한다는 식으로 가정하면서 사람들을 단순화해 생각하려는 경향이 강한 편인데 케틀레의 연구는 이런 경향에 과학적 정당성을 부여하면서 이내 사회학의 토대로 자리 잡았다. 케틀레가 평균적 인간이라는 개념을 도입한 이후로 과학자들은 무한대로 보이는 다양한 유형들의 특징을 'A형 성격', '신경증형', '사사건건 참견형', '리더형' 등으로 규정지으며 그룹의 그 어떤 개인이든 평균적 일원의 특징을 알면, 즉 그룹의 유형을 알면 그 개인을 예측하는 데 유용하게 적용할 수 있다고 주장해왔다.

케틀레가 제시한 평균적 인간이라는 이 신과학이 점점 혼란이 가중돼가던 인간 통계 분야에 반가운 질서를 부여하는 듯했을 뿐만 아니라 타인들을 정형화하고 싶은 인간 본유의 충동에 정당성을 입증해줬으니 당연히 그럴 만도 했겠지만 케틀레의 이 개념은 들불처럼 삽시간에 퍼져 나갔다. 다수의 정부가 국민을 이해하고 사회정책을 구상하기 위한 기초 토대로서 케틀레의 사회물리학을 채택했다. 그의 개념은 정치적 관심을 중산층에 집중시키는 데도 일조했는데 이는 중산층이야말로 한 국가의 평균적 국민에 가장 근접한 계층이자 케틀레식 추론대로라면 벨기에인이나 프랑스인이나 영국인이나 네덜란드인이나 프로이센인 등등의 가장 참된 유형으로서 인식됐던 덕분이다. 케틀레는 1846년에 벨기에 정부의 의뢰로 최초의 인구조사를 설계했으며 바로 이 설계가 현대의 모든 인구조사에 표준으로 굳어져 있다. 케틀레는 당시 미 의회 의원이던 제임스 A. 가필드_{James A. Garfield}에게 미국의 인구조사를 개선할 방안에 대해 조언해주기까지 했다.[29]

케틀레는 미국의 군대에도 영향을 끼쳤다. 에이브러햄 링컨 대통령은 남북전쟁 중 북부군이 자원을 보다 효율적으로 배분하기 위해서는 병사들과 관련된 정보를 더 많이 확보해야 한다는 판단에 따라 그때껏 세계 역사상 최대 규모의 인체 측정 조사를 인가했다. 이에 따라 북부군 병사 전원을 대상으로 신체적·의료적·도덕적 측정을 실시한 뒤 케틀레의 신과학에 순순히 따라 그 평균을 산출·보고했다. 바로 이 대대적인 조사가 근간이 돼 오랜 기간 이어

진 미국 군대의 그 표준 설계 원칙이 세워졌다.[30]

우리는 누구나 평균을 당연시한다. 사실 평균은 우리가 매일같이 접하는 매스컴에서 일상적으로 떠들어대는 이야깃거리다. 내가 이 글을 쓰는 오늘 자 「뉴욕타임스」에도 평균 학자금 부채액, 황금 시간대의 TV 평균 시청률, 의사의 평균 월급을 보도하는 기사가 실렸다. 하지만 과거에는 케틀레가 새로운 평균을 밝힐 때마다 대중은 경악했다. 그 한 예로 연간 평균 자살률이 비교적 고정적이라고 밝혔을 때도 그랬다.[31] 현재의 우리에게는 이것이 그리 놀랄 만한 거리도 아닐 테지만 1830년대 당시에는 자살을 생각이 어느 정도 깊은 제대로 된 사람이라면 절대로 내릴 수 없는 아주 분별없는 개인적 결정으로 여기는 분위기였다. 그런데 그런 시대에 케틀레는 자살이 확실하고 일관적인 규칙성을 띠며 일어나고 있다고 발표했을 뿐만 아니라 자살 발생률의 고정성은 곧 모든 사람이 평균적인 자살 성향을 지니고 있음을 암시한다는 주장까지 펼쳤다. 여기에 더해 평균적 인간은 평균 정도의 자살 충동을 느낀다고 단언하기도 했다.[32]

전 분야의 학자들과 사상가들이 사회를 지배하는 숨겨진 법칙을 밝혀냈다며 케틀레를 천재로 치켜세웠다. 플로렌스 나이팅게일은 케틀레의 개념을 간호에 적용시키며 평균적 인간이 "신의 섭리"라는 견해를 표명했다. 칼 마르크스는 케틀레의 개념을 취해 공산주의 경제 이론을 세우며 평균적 인간이 역사 결정론historical determinism을 성립시켜주는 증거라고 밝혔다. 물리학자 제임스 맥스웰James

Maxwell은 케틀레의 수리에 착안해서 기체역학의 고전적 이론을 세웠다. 내과 의사 존 스노John Snow는 런던에서 콜레라와 싸우던 중 케틀레의 개념을 활용하면서 공중위생 분야의 서막을 열었다. 실험 심리학의 아버지 빌헬름 분트Wilhelm Wundt는 케틀레의 글을 읽고 이렇게 단언했다. "아리스토텔레스를 제외한 그 어떤 철학자들보다 통계적 평균이 심리학에 대해 더 많은 것을 알려준다고 말해도 과언이 아니다."[33]

케틀레가 착안해낸 이 평균적 인간이라는 개념은 바야흐로 평균의 시대Age of Average를 열었다. 다시 말해 평균이 정상이 되고 개개인이 오류가 되며 과학이 정형화에 정당성을 각인시켜주는 시대가 열린 것이었다. 그리하여 이런 식의 가정에 따라 결과적으로 공군에서는 평균적 조종사에 맞춰 조종석을 설계하게 됐고 매사추세츠 종합병원의 나의 지도 교수들은 평균적 뇌의 지도를 해석하는 요령을 가르치게 됐다. 수 세대에 걸쳐 부모들은 자녀가 평균 기준에 따라 성장하지 못할까 봐 초조해하게 됐고 거의 모든 사람이 자신의 건강이나 사회생활이나 경력이 평균에서 너무 크게 이탈할 때면 불안감을 느끼게 됐다.

하지만 평균의 시대 개막을 얘기하면서 케틀레만 짚고 넘어간다면 그것은 절반의 이야기로 그치는 셈이다. 나머지 절반의 이야기에서 주인공은 프랜시스 골턴Francis Galton 경으로, 처음에는 케틀레를 누구보다도 열렬히 신봉했으나 나중엔 케틀레의 비난자로 유명세를 떨친 인물이었다.[34]

우월층과 저능층

1851년에 런던에서 대박람회Great Exhibition(종종 제1차 세계박람회로도 불린다)가 열렸다. 박람회장은 온 나라에서 몰려든 참가자들이 저마다 야심 찬 상품, 기술, 발명을 선보이며 열기를 띠었다. 영국인들은 이 박람회가 세계에 자국의 우월성을 증명해 보일 기회가 되리라는 기대로 한껏 우쭐해 있었다. 하지만 막상 박람회에 들어선 순간 그 기대가 와장창 무너져 내렸다.

가장 인상적인 참가국은 영국이 아닌 미국이었다. 대서양을 건너온 미국의 기업가들이 영국이 내놓은 그 어떤 전시품도 상대가 되지 않을 만한 신기한 산업품을 선보였고, 새뮤얼 콜트의 연발 권총, 아이작 싱어의 재봉틀, 로버트 매코믹의 수확 기계 등등이 눈길을 끌었다.[35] 영국인들 가운데에는 자국이 세계에서 뒤처지고 있는 것 같아 슬슬 초조해하는 이들이 많았고 그중 유난히 큰 우려를 품은 인물이 있었으니 바로 프랜시스 골턴이었다. 골턴은 영국이 급추락한 정확한 원인을 자신이 잘 안다고 자신하며 하층민의 지위 상승을 그 원인으로 지목했다.[36]

골턴은 은행업과 제조업으로 떼돈을 번 가문의 출신으로 부유한 상인 계층에 속했다. 자신의 가문을 비롯한 상류층 일원들이 타고난 우월성을 갖추고 있다고 믿으면서 사회의 민주화가 대영제국의 위대함에 똥칠을 하고 있다는 주관적 판단을 내렸다.[37] 또한 영국의 손상된 영광을 회복시킬 길은 우월한 사회계층의 쇠퇴해가는 위신을 재건하는 것이라고 확신하며 케틀레의 수리가 그 이유를 설명해준다고 여겼다.

수학을 전공했던 골턴은 이 벨기에인 연장자를 뛰어난 인물로 평가하며 "중대한 사회 통계 부문에서 최고의 대가"라고 치켜세웠다.[38] 골턴은 평균이 사람들을 이해하는 측면에서 과학적 토대를 이룬다는 점에서 케틀레와 의견을 같이했다. 말이 나와서 말이지만 케틀레의 모든 개념에 공감하다시피 했으나 딱 하나 예외가 있었다. 즉 평균적 인간이 자연의 이상을 상징한다는 개념에 대해서 만큼은 말도 안 되는 소리라고 반박했다. 골턴에게는 평균에 든다는 것이 하원 의원을 뽑는 하층민들 같은 평범하고 천하고 보잘것없는 존재가 되는 것이었다.[39] 여성이 '노르마'를 본받아야 한다는 개념을 들었다면 비웃었을 것이다. 여성에게 따라 할 만한 모델이 있다면 그것은 바로 여왕 폐하라고 믿던 그였으니 말이다.

골턴은 평균을 최대한 **향상시키려** 힘쓰는 것이 인류의 의무라고 믿으며 이 신념을 뒷받침하기 위해 사촌인 찰스 다윈의 연구를 인용해 다음과 같은 글을 쓰기도 했다. "자연이 맹목적이고 더디고 무자비하게 행하는 것을 인간은 선견지명을 가지고 빠르고 관대하게 행할 수 있다."[40] 케틀레는 평균에서 과도하게 벗어나는 것이 '기형'에 해당한다고 간주했으나 골턴은 이 벨기에인의 견해를 절반의 진실일 뿐이라고 봤다. 골턴과 빅토리아 여왕과 아이작 뉴턴 같이 평균을 훌쩍 뛰어넘는 훌륭한 대가들은 절대 기형이 아니라 이른바 "우월층Eminent"에 속한다고 여겼다. 한편 평균에 크게 못 미

치는 사람들에 대해서는 "저능층Imbecile"이라고 칭했다.[41]

따라서 골턴은 평균에서 벗어나는 개개인을 '오류'에 해당한다고 여겼던 케틀레의 신념에 거부감을 가졌다. 그런 반면에 케틀레의 유형 개념에는 공감했다. 그 자신도 인간이 우월한 이들, 저능한 이들, 평범한 이들로 유형이 각각 분류된다고 믿었기 때문이다. 한마디로 말하자면 골턴은 케틀레의 개념 중 어떤 그룹의 평균적 일원이 그 그룹의 유형을 상징한다는 견해에는 지지 입장이었으나, 개개인의 평균 이탈을 오류로 치부한 견해에는 거부 입장이었다. 그렇다면 골턴은 이와 같은 명백한 모순을 어떻게 해결했을지 궁금해지지 않는가? 도덕적·수학적 유도 한판을 벌여 '오류'를 '계층'으로 재정의하는 뒤집기 기술을 부렸다.[42]

케틀레 식대로 말하면 당신이 평균보다 50퍼센트 더 빠르든 50퍼센트 더 느리든 간에 그것은 사실상 중요하지 않다. 어느 쪽에 속하든 둘 다 평균에서 이탈한 것은 똑같다. 완벽함의 오류인 점에서나 완벽함과 거리가 먼 점에서는 둘이 다르지 않다. 반면 골턴의 입장에서 보면 평균보다 50퍼센트 더 빠른 사람은 50퍼센트 더 느린 사람보다 **우월한** 사람이다. 두 사람은 똑같지 않다. 즉 더 빠른 사람이 더 높은 **계층**에 든다.

골턴은 인간을 최하위 계층인 '저능층Imbecile'에서부터 중간 계층인 '평범층Mediocre'을 거쳐 최상층인 '우월층Eminent'까지 14가지 계층으로 분류했다. 이 분류는 평균의 의미에 획기적 변화를 일으켜 평균을 정상의 개념에서 평범함의 개념으로 탈바꿈시켰다. 하지만 골턴은 의미의 변화만으로 그치지 않고 더 나아갔다. 우월층이 별개의 부류에 든다는 확신이 너무 굳건한 나머지 한 사람의 계층은 지적·신체적·도덕적 차원을 아우르는 모든 자질과 면모에 걸쳐 일관되게 유지된다는 주장까지 폈다.[43] 말하자면 지력이 우월층에 들 경우 그 사람의 용기와 정직함뿐만 아니라 신체 건강도 우월할 가능성이 대체로 높고, 수학 실력이 최하위층 언저리에서 맴돌 경우엔 미모나 자기 관리는 말할 것도 없고 언어력도 평균치 한참 밑으로 처지기 십상이라는 얘기였다. "통계자료가 잘 보여주고 있다시피 최고의 자질들은 대체로 상호 관계에 있다. 영국에서 판사, 주교, 정치인, 진보의 선도자가 된 이들을 한창 전성기 때 한 팀으로 짰다면 막강한 운동 팀이 됐을 것이다." 실제로 골턴이 1909년에 남긴 글이다.[44]

골턴의 계층 개념대로라면 우월층이 모든 면에서 우월한 계층이라는 의미였으니, 우월층이 영국의 몰락한 영광을 회복시킬 최선의 희망이라는 그의 주장도 뒷받침됐다. 골턴은 계층의 존재를 입증하기 위해 새로운 통계법 몇 가지를 착안해내기도 했다. 여러 자질별로 계층과의 연관성을 평가하게 해준 기법인 **상관관계** 분석이 그중 하나였다.

골턴이 착안한 통계법은 하나같이 그 자신이 이름 붙인 이른바 '평균 이탈의 법칙'에 입각해 개개인의 구분에서 가장 중요한 점은 그 사람이 평균보다 얼마나 월등하거나 열등한가라는 개념을 그 바탕에 뒀다. 현재의 21세기 사고에서는 수재들은 '평균 이상'이고 무능력자들은 '평균 이하'인 것이 너무 당연하고 뻔한 것으로 받아들여지고 있어서 이런 식의 사고방식이 한 사람에게서 기인된 것이라는 얘기가 극단적 단순화처럼 여겨질지 모른다. 하지만 사실상 골턴은 거의 혼자 힘으로 인간의 가치는 평균치에 얼마나 근접한가에 따라 측정될 수 있다는 케틀레의 확신을 밀어내고 인간의 가치는 평균치에서 얼마나 **멀리** 떨어져 있는가에 따라 더 잘 측정된다는 개념을 들어앉혀났다. 케틀레의 유형 개념이 1840년대에 지성계를 사로잡았듯 1890년대에 골턴의 계층 개념도 지성계를 매료시켰다. 1900년대 초반에 이르자 인간은 능력별로 하위에서부터 상위까지 분류된다는 관념이 사실상 사회과학계와 행동과학계 전체에 침투하게 됐다.

평균의 시대, 다시 말해 1840년대 케틀레의 사회물리학적 착안에서 비롯돼 오늘날까지 이어져온 그런 문화적 시대를 특징짓자면 사회의 거의 모든 일원들이 무의식적으로 공유하고 있는 2가지 가정을 꼽을 만하다. 바로 케틀레의 평균적 인간 개념과 골턴의 계층 개념이다. 케틀레가 그러했듯 우리 모두도 평균이 정상을 판단하는 믿을 만한 기준이라고 믿게 됐다. 특히 신체 건강, 정신 건강, 성격, 경제적 지위와 관련해서 유독 그런 믿음이 강하다. 뿐만 아니라 우리는 성과라는 편협한 기준에 따른 개개인의 계층이 개개인의 재능을 판단하는 유용한 도구라는 믿음도 갖게 됐다. 이 2가지 개념이 현재 전 세계의 교육 시스템, 대다수의 채용 관행, 상당수 직원 업무 평가 시스템 이면에서 구성 원칙으로 작용하고 있다.

케틀레가 개개인을 바라보는 우리의 사고방식에 끼친 영향력은 아직도 우리의 시스템에 깊숙이 뿌리박혀 있다고는 하지만 대체로 우리의 사생활을 보다 확실하고도 밀접하게 틀어쥐고 있는 것은 바로 골턴의 유산이다. 우리는 누구나 가능한 한 평균을 훌쩍 뛰어넘으려는 압박감을 느낀다. 우리가 평균 이상이 되려고 그렇게 기를 쓰는 **목적**이 정확히 무엇인지에 대해서는 좀처럼 생각조차 하지 않는다. 평균 이상이 되려고 기를 쓰는 **이유**가 아주 분명하기 때문이다. 즉 평균의 시대에서 성공하려면 다른 사람들에게 평범하거나, 아니면 (정말 끔찍하게도!) 평균 이하로 평가받아서는 안 된다는 강박에 내몰리고 있기 때문이다.

평균주의 사회

20세기가 밝을 무렵 사회학자와 정책 입안자 대다수는 사람들과 관련된 결정에서 평균을 기반으로 삼고 있었다.[45] 이런 식의 상황 전개는 새로운 통계 기법의 채택만으로 그치지 않았다. 개개인과 사회의 관계를 이해하는 방식에서도 큰 변화를 나타냈다. 유형화도 계층화도 개개인을 그룹 평균과 비교하는 것에 의존하고 있다. 그런 이유로 케틀레와 골턴 모두가 특정 개인을 이해하려면 그룹에 비교하는 수밖에 없음을 노골적이고도 열렬히 주장한 것이었고 이런 주장은 결론적으로 새로운 사회학 관점, 즉 개개인은 거의 전적으로 무관하다는 관점을 강조한 것이었다.

케틀레는 1835년에 다음과 같은 글을 썼다. "개개인에 대해 이야기한다고 해서 이 사람이나 저 사람을 콕 집어 얘기하려는 것이 아님을 알아야 한다. 여기에서는 아주 많은 사람들을 살펴본 뒤에도 여전히 남는 전반적인 인상에 집중해야 한다. 개개인성을 제거해 내면 우발적인 요소가 모조리 제거된다."[46] 골턴이 1901년에 창간한 학술지 「바이오메트리카Biometrika」 창간호에도 다음과 같은 주장이 실렸다. "삶의 유형을 연구하다보면 별로 대수롭지 않은 개개인성에 관심을 갖게 되기가 십상이다."[47] 백분위수 90번째인 사람을 이야기하는 것과 내향적 유형의 사람을 이야기하는 것은 본질적으로 차이가 있어 보이지만 둘 다 평균 점수와의 비교가 필요하다는 점에서는 궁극적으로 똑같다. 이 2가지 접근 방식은 해석만 다를 뿐 동일한 수리를 바탕으로 하고 있으며 동일한 신념, 즉 개개인성을 무시하는 신념을 그 축으로 삼고 있기도 하다.

인간 사회에 평균이 처음 도입됐을 당시 빅토리아 여왕 시대의 다수 지식인들이 사람들을 이해하는 그 색다르고 새로운 접근법으로 인해 어떤 중요한 것이 위협에 처했다는 점을 즉각적으로 깨달으면서 다소 선견지명적으로 개개인성 무시의 위험을 경고하고 나서는 이들이 많았다. 윌리엄 사이플스William Cyples라는 영국의 유명한 시인은 1864년에 쓴 에세이에서 평균을 활용하는 신세대 과학자들과 관료들의 표면상의 승리를 인정해주다가 뒤이어 경시가 깔린 동시에 특징을 제대로 짚어주는 **평균주의자**averagarian라는 별명을 붙였다. 앞으로 나는 아주 유용하고도 적절한 이 별명을 과학자, 교육가, 관리자를 막론하고 평균을 활용해 개개인을 이해하는 모든 이들을 지칭하는 데 채택하고자 한다.

사이플스는 에세이에서 평균주의자들이 득세하면 미래가 어찌 될지 불안해하기도 했다. "이 평균주의자들은 대체로 살인, 자살, 결혼의 통계를 이런저런 현상에 대한 시대적 균일성의 증거로 내놓고 있다. (중략) 우리는 사람이기보다는 인간 군상으로 취급된다. (중략) 우리는 퍼센트의 정도에 따라 고생길행이냐 성공행이냐가 갈린다. 운명이 개인적으로 정해지기보다는 통계적 그룹의 일원으로서 배당되는 것이다. (중략) 따라서 현대의 이런 산술상의 미신에 대해 이의를 제기할 만도 하다. 우리가 묵인할 경우 이 미신은 장차 인류가 지금껏 겪어보지 못한 최악의 파멸을 불러올지도 모른다. 그것도 고정불변의 운명으로 인한 파멸이라기보다 숫자상의 기준에 따라 개인적으로가 아닌 평균적으로 떨어지는 그런 운명의 파멸이다."[48]

평균주의자들의 커져가는 영향력에 우려를 나타낸 이들은 시인들만이 아니었다. 의사들 역시 평균을 활용해서 치료 중인 개개인들을 진단하는 것에 확고한 반대 입장을 취했다. "환자에게 같은 증상을 가진 환자 100명 중 80명이 치유된다는 말을 해줄 수는 있지만 (중략) 그런 말은 환자에게 그다지 기운을 돋워주지 못한다. 환자가 알고 싶은 것은 자신이 치유되는 그 환자들 가운데 드느냐의 여부다." 실험의학의 아버지로 인정받는 프랑스의 의사 클로드 베

르나르_{Claude Bernard}가 1865년에 쓴 글이다.[49] "의사들은 이른바 큰수의 법칙이라는 것과는 상관이 없다. 어느 위대한 수학자는 이 법칙을 놓고 언제나 전체로는 옳지만 개별적으로는 틀리는 법칙이라고 평한 바 있다."[50]

하지만 사회는 이 초반의 이의에 귀를 기울이지 못했고 그 결과 현재 우리는 만나는 개개인마다 반사적으로 평균에 비교해서 판단하고 있으며 그 개개인에는 우리 자신도 포함된다. 매스컴에서 평균적 시민이 친하게 지내는 친구의 수(미국의 경우 8.6명)를 보도하거나, 평균적 사람이 평생 동안 키스를 나누는 파트너의 수(여성의 경우 15명, 남성의 경우 16명)나 평균적 부부가 매달 돈 문제로 싸우는 횟수(미국의 경우 3회)를 보도하면 저절로 이 수치에 스스로를 대조해보지 않는 사람을 보기 드물다. 대조해본 결과 자신이 적정한 수준 이상의 파트너들과 키스를 한 것으로 나오면 우쭐한 감정이 솟기도 하고 그 수준에 못 미치면 자기 연민이나 자괴감에 빠지기 쉽다.[51]

유형화와 계층화가 아주 기본적이고 당연하고 마땅한 일처럼 여겨지게 되면서 이제 우리는 그런 판단이 어떠한 경우든 예외 없이 판단을 받는 사람의 개개인성을 묵살하고 있다는 사실마저 더 이상 의식하지 못하고 있다. 케틀레 이후 150년이 지난 현재 우리는, 19세기의 그 시인들과 의사들이 우려했던 그대로 모두 평균주의자가 돼버렸다.

제2장

/

표준화된 세상

나는 고등학교 중퇴 후 잠깐 동안 유타주 클리어필드 소재의 대형 알루미늄 판금 공장에서 일하며 직업 세계에 첫발을 내디뎠다. 출근 첫날 나는 내가 해야 할 작업에 대해 자세히 적힌 작은 카드를 받았다. 카드에는 팔과 발의 바람직한 움직임까지도 상세히 지시돼 있었다. 나는 쌓여 있는 알루미늄 덩어리 하나를 집어 들고 델 듯 뜨거운 판금기 쪽으로 가져갔다. 그 알루미늄 덩어리를 판금기에 통과시키자 압착이 돼 '플레이 도우 펀 팩토리Play-Doh Fun Factory' 같은 글자판이 나왔다. 나는 그 글자판을 작업대에 쌓아놓고 한 개의 작업을 완료했음을 기록하는 용도의 버튼을 누른 뒤(그곳에서는 판금한 글자판의 개수에 따라 임금이 산정됐다) 얼른 알루미늄 덩어리를 다시 집어 들고 같은 작업을 반복했다.

그 공장에서 일하던 시절을 떠올릴 때 가장 잊히지 않는 기억 2가지는 넣고 찍고, 넣고 찍고, 또 넣고 찍고를 끝도 없이 반복하던 것과 교대 근무시간의 시작과 종료를 알리는 그 귀청 찢어지는 금속성 종소리다. 그곳에서의 근무는 한마디로 인간성 말살의 경험이었다. 그곳에서는 알루미늄 공장 근로자로서 나의 개개인성이 조금도 중요하지 않았다. 오히려 영국의 시인 사이플스가 경고했던 것처럼 나는 '인간 군상'으로 취급됐다. 단지 하나의 통계군이자 평균적인 근로자일 뿐이었다. 그것은 그냥 우연에 따른 것이 아니었다. 다시 말해 작업장 전체가 평균주의averagarianism의 신조, 즉 개개인이 평균과 비교돼 평가되고 분류되고 관리될 수 있다는 가정에 따라 설계됐던 것이다.

평균주의가 원래 수학을 활용해 복잡한 사회문제를 해결하려 시도하던 유럽의 두 과학자의 연구에서 발전한 것이었음을 감안하면 여전히 학자들이나 지식인들에게는 흥미를 끌 만한 난해한 철학이 남아 있을지 모른다. 하지만 이 책을 읽는 당신과 나는 평균이 출생에서부터 사망에 이르기까지 우리 삶의 모든 면을 특징지으며 자존심의 가장 내밀한 판단에까지 침투해 있는 세계에 태어났다. 그렇다면 정확히 어떻게 추상적인 상아탑적 추측에서 비롯된 평균주의가 전 세계적으로 기업과 학교의 주류 조직 원칙으로 올라서게 된 것일까? 이는 프레더릭 윈슬로 테일러Frederick Winslow Taylor라는 한 명의 인물에 의해 주도된 결과였다고 답해도 과언이 아니다.

어느 경제학자는 한 글에서 테일러가 "20세기 남녀의 사적·공적 삶에 가장 큰 영향을 끼친 인물일지 모른다."는 평을 내리기도 했다.[1] 1856년에 펜실베이니아주의 부유한 가정에서 태어난 테일러는 10대 시절에 프로이센에서 2년간 유학 생활을 했다. 프로이센으로 말하자면 케틀레의 개념을 중심으로 학교와 군대를 재조직한 최초의 국가들에 들던 곳으로서 테일러가 바로 이곳에서 평균주의의 개념을 처음으로 접하고서 나중에 그 자신의 연구에 대한 철학적 토대로 삼았을 가능성이 아주 크다.[2]

테일러는 고국으로 돌아온 이후 대입 준비 보딩스쿨인 필립스 엑서터 아카데미에 들어갔다. 하지만 아버지의 뒤를 이어 하버드대학교 법과대학에 들어가길 바랐던 가족의 기대와는 달리 필라델피아의 펌프 제조 회사의 기계공 견습생이 됐다. 테일러의 청소년 시절 진로 결정이 담긴 글을 처음 읽었을 때 나는 동질감 같은 것을 느꼈다. 학교나 삶 속에서 자신의 길을 찾지 못해 고민하는 청소년 같아서였다. 그러나 알고 보니 그것은 내 착각이었다. 테일러가 펌프 제조사에 들어가기로 마음먹은 일은 오히려 마크 저커버그가 하버드대학교를 중퇴하고 페이스북을 설립했던 야심에 비견할 만한 결정이었다.

1880년대에 미국은 농업 경제에서 산업 경제로 전환돼가는 중이었다. 새롭게 깔린 철로로 도시들이 거미줄처럼 연결되고, 미국으로 쏟아져 들어오는 이민자들이 급속도로 늘면서 온 동네를 지나가는 동안 영어는 한 마디도 듣지 못할 만한 지경인 곳들도 생기고, 도시가 급속도로 팽창하면서 1870년과 1900년 사이에 시카고 인구가 6배로 불어났다. 이런 사회적 동요에 따라 대폭적 경제 변화가 일어났는데 특히 거대한 신흥 제조업 조직, 즉 공장 내에서의 변화가 가장 컸다. 테일러가 하버드 법대에 합격했으나 입학 직전 자퇴하고 엔터프라이즈 하이드롤릭 웍스에 들어간 그 당시는 전기화 공장의 여명기로서 물건을 만들고 조립하고 건설하는 분야에서 오늘날의 실리콘밸리에서와 같은 세계 제패의 기회가 차츰 감지되고 있었다.[3]

테일러는 이 흥미롭고 새로운 산업 세계에서 이름을 떨치고 싶어 했고 이 펌프 제조사가 가족의 지인들 소유라는 사실로 인해 야심이 더욱 불타올랐다. 수습공이다 보니 중노동을 할 일이 별로 없어서 대체로 공장 운영을 세세히 관찰할 여유도 있었다. 수습 과정을 마친 뒤에는 역시 지인 소유의 기업이던 미드베일 스틸워크Midvale Steelwork에 기계공장 근로자로 들어갔고 이곳에서 고속 승진을 거듭했다. 6년 사이에 벌써 6번째 승진을 거친 뒤에는 기업 전체를 총괄하는 수석 엔지니어로 임명됐다.[4]

이 6년 동안 테일러는 공장 생산 시대의 새로운 문제들을 눈여겨봤다. 제2차 산업혁명 초반 수십 년은 걷잡을 수 없는 인플레이션, 추락하는 임금, 빈번한 경제공황으로 특징지어졌다. 테일러가 미드베일에서 일을 시작하던 무렵 이 지역은 그의 세대를 통틀어 최악의 불황이 닥친 와중에 직격탄을 맞고 있었다. 근로자들은 한 직장에 붙어 있는 경우가 드물었고, 공장들은 단 1년간 최소 100퍼센트에서 최대 1,500퍼센트의 이직률을 나타냈다.[5] 당시로선 이와 같은 공장 시대의 새로운 문제들이 일어나는 원인을 제대로 이해하는 사람이 아무도 없었으나 테일러는 수석 엔지니어에 오를 때쯤 그 진짜 근원을 알 것 같다는 확신이 생겼다. 바로 비효율성이었다.[6]

테일러는 신식 전기화 공장들에서 노동력 낭비가 심각한 수준이라고 주장했다. 테일러의 생각에 따르면 이런 노동력 낭비는 전적으로 공장의 근로자 배치 방식에서 비롯된 결과였다. 즉 근로자의 배치가 서툴고 부적절할 뿐만 아니라 다른 무엇보다 비과학적인 탓이었다. 70년 전인 산업혁명의 여명기에 산업계 내에서 가장 대규모를 이루던 직물 생산, 철강 제조, 증기 동력이 사회 대격변을 일으켰을 당시에 아돌프 케틀레가 이와 같은 새로운 사회적 문제를 사회학을 통해 해결하려 시도하며 사회학계의 아이작 뉴턴이 됐다면, 1890년대에 이른 당시에는 테일러가 새로운 경제 격변 시대를 주시하며 공장 시대의 문제는 노동학을 통해서만 해결될 수 있다고 단언하고 나서면서 산업 조직계의 아돌프 케틀레로 발돋움하고 있었다.

테일러는 평균주의의 중심 지침, 즉 개개인성의 등한시 개념을 채택함으로써 업계의 비효율성을 체계적으로 해소시킬 수 있다고 믿으며 다음과 같이 선언했다. "과거에는 인간이 최우선이었다면 미래에는 시스템이 최우선이 돼야 한다."[7]

테일러의 표준화 시스템

테일러가 신과학인 노동학을 발전시키기 전만 해도 기업들은 대체로 자사에 필요한 특별한 기량과는 상관없이 가능한 한 가장 유능한 근로자를 채용한 다음 이런 기대주들이 자신의 신념에 따라 회사의 업무 과정을 가장 생산적이 되도록 재조직하게 맡겨뒀다. 테일러는 이런 방식을 놓고 더할 나위 없이 퇴보적이라고 주장했다. 그러면서 기업은 고용인雇傭人들이 제아무리 특출한 인재라 해도 시스템을 개개 고용인에게 맞춰서는 안 되고 그보다는 시스템에 잘 맞는 평균적 인간을 고용해야 한다고 밝히며 이렇게 단언했다. "장기적으로 보면 평범한 능력을 갖춘 동시에 기업의 상황에 대한 근본적 사실의 분석을 통해 찾아낸 정책, 계획, 절차에 따라 일하는 개개인들로 구성된 조직이 각자의 번득이는 착상에 따라 일하는 천재들로 이뤄진 조직보다 더 순탄하고 안정적이기 마련이다."[8]

테일러는 1890년대부터 평균 방법이 오류를 최소화해준다는 가정과 같은 방식으로 비효율성을 최소화해줄 새로운 산업 조직의 비전을 알리기 시작했다. 그 비전이란 바로 표준화standardization였다.[9] 엄밀히 말하면 케틀레가 정부 관료 조직과 과학적 자료 수집 부문에서 표준화를 옹호한 최초의 과학자였으나 테일러가 밝힌 바에 따르면 인간의 노동력 표준화에 대한 그 자신의 착상은 필립스 엑서터 아카데미의 수학 선생님 한 분에게서 영감을 받은 것이었다.[10]

그 수학 선생님은 테일러와 같은 반 학생들에게 자주 수학 문제들을 풀어보게 시키고는 문제를 다 풀면 손가락으로 딱 소리를 내며 손을 들게 했다. 이때 스톱워치를 사용해 학생들의 문제 푸는 시간을 잰 뒤에 평균적 학생이 문제를 다 풀기까지 얼마나 걸리는지를 계산했다. 그런 다음 과제를 내줄 때 이 평균 시간을 활용해서 평균적 학생이 정확히 2시간이 걸릴 만한 과제가 되려면 몇 개의 문제를 넣어야 할지를 계산했다.

테일러는 이 수학 선생님의 숙제 표준화 방식이 산업계의 업무처리 표준화에도 활용 가능할 것임을 인식했다.[11] 그리하여 미드베일 스틸워크에서 최초의 표준화 시도에 착수했다. 테일러는 우선 공장에서 삽으로 용광로에 석탄을 퍼 넣는 일과 같은 특정 공정 수행 속도를 개선시킬 만한 방법들을 구상하기 위해 한 공정이 자신이 만족할 만한 수준으로 최적화되고 나면 근로자들이 그 공정을 마치기까지 걸리는 평균 시간을 계산했다. 근로자들이 그 공정을 수행할 때 나타내는 평균적 신체 움직임을 확정하기도 했다. 구체적 예를 들자면, 테일러는 삽으로 한 번에 퍼 넣을 최적의 석탄량을 21파운드(약 9.5킬로그램)로 산정했다. 그런 다음엔 이 평균치를 중심으로 전체 산업 공정을 표준화해 각 공정의 수행 방식을 고정시켰고(테일러는 이 삽질 공정의 경우 21파운드의 양이 언제든 가장 능률적인 최적의 양이라고 주장했다) 그에 따라 근로자들은 이 표준을 어겨서는 안 됐다. 내가 규정된 그대로 알루미늄 판금을 해야 했던 것과 같은 식이었다.

테일러에 따르면 특정 공정을 완수할 "단 하나의 최선책"이 늘 있기 마련이며 그 단 하나의 최선책은 바로 표준화된 방법이었다.[12]

테일러에게는 **자신만의** 방식으로 일하려는 근로자야말로 최악 중의 최악이었다. 실제로 테일러는 1918년에 한 잡지 기사를 통해 다음과 같은 말로 경각심을 자극하기도 했다.

"독창적 사람들이 숱하게 부딪쳐 좌초하는 암초가 있으니 그것은 자신의 독창적 재능에 탐닉하는 것이다. 평균적 인간이 이미 순탄하게 잘 활용하고 있는 기존의 기계나 방식이나 공정을 교체하기 위해 파격적이도록 새로운 기계나 방식이나 공정을 만들려 한다면 그것은 불합리한 일이다."[13]

미국의 공장들은 테일러의 표준화 원칙을 받아들이면서 부랴부랴 작업 규칙을 게시하고 표준 작업 절차를 담은 책자를 발간하고 작업 지시 카드를 발행하는 식으로 직무 수행에 반드시 따라야 할 방식을 제시했다. 한때 창의적인 장인으로 추앙받던 근로자들은 이제 자동인형으로 전락하고 말았다.[14]

오늘날에도 현대 기업들에서는 표준화가 테일러의 초반 제안 형식에서 거의 변화가 없는 형식으로, 즉 내가 알루미늄 판금 공장에서 직접 몸으로 겪었던 그런 형식으로 시행되고 있다. 그 공장의 일은 사실상 나에게 첫 번째 정규직 일자리였기 때문에 당시만 해도 나는 그처럼 인간성을 말살시키고 지루한 업무가 유타주 어느 특정 회사만의 독특한 경우인 줄로만 알았다. 그러다 2년 뒤에 대형 신용카드 회사의 고객 서비스 담당자로 취직해 에어컨이 켜진 사무실에서 편안한 회전의자에 앉아 일하게 됐다. 근무 환경이 예전 그 공장의 일과는 사뭇 다른 것 같았다. 하지만 알고 보니 아니었다. 이번에도 내 역할은 철저하게 테일러의 표준화 원칙에 따라 틀이 잡혀 있었다.

나는 요령이 상세히 적힌 고객 응대 매뉴얼을 받았고 지시에 따라 어떤 경우에도 이 매뉴얼을 어겨서는 안 됐다. 매뉴얼에는 고객 응대를 평균 시간 안에 해결하도록 정해져 있었고 따라서 내 업무는 매 응대별 소요 시간에 따라 평가됐다. 응대 시간이 평균 시간을 넘으면 모니터에 빨간불이 깜빡거리기 시작했다. 그 바람에 나는 응대의 질이 아니라 최대한 빨리 완료 버튼을 누르는 쪽에 신경이 쏠려 있었다. 컴퓨터는 매 응대 종료 후 내 평균 시간을 새로 고쳐서 그룹 평균과 비교해 보여줬다. 물론 그 갱신 평균은 나의 상관에게도 전송됐다. 내 평균이 그룹 평균을 초과하면 상관이 내 자리로 찾아왔는데 나는 그런 상사의 방문을 몇 차례나 받았다. 내 평균이 계속해서 그룹 평균을 초과했다면 상사는 나를 해고할 수도 있었을 테지만 나는 그런 식으로 해고를 당하기 전에 그만뒀다.

그 뒤로 몇 년 동안 나는 소매점, 식당, 판매점, 공장으로 일자리를 옮겨 다녔는데 그때마다 번번이 내 일은 "시스템이 최우선이 돼야 한다."라는 테일러의 신념에 따라 표준화돼 있었다. 나는 어떤 직장에서든 기계의 한 부품일 뿐이었고 개인적 독창력을 발휘하거나 개인적 책무를 맡을 기회가 없었다. 직장마다 가급적 평균치에 근접하라는 식의, 아니 다른 모든 직원과 똑같되 더 잘해야 한다는 요구를 받았다. 더군다나 맡은 일에 내 개성이 고려되지 못하는 점에 슬슬 불만이 생겨 무기력감과 지루함에 빠지면서 빈둥거린다거나 책임감이 없다는 핀잔을 자주 듣게 됐다. 표준화된 시스템에서는 개개인성이 무시되며 이는 테일러가 의도했던 것이다.

관리자의 탄생

표준화에는 한 가지 중대한 의문이 뒤따랐다. 기업을 관리하는 기준은 누가 만들어야 하는가? 이에 대해 테일러는 근로자들은 절대 아니라고 주장했다. 오히려 기업이 근로자들에게서 모든 기획, 통제, 의사결정 권한을 빼앗아 새로운 '기획자' 계층에게 넘겨줘야 한다고. 그렇게 해서 이들 계층에게 근로자들을 감독하고 조직의 업무 처리를 표준화할 하나의 최선책을 결정할 책임을 맡겨야 한다고 강조했다. 테일러가 도입시킨 이 새로운 직책은 최근의 용어로 바꿔 말하자면 '관리자'였다.[15]

관리자라는 개념은 현대인에게는 지극히 당연한 개념처럼 생각될지 모르지만 당시 19세기 기업의 통념에는 반하는 것이었다. 테일러 이전에 기업들은 육체노동 없이 책상 앞에만 앉아 있는 '비생산적인' 직원들을 불필요한 비용 손실로 여겼다. 실제적 일은 **하지** 못하면서 업무나 기획하고 앉아 있는 그런 사람을 고용하는 것은 어리석은 짓이라고 생각했다. 하지만 테일러는 그것이 잘못된 생각이라는 입장을 굽히지 않았다. 공장에는 일손을 지휘할 브레인이 필요하다고 주장했다.[16] 판금기를 설치할 단 하나의 최선책, 알루미늄을 판금할 단 하나의 최선책, 근로자를 고용하고 배치하고 급여를 지급하고 해고할 단 하나의 최선책을 알아낼 기획자가 필요하다고 강조했다. 현대의 관리자 개념이 실무 의사결정자로서 자리 잡게 된 것은 테일러 단 한 명의 비전에 힘입은 것이었다.

테일러는 또한 기업 내 직무의 근본적 분리 기반을 마련하기도 했으며 이 분리 기반은 이내 현대 직장의 한 특징으로 자리 잡게 됐다. 바로 기업을 꾸려나갈 책임을 맡을 관리자들과 실무를 수행할 사원들로 나누는 분리 체계다. 테일러의 시대에는 이런 사원들이 주로 공장 근로자였으나 현재는 행정 보좌관, 정맥 채혈사, 항공 교통관제관, 전기 엔지니어, 약제 연구자 등등 다양한 직무를 아우르고 있다. 테일러는 1906년 한 강연에서 사원들과 관리자들의 관계에 대해 다음과 같은 견해를 밝혔다. "우리의 조직에서는 인간의 창의력이 요구되지 않습니다. 그 어떤 창의력도 필요치 않습니다. 우리에게 필요한 것은 오로지 시키는 대로 명령에 순종하고 시키면 바로바로 행동에 옮기는 태도입니다."[17]

1918년에 테일러는 이 개념에 몰입해 야심 찬 기계공학자들 앞에서 비슷한 견해의 조언을 전했다. "모든 인간에게는 매일같이, 또 해가 바뀌어도 변함없이 스스로에게 몇 번이고 묻고 또 물어야 할 2가지 질문이 있습니다. '내가 지금 누구를 위해 일하고 있는가?'와 (중략) '이 사람이 나에게 바라는 일은 무엇인가?'입니다. 여기에서 가장 중요하게 생각해야 할 부분은 여러분의 뜻이 아닌 여러분을 지휘하는 그 사람의 뜻을 섬기는 것입니다."[18]

테일러는 표준화와 관리에 대한 자신의 견해를 1911년에 발간한 자신의 저서 『과학적 관리의 원칙The Principles of Scientific Management』에 정리했다.[19] 이 책은 국내외에서 경영 부문 베스트셀러로 떠오르며 12개 국가의 언어로 번역됐다.[20] 이 책의 출간 직후 과학적 관리법, 즉 흔히 불리는 명칭대로 '테일러주의Taylorism'가 전 세계 산업계를 휩쓸었다.

기업 소유주들은 기업 구조의 재편성에 나서서 부서와 하위 부서를 만들어 각 부서마다 테일러주의적 관리자를 수장으로 두며 조직도를 새로운 초점으로 삼았다. 또한 인사부와 인사개발부를 설치해 직원의 발굴·채용·직무 배치 업무를 맡겼다. 테일러주의의 영향으로 기획실, 능률성 향상 전문가, 산업 조직 심리학, 시간연구 공학이 생겨나기도 했다. [1929년에 웨스팅하우스(미국의 발명가 웨스팅하우스가 설립한 전기기기 제조 회사—옮긴이) 공장 한 곳에서만 120명이나 되는 시간연구 직원을 채용했고 이들은 매달 10만 개 이상의 공정 표준을 마련했다.][21]

이제 사고와 기획 업무가 현장 업무와 별개로서 분명하게 분리됨에 따라 기업들은 그런 사고와 기획 업무 수행의 최선책을 알려줄 만한 전문가를 찾고자 하는 갈망에 목말라했다. 이런 갈망을 채워주기 위해 경영 컨설팅업이 탄생했고 프레더릭 테일러는 세계 최초의 경영 컨설턴트가 됐다. 사람들이 너도나도 앞다퉈 그의 견해를 들으려고 몰려들자 테일러는 종종 조언의 수수료로 현대 가치 250만 달러에 상당하는 금액을 요구하기도 했다.

경영 컨설턴트, 기획 부서, 능률성 향상 전문가 모두가 분석의 수행에서 평균이라는 수리에 의존했다. 관리자들은 케틀레와 골턴의 과학을 정당성의 근거로 삼아 근로자 각자를 스프레드시트의 셀처럼, 일람표의 숫자처럼, 교체 가능한 평균적 인간처럼 다뤄도 된다고 여겼다. 관리자들로선 개개인성의 경시를 별 어려움 없이 선뜻 받아들였다. 개개인성을 경시하면 자신들의 직무가 그만큼 더 수월해지고 안정적이 됐기 때문이다. 어쨌든 인간 관련 결정에서 유형과 계층을 활용할 경우 항상 옳지는 못하더라도 평균적으로 옳은 편이 되며 표준화된 공정과 역할들로 수두룩한 거대한 조직으로선 그 정도로도 만족스러워할 만했다. 관리자들이 사원에 대해 오판을 내린다 해도 시스템에 잘 맞추지 못한 탓이라고 그 사원에게 허물을 씌우면 간단히 해결됐다.

유나이티드 스테이츠 러버 컴퍼니, 인터내셔널 하비스터 컴퍼니, 제너럴 모터스는 모두 과학적 관리법을 채택한 초창기 회사들이었다. 테일러주의는 이런 고무 제조업이나 수확기 제조업이나 자동차 제조업 외에도 벽돌쌓기 공사, 통조림 제조업, 식품 가공업, 염색업, 제본업, 출판업, 평판인쇄업, 철사 세공업에도 적용됐고, 이후엔 치과업, 은행업, 호텔용 가구 제조업에도 적용됐다. 프랑스에서는 르노가 테일러주의를 자동차 제조에 적용했는가 하면 미쉐린도 타이어 제조에 응용했다. 프랭클린 루스벨트 대통령의 국가 계획 시스템은 아예 드러내놓고 테일러주의를 모범으로 삼았다. 이 과학적 관리법은 1927년에 이미 아주 광범위하게 채택되면서 국제연맹League of Nations(UN의 전신)이 "미국 문명을 규정하는 하나의

특징"이라고 칭할 정도가 됐다.[22]

　테일러주의는 대체로 미국의 자본주의와 동일시됐으나 국경과 이데올로기마저 넘어서는 호응을 얻었다. 소련에서 레닌이 과학적 관리법을 러시아의 공장들을 활성화하고 산업 진흥 5개년 계획을 구상하기 위한 핵심으로 선언하면서 제2차 세계대전이 시작될 무렵 프레더릭 테일러는 소련에서 프랭클린 루스벨트만큼이나 유명 인사로 떠올랐다. 무솔리니와 히틀러도 레닌과 스탈린과 마찬가지로 열렬한 테일러주의 지지자 대열에 합류하며 전시 산업에 테일러주의를 도입했다.[23]

　한편 아시아의 여러 집단주의 문화에서 과학적 관리를 서구 문화권보다 훨씬 더 무자비하게 적용시키면서 미쓰비시와 도시바 같은 기업들은 표준화와 사원−관리자 분리 원칙에 따라 철저히 탈바꿈했다. 1961년 테일러의 아들이 일본을 찾았을 당시, 도시바의 임원들은 그에게 펜이든 사진이든 아버지의 손길이 닿았던 물건이라면 무엇이건 달라고 간청하기까지 했다.[24]

　현재까지도 여전히 과학적 관리법은 모든 산업국가에서 가장 지배적인 기업 조직의 원칙으로 남아 있다.[25] 물론 기업들은 다들 그 사실을 인정하고 싶어 하지 않는다. 여러 분야에서 테일러주의가 인종차별주의나 남녀차별주의 못지않게 불명예스러운 내력을 얻어왔기 때문이다. 하지만 지구상에서 가장 규모가 크고 가장 잘나가는 기업들의 상당수는 여전히 직원들의 개개인성을 등한시하는 개념을 중심으로 조직돼 있다.

이 모든 것을 감안하면 테일러주의를 넘어서는 다음의 심오한 의문이 들 만도 하다. 시스템에 따를 근로자들과 시스템을 규정할 관리자들의 구분에 기초한 사회라면 그 사회는 누가 사원이 되고 누가 관리자가 될지를 어떤 식으로 결정할까?

공장식 학교교육

20세기의 여명기에 테일러주의가 미국의 산업을 탈바꿈시키기 시작하면서 공장들은 고등학교 교육을 받은 반숙련공에 대한 수요가 한없이 늘어났다. 하지만 문제가 있었다. 미국에는 보편적 고등학교 교육이 부족했을 뿐만 아니라 고등학교 자체도 드물었다. 1900년 당시 미국에서 고등학교를 졸업한 인구는 대략 6퍼센트에 불과했다.[26] 그뿐만이 아니었다. 특히 도시에 이민자들과 공장 노동자들의 자녀들이 대거 유입되면서 교육을 받지 않은 청소년의 수는 더욱더 늘어날 판이었다. 이제 미국의 교육 시스템에 대폭적인 정비가 필요하다는 사실은 누가 보아도 분명해졌다.

초기 교육 개혁가들이 치중한 것은 새로운 학교 시스템에서 맡아야 할 임무의 문제였다. 당시에 인도주의적 관점을 지닌 일단의 교육가들은 교육이란 모름지기 학생들에게 자신만의 속도에 맞춰 학습하고 기량을 키울 환경을 마련해줌으로써 자신만의 재능과 관심사를 발견할 자유를 부여하는 것을 목표로 삼아야 한다고 주장했다. 일부 인도주의자들은 심지어 필수과목을 없애고 학생들에게 색다른 과목들을 다양하게 마련해줘야 한다는 제안까지 냈다.[27] 하지만 막상 전국적 규모의 의무 고등학교 시스템을 수립하게 됐을 때 이 인도주의적 모델은 달라도 한참 다른 교육 비전, 즉 테일러주의적 비전에 밀려 무시되고 말았다.

이는 애초부터 상대가 되지 않는 싸움이었다. 싸움의 한쪽에 서 있던 인도주의자들은 북동부 지역 대학에서 안락하고 배타적으로 활동하던 트위드 재킷 차림의 점잖은 학자들이었다. 반면 이들이 맞선 상대는 표준화와 위계적 관리의 중요성에 치중하는 실용적인 산업자본가들과 야심 찬 심리학자들이 뭉친 폭넓은 연대 세력이었다. 이 교육적 테일러주의자들은 교육적 자결권 같은 인도주의적 이상은 좋은 생각이긴 하지만 문제점이 있다고 지적했다. 수많은 공립학교가 한 교실에 100명의 아이들을 모아놓고 가르치고 있는 데다 그중 절반은 영어도 못하고 또 상당수는 빈곤 가정 출신인 여건에서 교육가들로선 어린 학생들에게 뭐든 원하는 대로 할 자유를 부여할 만한 여력이 없다는 요지의 지적이었다.[28]

이들 교육적 테일러주의자들이 내세운 교육의 새로운 임무는 많은 학생들이 테일러화된 새로운 경제에 나가 활동할 만한 적성을 갖춰주는 일이었다. 이들은 평균적 근로자들로 이뤄진 시스템이 천재들로 이뤄진 시스템보다 효율적이라는 테일러식 원칙에 따르면서, 학교는 특출한 재능을 길러주려 애쓸 것이 아니라 평균적 학생을 위한 표준 교육에 힘써야 한다고 주장했다. 그 한 예가 존

D.록펠러가 기금을 대주어 설립된 이른바 일반교육위원회General Education Board로서 다음은 이 위원회가 1912년에 테일러주의식의 자체적 학교 비전을 담아 발표한 논평의 일부 내용이다. "우리는 이 사람들이나 이들의 자녀들을 철학자나 학자나 과학자로 만들 생각이 없다. 우리는 작가, 연설자, 시인, 문인을 키우려는 것이 아니다. 뛰어난 예술가, 화가, 음악가가 될 만한 인재를 발굴하려는 것도 아니다. (중략) 이미 차고도 넘치는 변호사, 의사, 목사, 정치인을 키우려는 것도 아니다. (중략) 우리가 내세우는 과업은 아주 단순 명료할 뿐만 아니라 아주 훌륭하기도 하다. (중략) 우리는 우리 아이들을 모아 작은 공동체를 꾸려서 그 아이들에게 부모 세대가 불완전하게 수행 중인 일들을 완벽하게 해낼 수 있도록 가르치려 한다."[29]

테일러주의자들은 아이들을 모아 산업체 업무를 "완벽하게" 수행할 수 있는 근로자로 성장하도록 가르치기 위해 전체 교육 시스템의 구조를 과학적 관리의 중심 신조에 따라 재편하는 일에 착수했다. 즉 모든 것을 철두철미하게 평균 중심으로 표준화하기에 나섰다. 전국 곳곳의 학교들이 '게리 플랜Gary Plan'을 채택했다. 그 원조 격인 인디애나주의 산업화 도시 지명을 따서 이름 붙여진 게리 플랜은 학생들을 (성적이나 관심사나 적성별이 아닌) 나이별로 나눠놓고 그렇게 분리된 그룹별로 교실을 이리저리 옮겨 다니며 표준화된 시간 동안 수업을 받게 하는 방식이었다. 아이들이 미래의 직장생활에 정신적 준비를 갖추게 하려는 차원에서 공장의 종을 흉내 낸 학교 종을 도입하기도 했다.[30]

테일러주의적 교육 개혁가들은 교육에 새로운 전문 역할을 도입하기도 했다. 바로 커리큘럼 기획자였다. 과학적 관리를 모델로 삼은 이 커리큘럼 기획자들의 역할은 학생들의 지도 내용 및 방법, 교과서의 필수 주제, 학생들의 성적 채점 방식 등 학교에서 행해지는 모든 과정에 대해 낱낱이 정하는 고정불변적 커리큘럼을 만드는 것이었다. 표준화가 전국의 학교로 퍼져 나감에 따라 교육위원회들은 발 빠르게 테일러주의식 관리 구조를 본뜬 상의하달식 위계 관리를 채택해 교장, 교육감, 교육구 교육감 들에게 실무 기획의 역할을 맡겼다.

1920년에 이르렀을 무렵 미국의 대다수 학교들은 테일러주의의 교육 비전에 따라 조직돼 있었다. 각각의 학생을 평균적 학생으로 다루며 학생들 저마다의 배경, 자질, 관심사는 무시한 채로 모든 학생에게 표준화된 동일 교육을 시킨다는 방향으로 목표를 잡았다. 1924년에 미국의 언론인 헨리 루이스 멩켄은 당시의 교육 시스템을 이렇게 요약했다. "공교육의 목표는 계몽화가 아니다. 현재의 공교육은 가능한 한 많은 개개인들을 똑같은 안전 수준으로 강등시키고 표준화된 시민을 길러내고 훈련시키면서 반대 의견과 독창성을 억누르고 있을 뿐이다. 이는 미국뿐만이 아니라 (중략) 세계 전역에서의 공교육이 내세우고 있는 목표다."[31]

다시 말해 미국의 학교들은 철저히 케틀레적이어서 커리큘럼과 교실이 평균 학생에 잘 맞도록, 또 평균 근로자를 길러내도록 설계됐다. 그런 상황임에도 불구하고 교육적 테일러주의자들의 평균주의 채택이 아직 미흡한 수준이라고 여겼던 인물이 한 명 있었다. 에드워드 손다이크Edward Thorndike였다. 손다이크는 섬뜩하도록 유사한 패턴을 따라, 과거에 골턴이 케틀레의 평균적 인간 개념을 받아들인 뒤 이 벨기에 연장자의 개념을 새롭게 손봐 사회의 우월한 시민과 열등한 시민을 구분하는 수단으로 삼았던 것처럼 테일러의 표준화 개념을 받아들인 뒤 이 미국인 연장자의 개념을 새롭게 손봐 학교의 우등생과 열등생을 구분하는 수단으로 삼았다.

영재와 구제 불능아

손다이크는 당대에 누구보다 왕성한 활동을 펼치며 쟁쟁한 영향력을 끼치던 유력 인물이었다.[32] 400개가 넘는 기사를 기고했고 여러 권의 교재를 펴내 수백만 부나 팔았다.[33] 하버드대학교에서 그를 가르쳤던 윌리엄 제임스William James는 그를 두고 일밖에 모르는 '별종'이라고 평했다. 한편 손다이크는 교육심리학과 교육심리측정학 분야를 세우는 데 일조하면서 자신의 평생에서 가장 영향력 높은 업적을 세우기도 했다. 평균의 시대에서의 학교, 전문대학, 대학의 임무를 확립한 일이었다.

손다이크는 학교의 테일러주의화를 전폭적으로 지지했다. 사실 미국 최대의 교육감 연수 프로그램에서 주도적 역할을 펼치며 참석 교육감들을 표준화된 교육 시스템에서 과학적 관리자로서의 역할에 준비되도록 유도하기도 했다.[34] 하지만 테일러주의자들의 교육 목표관에 대해서는 이견을 가졌다. 모든 학생이 동일한 평균적 업무에 준비되도록 동일한 평균적 교육을 받게 해주는 것이 교육의 목표라는 주장은 잘못된 생각이라고 믿었다. 모름지기 학교란 어린 학생들을 각자의 재능에 따라 구분해 저마다에게 맞는 삶의 지위를, 즉 관리자형일지 근로자형일지, 탁월한 리더형일지 있으나 마나 한 존재일지를 효율적으로 정해 그에 따라 교육 자원을 제대로 배분할 수 있어야 한다는 것이 손다이크의 교육관이었다. 또한 "평등보다 질이 더 중요하다."를 좌우명으로 삼으며 우등생을 가려내 이들에게 아낌없는 지원을 쏟아붓는 것이 모든 학생들에게 똑같은 교육 기회를 부여하는 것보다 중요하다고 여겼다.

손다이크는 프랜시스 골턴의 개념을 열렬히 옹호하며 그를 "아주 공정하고 과학적인 인물"이라고 떠받들었다.[35] 골턴의 계층 개념은 물론, 한 가지 일에 재능이 있는 사람은 다른 대부분의 일에도 재능이 있을 가능성이 높다는 이론에도 공감을 했다. 골턴의 이런 신조에 정당성을 부여하기 위해 자신의 생물학적 학습이론을 꺼내놓기도 했다. 말하자면 학습 속도가 빠른 뇌를 타고난 사람들이 있으며 이런 사람들은 학교에서만 성공하는 것이 아니라 삶에서도 성공을 거두는 반면, 둔한 머리를 타고난 사람들도 있는데 이런 불쌍한 사람들은 학교에서도 공부를 잘 못하고 평생 고생할 팔자라는 이론이었다.

손다이크는 재능 있는 학생들에게는 대학에 진학해 그 월등한 재능이 국가를 이끌어가는 데 잘 쓰이도록 학교가 길을 내줘야 한다고 믿었다. 그러면서 평균 언저리에 맴돌 것으로 추정되는 대부분의 학생들의 경우엔 고등학교를 졸업하고 바로, 아니면 고등학교를 마치기 전이라도 당장 산업 경제의 테일러주의 근로자로서의 역할을 맡도록 일터로 진출시키는 편이 낫다고 봤다. 학습이 더딘 학생들에 대해서는…… 가능한 한 신속히 자원 투입을 중단해야 한다고 생각했다.[36]

그렇다면 학교는 학생들의 계층화에 정확히 어떤 식으로 착수해야 할까? 손다이크는 모순적 제목의 책『개개인성Individuality』에 그 답을 제시해놓았다. 골턴식 정의에 따라 개개인성에 대해 인간의 독자성과 가치는 평균의 편차에서 비롯되는 것이라고 재정의한 대목을 통해서였다.[37] 손다이크는 교육 시스템의 모든 측면이 평균을 중심으로 표준화돼야 한다는 점에 동의했으나 그 이유는 테일러주의자들의 신념에서 더 나아갔다. 즉 평균 중심의 표준화가 표준화된 결과를 보장해주기 때문만이 아니라 학생 각자의 평균편차를 측정하기가 더 쉬워지고 그에 따라 누가 우등생이고 누가 열등생인지를 가리기 더 쉬워지기 때문이기도 했다.

손다이크는 자신이 바라는 학생 등급화 시스템을 세우는 데 일조하기 위해 쓰기, 철자 능력, 산술, 영어 이해력, 그리기, 읽기 등의 표준화 시험을 마련했고 이 시험들은 이내 미국 전역의 학교에서 급속도로 채택됐다.[38] 손다이크는 이쯤에서 그치지 않고 사립학교들과 명문 대학들의 입학시험을 기획했는가 하면 심지어 법대 입학시험까지 짰다.[39] 손다이크의 이런 구상에 따라 영재, 우등생, 특수교육 대상 학생, 교육 진로educational track(특정 과목 및 커리큘럼에 따라 학생들을 학업 능력별로 나눈 것. 처음엔 학업 성취도가 비슷한 학생들끼리 배우게 되나, 시간이 지나면서 학습 속도에 따라 차이가 벌어진다—옮긴이)등의 개념이 탄생했다. 손다이크는 성적을 학생들의 전반적 재능을 등급화하기 위한 편리한 척도로 활용하는 것에 지지 입장을 취하면서 대학은 GPA 상위층과 표준화 시험 점수 상위층에 드는 학생들을 선발해야 한다고 믿었다. 이는 성적 상위층 학생들이 대학에서 성공할 가능성이 가장 높을 뿐만 아니라 어떤 직업을 택하든 그 직업에서 성공할 가능성 또한 가장 높기 때문이라는 (골턴의 계층 개념에 따른) 신념에 의거한 믿음이었다.

손다이크에게는 학교의 목표가 **모든** 학생을 똑같은 수준으로 교육시키는 것이 아니라 학생들을 타고난 재능 수준에 따라 **분류하는** 것이었다. 교육 역사상 가장 영향력 높은 인물에 들었던 사람이 교육은 학생의 실력을 변화시키는 데 할 수 있는 역할이 별로 없으며 따라서 우월한 두뇌를 타고난 학생들과 열등한 두뇌를 타고난 학생들을 구분하는 것으로 그 역할이 한정돼 있다고 믿었다니, 참으로 아이러니하다.

다른 수많은 학생들과 마찬가지로 나 역시 장래의 꿈을 구상하며 손다이크식 계층화의 압박을 뼈저리게 느꼈다. 나는 고등학생 때 미국의 대다수 대학에서 입학 심사 기준으로 폭넓게 사용 중인 표준화된 대입 적성검사를 받았다. 손다이크가 봤다면 이 대입 적성검사를 아주 마음에 들어 했을 것이다. 해당 학생의 등급을 알려 줄 뿐만 아니라 그 학생이 들어갈 대학을 고를 경우 이 등급이 여러 대학에서의 학업 수행력을 예측하는 척도로도 활용되니 왜 안 그렇겠는가. 나는 지금껏 이 적성검사 결과와 관련된 것을 모조리 잊어버리려 안간힘을 썼지만 그 기억은 충격적 경험의 고통스러운 잔상처럼 지금도 여전히 나를 쫓아다닌다. 아무튼 이 적성검사는 성적에 따라 나를 골턴이 '평범층'으로 지칭했을 법한 대열에 올려 놓고 그 성적을 바탕으로 내가 유타주 오그던의 개방 입학 학교 웨버주립대학교에서 B 이상의 학점을 받을 확률이 40퍼센트라는 기운 빠지는 정보를 알려줬다. 그나마 그 확률도 내 수준에서 최상위 지원 가능 대학인 브리검영대학교에서 B 이상을 받을 확률이던 20퍼센트보다는 높은 것이었다.

예상 확률을 읽으며 내 앞길이 캄캄해지는 것만 같았던 그 순간의 기분이 아직도 생생하다. 표로 말끔히 정리된 그 예상치에는 근엄한 수학적 권위가 부여돼 있긴 했으나 그럼에도 억울했다. 단 한 번의 검사로 인간으로서의 나의 전체 가치를 측정한 뒤에 나를 모자란 부류로 판단 내린 것 같아서였다. 원래 내 꿈은 엔지니어나 신경학자가 되는 것이었지만 가능하지 않아 보였다. **그것은** 정말로 어림도 없는 환상 같았다. 적성검사가 내 꿈을 북돋워주기는커녕 나에게 엄숙한 선언을 내렸다. 차라리 평균으로 살아가는 것에 익숙해지는 편이 낫다고.

오늘날 손다이크의 등급 중심적 교육은 미로처럼 복잡하게 얽혀서 학생들만이 아니라 모든 사람을 그 벽 안에 꼼짝없이 가둬놓고 있다. 교사들은 매 학년 말에 행정관들에게 평가를 받고 그 결과 등급에 따라 승진, 벌칙, 재직 자격이 좌우된다. 학교들과 대학들 자체도 주간지 「유에스 뉴스 앤 월드 리포트」처럼 재학생들의 평균 시험 성적과 GPA에 큰 무게를 부여하며, 여러 출판물에서 등급을 매기고 그런 등급이 대입 지망생들이 지원 대학을 정할 때 참고 기준이 된다. 기업들은 직원 채용 결정에서 지원자의 출신 학교 성적과 등급을 기준으로 삼고 있으며, 때로는 이런 기업들 자체도 직원들 중에 고급 학위 소지자와 명문대 졸업자가 얼마나 많은가에 따라 등급이 매겨진다. 전 세계 국가의 교육 시스템도 PISAProgramme for International Student Assessment(국제 학업 성취도 평가) 시험[40] 같은 국제적 표준화 시험에서의 국가별 성적을 기준으로 순위가 매겨진다.

현재의 21세기 교육 시스템은 손다이크가 의도했던 그대로 운영되고 있다. 우리 아이들은 초등학교 저학년 때부터 평균적 학생에 맞춰 설계된 표준화 교육 커리큘럼상의 수행력에 따라 분류돼 평균을 넘어서는 학생들에게는 상과 기회가 베풀어지고 뒤처지는 학생들에게는 제약과 멸시가 가해진다. 현시대의 여러 석학, 정치인, 사회운동가 들은 우리의 교육 시스템이 망가졌다고 거듭거듭 지적하고 있지만, 실상을 들여다보면 그 지적과 정반대다. 지난 세기 동안 우리의 교육 시스템은 기름칠이 잘 돼 있는 테일러주의 기계처럼 잘 돌아가도록 개선돼오면서 애초 구상에서의 설계 목표를 위해 가능한 한 한 방울까지 효율성을 모조리 짜내왔다. 그 결과가 바로 학생들을 사회에서 적절한 위치에 배정시키기 위한 효율적 등급화다.

유형과 등급의 세계

1890년대부터 1940년대까지 대략 50년을 거치는 사이에 거의 모든 사회 시스템이 우리들 한 사람 한 사람을 평균과 관련지어 평가하는 추세로 바뀌었다. 이 변혁기 동안 기업이며 학교며 정부며 가릴 것 없이 모두 시스템이 개개인보다 중요하다는 신념을 지침 원칙으로 차츰차츰 받아들이며 우리들 각자에게 유형이나 등급에 따라 기회를 부여했다. 평균의 시대인 현재도 이런 추세는 여전하다. 21세기에 접어든 뒤 두 번째 10년을 맞고 있는 지금도 우리들 각자는 평균에 얼마나 근접한가에 따라, 또는 평균을 얼마나 뛰어넘을 수 있는가에 따라 평가받고 있다.

그렇다고 해서 일터의 테일러주의화와 학교의 표준화 및 등급화 시행이 무슨 실패작이라도 된다는 주제넘은 주장을 펴려는 것은 아니다. 실제로 실패작도 아니다. 사회가 평균주의를 받아들이면서 기업들은 번창을 누렸고 소비자들은 보다 저렴한 상품을 구매하게 됐다. 테일러주의는 사회 전반적으로 임금을 인상시켰으며 어쩌면 지난 20세기의 그 어떤 경제 발전기보다도 더 많은 사람들을 빈곤에서 구제했는지도 모른다. 또한 대학 지원자들과 구직자

들이 평균화 시험을 치를 수밖에 없게 됨으로써 족벌주의와 연고
주의가 줄어든 한편 불리한 배경 출신의 학생들에게 전례 없는 수
준의 출세 기회가 부여됐다. 사회의 자원 배분을 우등생에게 집중
시키고 열등생에게는 배제시켜야 한다는 식으로 믿었던 손다이크
의 엘리트주의 신념은 비난받을 만하지만 그는 부와 상속된 특권
이 학생의 기회를 결정짓는 요소가 돼서는 안 된다는 신념도 지니
고 있었다(반면에 그는 지적 능력의 차이가 민족성의 차이에서 기인한다고 봤다).
손다이크는 수백만 명의 이민자들을 미국인으로 거듭나게 해주는
한편 고등학교 졸업장을 가진 미국인의 수를 6퍼센트에서 81퍼센
트로 껑충 뛰어오르도록 이끈 학업 환경을 확립하는 데도 일조했
다.[41] 전반적으로 보면 미국 사회 전역에서의 보편적 평균주의 시
스템 시행이 비교적 안정적이고 부유한 민주주의의 수립에 기여했
다는 사실에는 의심의 여지가 없다.

　하지만 평균주의는 우리에게 대가를 치르게 했다. '노르마' 닮은
꼴 찾기 대회가 그러했듯 사회는 우리 모두에게 학교와 직장생활
과 삶에서 성공하기 위해서는 특정의 편협한 기대치를 따라야 한
다고 강요하고 있다. 그 결과 우리 모두는 다른 모든 사람들처럼
되려고 기를 쓴다. 아니, 더 정확히 말해서 우리 모두는 **다른 모든**
사람들처럼 되되 더 뛰어나려고 기를 쓴다. 영재들이 영재로 불리는
이유는 다른 모든 학생들과 똑같은 표준화 시험을 치르지만 더 뛰
어난 성적을 받았기 때문이다. 상위권의 입사 지원자들이 심사에
서 호감을 얻는 이유는 다른 모든 지원자들과 똑같은 종류의 자격

을 가지고 있지만 단지 더 뛰어나서다. 우리는 개개인성의 존엄을 상실했다. 우리의 독자성은 성공에 이르는 길에 놓인 짐이거나 장애물, 아니면 후회하게 될 한눈팔기쯤으로 전락해버렸다.

기업, 학교, 정치인 들 모두가 하나같이 개개인성이야말로 정말 중요하다고 주장하고 있으나 정작 현실은 누가 봐도 모든 것이 당신보다 시스템이 중요하게 설정돼 있는 상황이다. 회사의 사원들은 기계의 톱니바퀴처럼 취급당하는 기분을 느끼며 일한다. 학생들은 꿈을 절대 이루지 못할 듯한 불안감을 안겨주는 시험 결과나 성적을 받아 든다. 우리는 직장에서나 학교에서나 성공에 이르는 바른길은 한 가지뿐이라는 식의 말을 듣는다. 대안적 진로를 따르면 길을 잘못 디뎠다거나 순진하다거나 그냥 틀렸다는 말을 듣기 십상이다. 뛰어난 역량 발휘가 시스템의 순응보다 우선시되는 경우는 드물다.

하지만 우리는 개개인성을 인정받고 싶어 한다. 진정한 자신이 될 수 있는 사회에서 살고 싶어 한다. 인위적 기준에 순응할 필요 없이 자신의 고유한 본성에 따라 자기 방식대로 배우고 발전하고 기회를 추구할 수 있는 그런 사회를 바란다.[42] 이런 바람을 품게 되면 이 책의 동기이기도 한 아주 값진 의문이 절로 일게 마련이다. 개개인이 오로지 평균을 참고해야만 평가될 수 있다는 신념에 입각해 있는 사회에서는 어떻게 해야 개개인성을 이해하고 활용할 만한 조건을 구축할 수 있을까?

제3장

평균주의 뒤엎기

평균주의 과학자로서 오랜 기간 활동하며 호평을 받아온 피터 몰레나Peter Molenaar는 그의 활동 초반기에 평균 기반의 기준에 치중하는 심리학 발전에 대한 연구를 통해 세계적 명성을 얻었다. 몰레나는 평균주의식 사고의 중요성을 아주 굳게 확신한 나머지 가끔은 동료들 중의 누군가가 행동과학자들이 평균에 너무 의존해서 개개인을 이해하지 못하는 듯하다는 식으로 말하기라도 하면 독설을 내뱉기까지 했다.[1]

　몰레나로서는 그것이 정당한 확신이었다. 어쨌든 몰레나로 말하자면 평생을 수학에 몰입했던 사람이니까. 그는 고등학교 시절부터 네덜란드 수학 올림피아드 참가자로 선발될 정도로 수학 실력이 뛰어났다. 그의 발달심리학 박사 학위 논문 내용은 이른바 "지연 공분산共分散 함수를 특이 및 비특이非特異 요소로 강제적 스펙트럼 분해함으로써 도출된 동적 계수 모델"이라고 할 만한 수학적 역작이었다. 이후에 몰레나의 심리학 관련 출판물들도 일반 독자로선 심리학 내용이 맞긴 한 건가 싶을 만큼 방정식과 검산으로 빼곡히 채워져 있기 일쑤였다.[2]

몰레나는 자신의 수학 재능을 살리며 평균주의에 전념하면서 네덜란드에서 학문적 성공의 정점에 이르렀다. 2003년에 명문 대학으로 꼽히는 암스테르담대학교에서 대립 가설H1 교수에 취임하며 네덜란드 교육계에서 올라설 수 있는 가장 높은 지위에 오른 동시에 심리학적 방법학과 학과장까지 맡았다. 하지만 네덜란드에는 학문적 정점에 유효기간이 있다. 네덜란드 법에 따라 H1 교수는 62세가 되면 무조건 직무에서 손을 떼고 후임자에게 자리를 내줘야 하고 65세에는 완전히 퇴임해야 한다. 2003년 당시에 몰레나는 59세였고 그 자리에서 물러날 생각을 하면 안타까웠지만 적어도 학자로서의 말년을 최정상의 자리에서 마무리 짓게 되리라는 기대로 위안을 삼았다. 그러던 중 뜻밖의 제안이 들어왔다.

현역 교수로 활동할 기간이 3년밖에 남지 않은 상황에서 그는 한 동료 교수가 갑자기 자격정지를 당한 뒤 가을 학기 강의를 맡아달라는 다소 성가신 요청을 받았다. 해당 강의는 지능검사의 이론과 방법을 주제로 한 토론식 수업이었다. 정말이지, 이 수업은 강의명 그대로 지루한 분야다. 검사 이론의 대부분은 2명의 정신측정학자

프레더릭 로드Frederic Lord와 멜빈 노빅Melvin Novick이 집필한 1968년 교재로서 흔히 '검사계의 성경'이라고 불리는 『지능검사 점수의 통계학적 이론Statistical Theories of Mental Test Scores』을 통해 현대와 같은 형태로 집대성됐다.[3] 이 교재는 오늘날까지도 표준화 검사를 설계하거나 관리하거나 이해하려는 사람이라면 누구나 읽어봐야 할 필독서다. 나 역시 대학원 시절에 로드와 노빅이 쓴 그 내용을 읽어야 했다. 내가 읽어봐서 하는 말이지만, 이 교재는 될 수 있는 대로 얼른 대충대충 읽고 싶은 그런 책이다. 재미있는 수준이 납세신고서의 지침 내용과 비등비등하다. 사실 내용이 하도 지루해서 졸음을 유발하는 그 몇 쪽의 내용 안에 평균주의를 해명해줄 만한 맥락이 감춰져 있음을 그때껏 누구도 눈치채지 못했다.

몰레나는 대리 교수로서의 강의 준비차 로드와 노빅이 쓴 이 교재를 펼쳐 들었다. 그리고 이때 그가 '아하! 체험aha-erlebnis'이라고 부르는 순간을 맞았다. 그것은 그의 삶의 방향을 바꿔놓을 순간이자 사회학의 토대를 흔들어놓게 될 순간이었다. 로드와 노빅은 교재의 서문에서 다소 덤덤하게 피력하길, 모든 지능검사는 어느 특정 관심사와 관련된 피검사자의 '진짜 점수'를 알아내려는 것이라고 했다. 이는 정말로 말이 되는 견해였다. 누군가에게 지능검사나 인성검사나 대입 시험을 행하는 이유는 그 사람의 진짜 지능 등급, 진짜 인성 유형, 진짜 적성도를 알고 싶기 때문이지 않은가?

그 뒷부분에서 로드와 노빅은 당시의 주도적 검사 이론(고전적 검사 이론[4])에 따라 한 사람의 진짜 평점을 감별하는 유일한 방법은 **같**

은 사람에게 **같은** 검사를 몇 번씩 되풀이해서 실시하는 방법뿐이라고 밝혔다.[5] 이어서 어떤 사람에게 수학 적성검사 같은 검사를 실시할 때 되풀이해서 몇 번씩 실시해야 하는 이유도 설명했다. 각 검사마다 (피검사자가 주의가 산만해지거나 배가 고플 수도 있고, 문제 한두 개를 잘못 읽을 수도 있고, 찍어서 맞힐 수도 있으므로) 어느 정도씩 오류가 발생하기 마련이라는 추정 때문이라는 것이었다. 하지만 수차례의 검사를 종합해 평균 점수를 내면 이 평균 점수가 그 개인의 진짜 점수가 된다고 덧붙였다.

로드와 노빅도 전적으로 인정했다시피 여기에는 문제가 있었다. 같은 사람을 여러 번 검사하기가 현실적으로 불가능하다는 점이었다. 인간은 학습의 동물이므로 수학 시험 같은 검사를 치렀던 사람은 누구든 똑같은 시험을 다시 보게 될 경우 당연히 이전과 다르게 문제를 풀기 마련이라 여러 개의 별개적인 검사 점수를 얻어낼 가망이 손상되기 십상이다.[6] 하지만 로드와 노빅은 순순히 좌절하기보다는 검사에서 어떤 사람의 진짜 점수를 도출해낼 대안적 방법을 제시했다. 한 사람을 여러 차례 검사하는 대신 여러 사람을 한 차례 검사하는 방법이었다.[7] 고전적 검사 이론에 따르면 개개인의 점수 배분을 그룹 점수 배분으로 대체해도 유효했다.

거의 100년 전에 아돌프 케틀레 역시 '검투사상像' 비유를 들어 인간의 평균이라는 의미를 처음으로 규정지으면서 똑같은 구상의 묘안을 구사한 바 있다. 여기에서 케틀레는 병사상像 한 점의 모사작 1,000점으로 평균 사이즈를 산출하는 것은 살아 있는 실제 병사

1,000명의 평균 사이즈를 산출하는 것에 상응한다는 주장을 펼쳤다. 본질적으로 따지자면 케틀레도, 로드와 노빅도 한 사람을 여러 번 측정하는 것과 여러 사람을 한 번 측정하는 것은 서로 대체 가능하다고 봤던 셈이다.

몰레나는 바로 이 부분에서 '아하! 체험'의 순간을 겪었다. 그 순간 로드와 노빅의 이 별난 가정이 단지 검사에만 영향을 끼치는 것이 아님을, 다시 말해 바로 그 가정이 개개인을 연구하는 모든 과학 분야에서 연구의 토대로 활용되고 있음을 깨달았다. 그러자 견고하다고 추정되고 있던 다방면의 과학적 도구들에 대한 유효성에 의문이 들었다. 사립학교 및 대학교의 입학시험, 영재 프로그램 및 특수교육 프로그램의 학생 선별 절차, 신체 건강·정신 건강·발병 위험성 평가를 위한 진단 검사, 뇌 모델, 체중 증가 모델, 가정 폭력 모델, 투표 행위 모델, 우울증 치료, 당뇨병 치료를 위한 인슐린 투여, 고용 정책 및 직원의 평가·급여·승진 정책, 학교와 대학에서의 기본 채점 방식 등등의 도구에 대한 유효성이 의문스러워졌던 것이다.

거의 모든 과학자들이 개개인의 측정치 배분을 그룹의 측정치 배분으로 대체해도 무방하다는 식의 별난 가정을 인정하고 있었음에도 이들 과학자들은 대체로 그 점을 의식하지 못하고 있었다. 하지만 평생을 수학적 심리학에 몸담아온 몰레나는 얼떨결에 읽게 된 글에서 이런 이치에 맞지 않는 가정을 본 순간 그 가정을 정확히 꿰뚫어 보며 평균주의의 핵심에서 반박 불가능한 오류를 알아차렸다.

에르고딕 스위치

몰레나는 평균주의의 치명적 결함이 개개인성을 무시한 채로 개개인을 이해할 수 있다는 모순된 가정에서 기인함을 깨닫고, 이 오류에 '에르고딕 스위치ergodic switch'라는 명칭을 붙였다. 에르고딕 스위치는 그룹과 개인 사이의 관계에 대한 최초의 과학적 논쟁에서부터 발전한 일명 에르고딕 이론이라는 수학의 한 분과에서 따온 명칭이다.[8] 우리의 학교, 기업, 인간과학이 잘못 인도된 사고방식의 포로가 돼버린 정확한 이유를 알고 싶다면 이 에르고딕 스위치의 작동 방식에 대해 살짝 이해하고 넘어가야 한다.

1800년대 말, 물리학자들은 한창 기체의 작용을 연구 중이었다. 당시에 물리학자들은 깡통 안에 담긴 기체의 용적, 압력, 온도 같은 기체 분자의 종합적 특성은 측정할 수 있었으나 개별적 기체 분자의 모양이나 작동 방식에 대해서는 전혀 알지 못했다. 그러던 중에 그룹 기체 분자의 평균적 작동 방식을 활용해 개별 기체 분자의 평균적 작동 방식을 예측할 수 있을지 궁금해했다. 그래서 이 궁금증에 대한 답을 찾기 위해 일명 에르고딕 이론이라는 일련의 수학 원칙, 즉 그룹에 대한 정보를 활용해 그룹 개개인에 대한 결론을 도출해낼 때 명기하는 바로 그 원칙을 연구했다.[9]

에르고딕 이론은 아주 간단하다. 에르고딕 이론에 따르면 그룹 평균을 활용해 개개인에 대해 예측치를 이끌어낼 수 있는데 그러려면 먼저 다음의 2가지 조건을 충족해야 한다. 첫 번째, 그룹의 모든 구성원이 동일할 것. 두 번째, 그룹의 모든 구성원이 미래에도 여전히 동일할 것.[10] 특정의 독자적 그룹이 이 2가지 조건을 충족하면 그 그룹은 '에르고딕'으로 인정되면서, 그룹의 평균적 행동을 활용해 개개인에 대한 예측을 이끌어내도 무방하다고 간주된다. 19세기 물리학자들에게는 안타까운 노릇이지만 기체 분자의 대다수는 그 명백한 단순성에도 불구하고 에르고딕이 아닌 것으로 밝혀졌다.[11]

물론 굳이 과학자가 아니더라도 사람들 역시 에르고딕이 아니라는 사실은 누구나 안다. 몰레나도 나에게 이렇게 설명했다. "그룹 평균을 활용해 개개인을 평가하는 것은 인간이 모두 동일하고 변하지 않는 냉동 클론(복제 생물)이어야만 유효한 일이 되겠지요. 그런데 하나 마나 한 이야기지만 인간은 냉동 클론이 아닙니다."[12] 그럼에도 불구하고 등급화와 유형화 같은 기본적인 평균주의 방식의 대부분조차 인간이 냉동 클론이라는 식의 가정을 취했다. 바로 이를 이유로 들어 몰레나는 이런 가정을 에르고딕 스위치라고 이름 붙였다. 이 에르고딕 스위치라는 것은 일종의 지적 '유인술'로 생각하면 된다. 말하자면 과학자, 교육가, 기업 리더, 채용 관리자, 의사가 평균주의의 유혹에 속아 개개인을 평균과 비교함으로써 개개인에 대해 뭔가 중요한 것을 알아내고 있다는 믿음을 갖게 되지만 정작 실제로는 개개인에 대해 중요한 것을 모조리 무시하고 있는 상태를 일컫는다.

에르고딕 스위치의 실제적 결과를 이해하기 쉽도록 예를 한 가지 들어보겠다. 지금 당신이 키보드에 입력하는 속도에 변화를 주면서 오타의 수를 줄이고 싶어 한다고 가정해보라. 이 문제를 평균주의식으로 접근할 경우 여러 사람의 타이핑 실력을 측정한 뒤에 평균 타이핑 속도와 평균 오타 수를 비교하면 된다. 그러면 평균적으로 타이핑 속도가 더 빠를수록 오타 수가 더 적은 것으로 나타날 것이다. 바로 이 지점이 에르고딕 스위치가 등장할 순서다. 쉽게 말해, 이때 평균주의자는 **당신이** 타이핑의 오타 수를 줄이고 싶다면 타이핑을 더 빠르게 해야 한다는 결론을 짓기 마련이다. 실제로 타이핑 속도가 빠른 사람들은 대체로 타이핑 실력이 뛰어난 편이며 따라서 그만큼 오타 수가 적다. 하지만 이것은 어디까지나 '그룹 차원'에서의 결과다. 개개인의 차원에서 속도와 오타 사이의 상관관계를 모형화해보면, 이를테면 **당신의** 각각의 속도별 오타 수를 측정해보면 타이핑을 더 빨리 할수록 오타가 더 늘어나는 것으로 나타난다. 이처럼 에르고딕 스위치를 작동하면, 다시 말해 개개인에 대한 정보를 그룹에 대한 정보로 대체하면 제대로 틀린 답을 얻게 된다.

몰레나의 아하! 체험을 통한 오류는 평균주의의 원죄에서도 드러난다. 여기에서 말하는 평균주의의 원죄란 평균의 시대 서막의 순간에 일어난 실수, 즉 케틀레의 스코틀랜드 병사들의 평균 치수 해석을 말한다. 케틀레는 자신이 계산한 평균 가슴둘레 수치가 사실상 '진짜' 스코틀랜드 병사의 가슴둘레 치수에 상응한다고 단언하던 그때, '검투사의 상'을 통해 이 해석을 정당화하며 최초의 에르고딕 스위치를 작동했다. 케틀레는 이 에르고딕 스위치로 인해 평균적 인간의 존재를 믿게 됐을 뿐만 아니라 심지어는 이 에르고딕 스위치를 통해 **평균이 이상에 해당하고 개개인은 오류에 해당한다**는 자신의 가정을 정당화하기까지 했다.

응용과학의 150년은 케틀레의 원초적 착각에 의해 이미 예견돼 있었다.[13] 그리고 그 결과가 바로 그 어떤 여성의 몸과도 일치하지 않는 '노르마', 그 어떤 사람의 뇌와도 일치하지 않는 뇌 모델, 그 누구의 생리에도 꼭 들어맞지 않는 표준화 치료 요법, 신용할 수 있는 개개인들에게 불리한 점수를 부과하는 금융 신용 정책, 전도 유망한 학생들을 걸러내버리는 대입 프로그램, 비범한 재능을 과소평가하는 고용 정책 등이다.

2004년에 피터 몰레나는 개개인 연구에서 나타난 에르고딕 스위치의 결과를 「개별 사례적 과학으로서의 심리학 성명: 인간을 다시 과학적 심리학으로 데려오다, 이번엔 영구적으로A Manifesto on Psychology as Idiographic Science」라는 제목의 논문에서 상세히 설명했다.[14] 그동안 평균주의 사고에 젖어 활동해왔던 과학자인 몰레나는 이 성명을 통해 이제는 평균주의가 구제 불능일 정도로 틀렸다고 선언했다.

몰레나는 미소를 머금고는 나에게 이렇게 말했다. "저를 보고 성서 속의 바오로 같다고 말할 만도 하지요. 처음엔 기독교도들, 그러니까 평균이 틀리고 개개인이 길이라고 단언한 동료들을 모두 박해하다가 '회개의 길'에 들어서는 순간을 맞고 나서 이제는 개개인의 복음에 관한 한은 그 동료들 누구보다도 열혈 개종자가 됐으니 말입니다."

개개인의 과학

　이교도들에게 복음을 전파한다고 해서 그 사람들이 반드시 귀 기울여 들어주는 것은 아니다. 실제로 그의 개념에 대한 사람들의 초기 반응이 어땠는지 묻자 몰레나는 이렇게 대답했다. "신성시된 방식을 대체하려는 시도나 심지어 살짝 변경하려는 시도가 으레 그렇듯이 주장을 펴봐야 다소 무시당하는 편입니다. 파격적인 시도일수록 끝 모를 헛고생처럼 느껴지기 쉽지요."[15]

　개개인성 성명을 발표한 직후 몰레나는 한 대학에서 그에 관한 자세한 강연을 펼치며 평균주의에서 벗어나야 한다는 각성의 말을 덧붙였다. 그러자 한 심리학자가 고개를 내저으며 의견을 밝혔다. "지금 혼란 상태로 들어가자는 얘깁니까!"[16] 아마도 이것이 몰레나가 평균주의의 모순적 핵심 오류를 소개할 때마다 정신측정학자들과 사회학자들 사이에서 가장 흔히 보이는 견해일 것이다. 그 누구도 몰레나의 수학 논리에 반론을 제기하는 사람은 없었다. 사실 에르고딕 스위치의 영향에 젖어 있는 분야에 몸담고 있는 과학자와 교육가 상당수는 에르고딕 이론의 내용을 전적으로 인정하는 것도 아니었다. 하지만 몰레나의 수학 논리를 납득하면서 몰레나의 결론이 타당하다고 인정하는 이들조차도 여전히 똑같은 우려를 표했다. '평가와 모형화와 개개인 선별에서 평균을 활용하지 못한다면…… 도대체 무엇을 가지고 그런 일을 수행한단 말인가?'

　이런 식의 실용상의 반박은 평균주의가 아주 오랜 세월에 걸쳐 생명력을 이어오며 사회 전반에 뿌리 깊게 자리 잡아온 이유는 물론이고, 그동안 기업, 대학, 정부, 군대에서 평균주의를 그토록 적극적으로 수용해온 이유를 잘 드러내준다. 즉 평균주의가 이용 가능한 다른 그 어떤 수단보다도 효과적이기 때문임을 강조하고 있는 셈이다. 어쨌든 유형, 등급, 평균 중심의 기준은 아주 편리하다. 예를 들어 '저 여자는 평균보다 똑똑해.', '저 남자는 졸업반 때 반에서 2등을 했어.' 또는 '저 여자애는 내성적이야.' 같은 식으로 말하면 편하다. 말이 간결하면서도 직접적인 수학 논리에 따르는 것처럼 보이기 때문에 맞는 얘기 같다. 바로 그런 이유 때문에 평균주의가 산업 시대에 딱 들어맞는 철학이기도 했다. 산업 시대는 기업이나 학교의 관리자들이 수많은 사람을 가려내서 표준화하고 등급화한 시스템의 적절한 자리에 배치시키는 데 효율적인 방법을 필요로 하던 시기였으니 그럴 만하다. 평균은 빠른 의사결정을 위한 안정적이고 투명하고 능률적인 방법을 제공해주며, 대학 행정관들과 기업 인사 관리자들은 그냥 말뿐이더라도 학생들과 직원들의 등급화와 연관된 나름의 문제들을 얘기하긴 했으나 개개인을 평균에 비교했다는 이유로 일자리를 잃게 될 일은 없었다.

몰레나는 자신의 개개인성 성명에 대한 동료들의 견해를 들은 뒤 평균을 활용할 수 없다면 무엇을 활용해야 하느냐는 그 의문이 전적으로 타당하다고 여기면서 다소 복잡한 수학적 증거를 통해 평균주의가 틀렸다고 증명하는 것만으로는 부족하다는 점을 깨달았다. 정말로 평균의 독재를 완전히 타도하고 싶다면 평균주의의 **대**

안을 제시해야 한다고. 개개인의 이해에서 등급화나 유형화보다 더 적절한 결과를 얻게 해주는 실질적 방법이 필요하다고.

몰레나는 상관인 암스테르담대학교 대학원의 학장과 면담을 갖고 그 자리에서 흥분에 들뜬 채로 개개인을 연구하고 평가할 새로운 과학적 틀을 개발하고 싶다는 계획을 알렸다. 개개인성을 주제로 내세운 국제회의를 비롯해 몇 가지 신규 프로젝트의 구상을 설명한 뒤 그 구상을 추진하기 위한 기금 지원을 부탁했다.

"새로운 기금 지원은 불가합니다. 교수님은 3년 뒤면 물러나시잖아요. 미안해요, 피터. 아시다시피 시스템의 규칙이 있어서 제가 해드릴 수 있는 일이 없네요." 여학장은 주저하며 어렵사리 대답했다.[17]

몰레나는 문득 자신의 모습을 거울에 비춰 봤다. 거울 속 60세의 자신은 자신감에 차 있었다. 과학에 크게 기여할 수 있다고, 그것도 사회의 기본 구조를 변화시킬 가능성이 높은 그런 과학적 기여를 할 수 있다고. 하지만 혁신의 착수는 젊은이들의 전유물이었고 네덜란드의 대학 시스템은 그의 큰 뜻을 지지해주지 않았다. 몰레나는 스스로에게 물어봤다. 정말 이런 상황에 맞서고 싶으냐고.

몰레나는 어쩔 수 없는 그 상황에 그냥 굴복할까, 하는 생각도 들었다. 어쨌든 자신은 아주 성공한 위치에서 말년을 장식하고 있었다. 게다가 혁신적 변화를 몰고 올 만한 과학 운동을 주도하기로 마음먹는다고 해도 연구에 수년이 걸릴 뿐만 아니라 여러 과학자들이나 기관들과 줄기차게 싸워야 할 터였다. 하지만 몰레나는 그리 오래 고민하지는 않았다. "위태로운 문제와 그 문제가 사회의 너무도 많은 영역에 영향을 끼치고 있다는 사실을 깨달았는데 어떻게 가만히 있겠습니까. 방법을 찾아봐야겠다고 결심했죠." 몰레나가 나에게 털어놓은 당시의 심정이다.[18]

몰레나는 이번엔 암스테르담대학교 외부로 시선을 돌려 평균주의의 대안을 세우려는 자신의 이상을 추진할 수 있게 해줄 새로운 기회를 모색했다. 2005년에 드디어 기회가 실현됐다. 대서양 건너편의 펜실베이니아주립대학교에서 종신 교수직을 제안한 데 이어 곧바로 양적量的 개발 시스템 방법론Quantitative Developmental Systems Methodology 연구소의 초대 소장으로 임명함에 따라 그는 사회과학연구소의 핵심 산하 연구소인 이 연구 그룹을 자신이 바라던 대로 구성할 수 있었다. 펜실베이니아주립대학교에서 몰레나는 전 세계에서 최고 실력의 과학자들과 대학원생들을 끌어모았고, 이들은 그의 이상에 공감하면서 어느 순간부터 애정을 담아 몰레나를 '마에스트로'라는 경칭으로 부르게 됐다. 연구진은 다 함께 평균주의의 실질적 대안의 토대를 닦아나가는 과정, 즉 통합적인 개개인의 과학에 착수했다.

평균의 시대를 특징짓는 2가지 가정은 무엇인가? **평균이 이상적인 것이며 개개인은 오류**라는 케틀레의 신념과 **한 가지 일에 탁월한 사람은 대다수의 일에서 탁월성을 보일 가능성이 높다**는 골턴의 신념이다. 그러면 이번엔 개개인의 과학이 내세우는 주된 가정은 뭘까? **개개인성이 중요하다**는 신념이다.[19] 즉 개개인은 오류가 아니며 개개인을 (재능, 지능, 인성, 성격 같은) 가장 중시되는 인간 자질에 따라 단 하나의 점수로 전락시켜서는 안 된다고 믿는다.

몰레나와 동료 연구원들은 이와 같은 새로운 가정을 중심으로 삼아 과학자, 의사, 교육가, 기업 들이 개개인의 평가 방식을 개선할수 있을 만한 새로운 도구를 개발해나갔다. 이 도구들은 대체로 평균주의자들이 활용한 수리와는 차원이 아주 다른 수리를 바탕으로하고 있다. 평균주의자들이 활용하는 수학 이론은 이른바 **스터티스틱스**statistics('통계학'을 뜻하는 단어이기도 하다—옮긴이)로 통한다. **정적인 값**static value, 즉 불변의 정적이고 고정된 값의 수학이기 때문이다. 하지만 몰레나와 동료 연구원들은 개개인을 정확히 이해하기 위해서는 이른바 **역동적 시스템**dynamic system이라는 사뭇 다른 차원의 수학, 다시 말해 가변적이고 비선형적이며 역동적인 값의 수학으로 관심을 돌려야 한다고 강조한다.[20]

개개인학이 표방하는 가정과 수학은 평균주의와는 크게 다르며 따라서 당연한 얘기겠지만 개개인학은 인간의 연구 방법을 근본적으로 뒤엎고 있기도 하다.

'정상적 발달'의 함정

평균주의의 주된 연구 방법은 **종합 후 분석**aggregate, then analyze이다. 먼저 여러 사람을 종합적으로 조사한 뒤 그 그룹의 패턴을 살펴보고 그다음에 이 그룹 패턴(평균이나 그 밖의 통계치)을 활용해 개개인을 분석하고 모형화한다.[21] 반면 개개인의 과학은 과학자들에게 **분석 후 종합**analyze, then aggregate을 유도한다. 먼저 각 개개인의 패턴을 살펴본 다음 이런 개개인별 패턴을 취합해 종합적 통찰을 얻어낼 방법을 찾는다. 인간 연구에서의 '개개인 우선'식 접근법으로의 변경이 인간 본성에 대한 오랜 세월에 걸친 신념을 어떻게 뒤엎는지는 다음 발달심리학의 한 사례가 잘 보여준다.

1930년대부터 1980년대까지 유아 발달을 연구하는 과학자들은 일명 보행 반사stepping reflex라는 알쏭달쏭한 수수께끼를 붙잡고 씨름했다. 보행 반사란 갓난아이를 안아서 똑바로 일으켜 세워주면 아이가 마치 걷는 것처럼 다리를 위아래로 움직이는 동작을 가리킨다. 오랫동안 과학자들은 이 보행 반사를 놓고 인간에게 선천적인 보행 본능이 있음을 알려주는 증거라는 견해를 내놓았다. 하지만 이 보행 반사는 아주 알다가도 모르겠는 수수께끼였다. 아이가 생후 2개월쯤 되면 이 반응이 사라지기 때문이다. 아이가 좀 크면 안아서 일으켜 세워줘도 다리를 거의 움직이지 않는데 그러다 걸음마를 떼기 직전쯤 되면 보행 반사가 마술처럼 스르륵 다시 나타난다. 대체 이런 보행 반사가 나타났다가 사라졌다가 또다시 나타나는 원인은 무엇일까?

과학자들은 초반엔 이 보행 반사 수수께끼를 풀기 위해 전통적인 평균주의 방식, 즉 종합 후 분석 방식을 활용했다. 모든 과학자가 보행 반사를 신경 발달과 연관된 것으로 추정했고 그에 따라 수많은 유아들을 살펴보며 보행 반응이 나타났다 사라지는 평균 연령을 계산한 다음 이 평균 연령을 신경 발달상 여러 지표의 평균 연령과 비교했다. 그 결과 한 가지 신경 발달 과정이 보행 반사가 나타났다 사라지는 현상과 일치하는 것처럼 보였다. 바로 미엘린 형성, 즉 뉴런이 (신경섬유를 보호하는 덮개 역할을 하는) 미엘린 수초를 형성하는 생리적 과정이었다. 이를 근거로 과학자들은 '미엘린 형성론 myelination theory'을 제시했다. 모든 아기는 선천적으로 보행 반사를 타고나지만 뇌의 운동 제어 센터가 미엘린 형성을 개시하면 이 반사 반응이 사라지며, 그러다 뇌의 운동 제어 센터가 더 발전하면 다시 그 반응을 의식적으로 통제하게 된다는 주장이었다.[22]

1960년대 초에 이르면서 미엘린 형성론은 보행 반사에 대한 의학계의 표준적 해명으로 자리 잡았다. 심지어 신경 장애 진단의 기초가 되기까지 했다. 내과나 신경과 의사들은 아기의 보행 반사가 제때에 사라지지 않으면 아기에게 어떤 식으로든 신경 장애가 있을지 모른다고 부모에게 주의를 줬다.[23] 심지어 소아과 의사와 아동심리학자 대다수는 부모가 나서서 아이에게 보행 반사를 분발시켜주려는 생각은 바람직하지 않다면서 그럴 경우 정상적 발달을 지체시키고 신경과 근육에 이상을 유발할 위험이 있다고 주장했다.

이 별나고 비실제적인 미엘린 형성론은 수십 년 동안 미국 소아학계를 지배했고 에스터 텔렌Esther Thelen이라는 젊은 과학자가 없었다면 21세기까지도 그 지배력을 이어갔을지 모른다.[24] 그녀는 과학자로서 발을 막 내디뎠던 무렵 동물을 연구하던 중에 생물학자들이 고정불변이라고 주장해온 여러 가지 본능적 행동이 사실은 대체로 개개 동물의 독특한 기벽에 따라 아주 가변적임을 밝혀냈다. 텔렌은 이런 발달 분야의 연구를 계기로 역동적 시스템의 수리를 공부하다가 마침내 각 아동의 개개인성에 초점을 맞춰 보행 반사를 재검토해보기로 마음먹기에 이르렀다.

텔렌은 2년에 걸쳐 40명의 갓난아이들을 유심히 살펴봤다. 매일매일 각 아기들의 사진을 찍어 개인별 신체 발달을 검토했다. 아기들을 러닝머신 위에서 여러 가지 자세를 잡아주며 각 아기들의 개인별 동작 방식을 분석하기도 했다. 그리고 이러한 검토와 분석에 따라 마침내 보행 반사가 사라지는 이유를 설명할 만한 새로운 가설을 세웠다. 포동포동한 허벅다리 때문이라는 가설이었다.

텔렌의 조사 결과 갓난아이들 가운데 체중 증가가 유독 더딘 아기들은 조사 기간 중의 대다수 시기 동안, 그리고 가장 오랫동안 다리를 움직이는 경향을 보였다. 또 체중 증가가 유독 빠른 아기들은 가장 빨리 보행 반사가 사라지는 경향을 나타냈는데 이는 단지 다리 근육이 다리를 들어 올릴 만큼 강하지 못했기 때문이었다. 여기에서의 주된 요소는 허벅다리의 통통함 자체가 아니었다. 근력 대비 체지방 비율이 중요했기 때문에 신체 성장의 속도가 관건이었다.[25] 그 이전까지 단지 평균 연령과 평균 체중을 비교했던 과학자들이 이렇다 할 결과를 밝혀내지 못한 이유가 여기에 있었다. 그들의 종합 후 분석 접근법은 아이들 각각의 발달 패턴을 알아보지 못하게 가렸지만 텔렌의 분석 후 종합 접근법은 그런 패턴을 잘 드러내줬던 것이다.

아니나 다를까, 보행 반사에 대한 과학적 설명에서 포동포동한 허벅다리가 첫선을 보였을 때 대다수 연구가들은 단박에 일축했다. 하지만 텔렌은 일련의 기발한 실험을 통해 자신의 포동포동 허벅다리 이론이 옳다는 사실을 의심의 여지 없이 입증해냈다. 그중 한 실험은 아기들의 몸을 물에 담그는 것이었다. 이 실험에서 텔렌이 아기들의 몸을 물속에 담그자 보행 반사가 다시 나타났다. 가장 포동포동한 허벅다리를 가진 아기들도 예외가 아니었다. 텔렌은 아기들의 다리에 무게가 각각 다른 추를 매달아 어떤 아기들이 보행 반사를 잃게 될지 알아맞히기도 했다.[26]

에스터 텔렌이 각 아기들의 개개인성을 연구하면서 얻어낸 이러한 설명은 평균주의 연구가들이 수 세대에 걸쳐 미처 알아내지 못한 결론이었다. 그들은 관심을 가져야 할 진짜 이유가 아기의 통통한 허벅다리인데도 부모들에게 아기의 뇌에 이상이 있을지 모른다고 알려줬을 뿐이다.

한편 펜실베이니아주립대학교에서도 피터 몰레나와 연구진이 여러 가지의 유사한 발견을 입증해왔고 개개인 우선 접근법을 통해 입증된 그 발견 결과는 그룹 평균에만 의존한 발견 결과에 비해 차원이 뛰어나다. 이런 개개인 우선 접근법에서의 한 가지 난관은 막대한 양의 자료가 요구된다는 점이다. 그것도 평균주의 접근법보다 훨씬 더 많은 자료가 요구된다. 분석 후 종합 방식을 제대로 활용하려면 막대한 자료를 수집·처리할 도구가 필요하지만 인간을 연구하는 대다수 분야에서는 100년이나 50년은커녕, 심지어 25년 전까지도 그런 도구가 존재하지 않았다. 산업 시대에는 평균주의 방식이 대세였고 개개인 우선 방식은 뜬구름 잡기로 치부되기 일쑤였으니 그럴 만도 하다. 하지만 이제는 다르다. 지금의 우리는 디지털 시대를 살고 있으며 지난 10년 사이에 막대한 양의 개개인 자료를 수집·저장·처리하는 것쯤은 아주 편리하고 시시한 일이 됐다.

단지 부족한 것은 이를 사용할 사고방식뿐이다.

진정한 재능을 찾아서

길버트 대니얼스가 조종석을 **평균적인** 조종사가 아닌 **모든** 조종사에게 맞도록 설계해야 한다는 제안을 처음 꺼냈을 당시에 그것은 불가능한 일로 여겨졌다. 그런데 이제는 과거에 불가능한 일이라고 말했던 바로 그 회사들이 조종석의 유연성을 제품 홍보의 중요 포인트로 삼고 있다.[27]

마찬가지로 에스터 텔렌이 뿌리 깊게 자리 잡혀 있던 미엘린 형성론에 도전할 결심을 했을 때도 그 도전은 적어도 어려운 일이 될 것 같았고 부질없는 노력으로 끝날 가능성마저 있었다. 하지만 텔렌이 그동안 간과돼왔던 포동포동한 허벅다리의 역할을 알아내기까지는 그리 오랜 시간이 걸리지 않았다.

평균주의는 우리의 사고가 상상도 할 수 없을 만큼 제한된 패턴에 따르도록 유도한다. 게다가 그런 패턴에 따른 견해가 너무 자명하고 이성적인 것처럼 보이기 때문에 우리는 그런 제한된 패턴을 대체로 의식하지도 못한다. 지금 우리가 살아가는 세계는 우리에게 스스로를 수많은 평균에 비교해 평가하도록 조장하며, 아니 **강요하며** 우리에게 그 정당성을 끝도 없이 제시하고 있다.

우리는 직업적 성공을 판단하기 위해서는 자신의 급여를 평균 급여와 비교해야 한다. 학업 성과를 판단하기 위해 자신의 GPA를 평균 GPA와 비교해야 한다. 결혼이 늦은 편인지 이른 편인지를 판단하기 위해 자신이 결혼한 나이를 평균 결혼 연령과 비교해야 한다. 하지만 일단 평균주의식 사고에서 자유로워지면 이전에는 불가능해 보였던 것이 차츰 직관적인 일이 됐다가, 더 지나면 당연한 일로 굳어질 것이다.

몰레나에게 "지금 혼란 상태로 들어가자는 얘깁니까!"라고 의견을 밝혔던 심리학자에게 선뜻 공감이 갈 만도 하다. 평균을 버리라니, 그 무슨 억지냐고. 익숙한 해안 너머로 모험을 나서는 격인 데다 주위의 전 세계가 여전히 평균주의라는 대지에 단단히 자리 잡고 있는 상황에서 특히 더 무모해 보이는 제안이다.

하지만 어둠 속에서 장님처럼 손을 더듬거리지 않아도 된다. 제2부에서 나는 개개인학에 의거한 3가지 원칙을 당신과 공유할 것이다. 그러니 마음 놓기 바란다.

들쭉날쭉의 원칙, 맥락의 원칙, 경로의 원칙, 이 3가지 원칙이 평균에 대한 의존을 대체해줄 것이다. 이 원칙에 따르면 개개인을 완전히 새로운 방식으로 평가하고 선별하고 이해할 수 있게 될 것이다. 유형과 등급을 버리고 당신 자신이 지닌 진정한 개개인성의 패턴을 발견하게 될 것이다. 평균에 부여된 넘볼 수 없는 권위를 완전히 벗어던지게 도와줄 것이다.

THE END OF AVERAGE

제 2 부

교육 혁명을 위한
개개인성의 원칙

"개인은 장소와 시간을 거치며 진화하는 고차원 시스템이다."

— 피터 몰레나, 펜실베이니아주립대학교

제4장

/

인간의 재능은 다차원적이다

구글은 2000년대 중반에 이미 시대를 주도하는 인터넷 거인으로 도약하면서 역사상 가장 혁신적이고 성공한 기업의 반열에 올라서고 있었다. 그와 같은 유례 드문 수준의 성장과 혁신을 이어가기 위해 구글은 재능 있는 인재의 발굴에 열을 올렸다. 운이 좋게도 돈이 흘러넘치는 데다 높은 급여, 푸짐한 혜택, 혁신적인 제품 연구 기회의 삼박자까지 고루 맞아떨어지면서 구글은 세계에서 가장 일하고 싶은 직장으로 꼽히고 있었다.[1] 덕분에 2007년 무렵엔 매달 10만 건의 입사 지원서가 쇄도해 최고 인재 선발에 여유가 있었다. 단, 이는 구글이 그런 최고의 인재를 **감별하는** 방법을 제대로 파악할 수 있었다는 가정하에서의 얘기다.[2]

구글은 초반까지만 해도 채용 결정 방식이 「포춘」 선정 500대 기업 대다수와 똑같았다. 각 입사 지원자의 SAT(대학 수능 시험) 점수, 학교 GPA, 학위를 검토한 뒤 그중 최상위층에 드는 지원자들을 채용했다.[3] 얼마 뒤 구글 마운틴뷰 본사는 만점에 가까운 SAT 성적, 수석 졸업, 캘리포니아공과대학, 스탠퍼드대학교, 매사추세츠공과대학교(MIT), 하버드대학교 등의 명문대 출신의 화려한 이력을 가진 직원들로 넘쳐 났다.[4]

소수 몇 개의 기준이나 심지어 단 하나의 기준에 따른 개개인의 등급화는 신입 사원을 뽑을 때만 흔히 쓰이는 관행이 아니다. 기존 직원들을 평가할 때도 가장 보편적으로 쓰이는 방식이다.[5] 2012년에 세계 최대 컨설팅 전문 기업 딜로이트Deloitte는 6만 명이 넘는 자사 직원 전원을 대상으로 근무 실적에 따른 점수를 매기고 나서 그해 말에 '협의 회의'를 열어 그 점수들을 가지고 1~5까지의 등급을 정하는 것으로 최종 평가를 내렸다. 다시 말해, 각 직원을 단 하나의 숫자로 평가했다는 얘기다. 사실 직원들의 가치 비교에서는 단순한 일차원적 단계의 평가 방법보다 간단한 방법은 생각하기 힘들다.[6]

「월스트리트저널」에 따르면 2012년 기준으로 「포춘」 선정 500대 기업의 약 60퍼센트가 여전히 일종의 단일 점수 등급 시스템을 활용해 직원들을 평가했다.[7] 이런 시스템 중에서도 특히 심한 유형이라면 일명 '강제 등급forced ranking'을 꼽을 만하다. 이 등급 시스템은 1980년대에 제너럴 일렉트릭이 개척해낸 방법으로 당시 회사 내에서는 이른바 '등급 매겨 내쫓기rank and yank'라고도 불렸다.[8] 강제 등급 시스템에서는 직원들이 단지 일차원적 단계로만 등급이 매겨진다. 미리 정해놓은 각각의 특정 비율에 따라 직원들을 평균 이상, 평균, 그리고 평균 이하 등급으로 **반드시** 분류해야만 한다. 상위 등급에 드는 직원들은 보너스와 승진의 혜택을 받지만 하위 등급 직원들은 경고를 받기도 하고 경우에 따라서는 아예 쫓겨나기도 한다.[9] 2009년에 강제 등급 시스템을 활용했던 대기업은 42퍼센트에 이르렀는데 이 중에는 일명 '스택 랭킹stack ranking(해마다 직원들의 성과를 평가해 하위 10퍼센트를 해고하는 제도. 평가 점수에 따라 직원들을 층을 쌓듯이 서열화한다고 해서 붙은 이름이다—옮긴이)'이라는 프로그램으로 유명한 마이크로소프트도 있었다.[10]

물론 이토록 많은 기업이 직원 고용 및 실적 평가를 위해 단일 점수 시스템을 채택하는 이유는 선뜻 이해가 간다. 단일 점수 시스템이 활용하기에 쉽고 직관적인 방법인 데다 객관성과 수학적 확실성의 인상을 띠고 있으니 그럴 만하다고 생각한다. 단일 점수 시스템을 채택할 경우 기업은 지원자가 평균보다 높은 등급에 들면 그 사람을 채용하거나 보상 혜택을 준다. 평균보다 낮으면 탈락시키거나 해고한다. 보다 재능 있는 직원을 원할 때는 그냥 '기준을 높이면' 그만이다. 쉽게 말해, 채용이나 승진의 탈락 기준으로 활용하는 점수를 높이기만 하면 된다.

개개인의 재능이나 실적을 단 하나의 단계나 단 몇 가지 단계에 따라 등급 매기는 것은 더할 나위 없이 타당해 보일지 모른다. 하지만 2015년에 구글, 딜로이트, 마이크로소프트 모두 자사의 등급 중심 채용·평가 시스템을 수정하거나 폐기했다.

구글은 성장과 수익성을 꾸준히 지켜가고 있었음에도 불구하고 2000년대 중반에 인재 선발 방식에 뭔가 문제가 있다는 신호를 감지했다. 고용 결과가 경영진이 생각했던 대로 이어지지 못하는 경우가 빈발했다. 회사 내 신입 사원 채용 담당자들과 경영자들 사이에서 성적, 등급, 졸업장같이 대다수 기업에서 흔히 활용하는 기준으로는 제대로 포착하지 못하는 재능을 가진 수많은 지원자들을 알아보지 못하고 있다는 인식이 점점 확산됐다.[11] 실제로 구글의 품질관리 부서 인사 담당자 토드 칼라일은 나에게 이렇게 얘기했다. "우리 회사에 꼭 필요하지만 우리가 알아보지 못한 '놓친 인재'를 분석하기 위해 많은 시간과 자금을 쏟기 시작했죠."[12]

딜로이트에서도 2014년에 이르면서 단 하나의 점수로 직원을 평가하는 방식이 기대했던 만큼의 효과가 없다는 사실을 비로소 깨달았다. 당시에 딜로이트는 직원의 업무 성과 등급을 계산하는 일에 매년 200만 시간 이상을 할애했다. 이렇게 막대한 시간을 쏟아부으면서도 등급 매기기의 가치에 의구심이 들고 있었다.[13] 예전에 딜로이트에서 간부 계발 부서 책임자로 일했던 애슐리 구달Ashley Goodall은 마커스 버킹엄Marcus Buckingham과 함께 쓰고 「하버드 비즈니스 리뷰」에 실은 한 기사에서 단 하나의 점수로 등급을 매기는 방식이 직원의 진짜 업무 성과보다는 그 업무 성과를 등급 매기는 사람 특유의 경향을 더 많이 드러낼 수도 있다는 조사 결과를 계기로 다시 생각해보게 됐다고 전했다. "전통적인 단일 점수 업무 성과 평가 방식이 효과가 없다는 사실의 인식이 회사 대내외적으로 뚜렷이 나타나고 있었습니다. 그래서 그런 방식에서 탈피하려면 어떻게 해야 할지를 명확히 살펴보려는 의식이 일어났죠." 구달이 나에게 들려준 얘기다.[14]

한편 마이크로소프트에서는 스택 랭킹이 완전한 실패작으로 끝났다. 2012년에 「배너티 페어Vanity Fair」는 한 기사에서 마이크로소프트가 스택 랭킹에 의존했던 그 시대를 '잃어버린 10년'으로 명명했다. 그런 식의 업무 성과 등급 매기기 시스템은 직원들에게 등급 경쟁을 시키고 직원들 사이의 협력 의지를 꺾어놓았다. 게다가 더욱 심각한 문제는 직원들이 자신의 등급이 더 깎일까 봐 업무 성과 상위권자들과는 일하길 꺼리게 됐다는 점이다. 이 기사에서 보도한 내용에 따르면 스택 랭킹의 시행으로 사실상 "회사가 비대하고 요식적인 집단으로 돌연변이를 일으키면서 혁신적 아이디어를 기존 질서에 위협이 된다고 여기며 억압해버리는 관리자들에게 도리어 보상을 내리는 식의 의도치 않은 사내 문화가 형성됐다."[15] 2013년 말에 마이크로소프트는 돌연 스택 랭킹을 폐지해버렸다.[16] 그렇다면 구글, 딜로이트, 마이크로소프트는 어디에서부터 잘못된 것이었을까?

이런 혁신적 기업들은 모두 처음엔 평균주의 개념을 따랐다. 등급화가 개개인의 효율적 평가 방식이라는 식의 개념이자 한 가지 일에 유능하거나 특출한 사람은 대부분의 일에서 유능하거나 특출하다는 프랜시스 골턴식 신념에 근거한 개념에 순응했다.[17] 그리고 우리 대다수도 이런 접근법이 효율적인 방법이라고 **당연시하는** 분위기다. 어쨌든 남들보다 전반적 재능이 출중한 사람들이 있는 것은 분명한 사실이니 단 하나의 단계에서 재능을 등급 매겨 그 등급에 따라 잠재력을 추정하는 것도 타당하지 않을까? 하지만 구글, 딜로이트, 마이크로소프트는 재능을 숫자로 요약해서 평균과 비교하는 아이디어가 효율적이지 못하다는 것에 눈을 떴다. 그렇다면 무엇 때문에 효율적이지 못할까? 등급 매기기가 이런 예상 밖의 실패에 이른 근원은 무엇일까?

일차원적 사고방식이 그 답이다. 그리고 왜 그런지는 개개인성의 첫 번째 원칙인 **들쭉날쭉의 원칙**이 잘 설명해준다.

들쭉날쭉의 원칙

우리 인간의 머리는 천성적 경향에 따라 체격, 지능, 성격, 재능 등 인간의 복잡한 특성을 일차원적 단위로 생각한다. 예를 들어 어떤 사람의 체격에 대해 평가해보라고 하면 본능적으로 한 개개인을 체격이 큰지, 작은지, 아니면 보통인지로 따진다. 어떤 남자가 체격이 **크다**는 얘기를 들으면 팔과 다리가 굵직하고 덩치 큰 사람을 떠올린다. 몸 전체가 다 크다고 여기는 것이다. 어떤 여자가 **똑똑하다**는 얘기를 들으면 여러 방면에서 두루두루 문제 해결 능력이

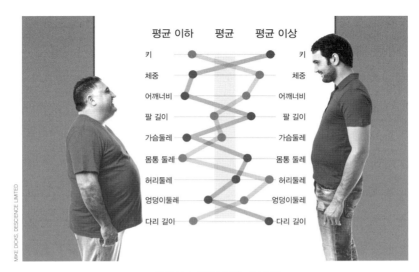

평균 이하	평균	평균 이상
키		키
체중		체중
어깨너비		어깨너비
팔 길이		팔 길이
가슴둘레		가슴둘레
몸통 둘레		몸통 둘레
허리둘레		허리둘레
엉덩이둘레		엉덩이둘레
다리 길이		다리 길이

체격의 들쭉날쭉한 측면들

뛰어난 데다 교육 수준이 높은 사람일 거라고 생각한다. 평균의 시대를 거치면서 우리의 사회 시스템, 그중에서도 특히 기업과 학교들은 성적, IQ, 급여 같은 단순한 단위를 기준으로 사람의 가치를 비교하도록 조장함으로써 우리 머리의 천성적인 일차원적 사고 경향을 더욱 부추겨놓았다.[18]

하지만 일차원적 사고는 실질적으로 중요한 개개인의 그 어떤 특성에 적용해보더라도 엉터리다. 그리고 그 이유를 이해하기 가장 쉬운 방법은 인간 체격의 본질을 더 깊이 들여다보는 것이다. 위의 사진에는 9가지 항목에 대한 두 남자의 신체 치수가 함께 실려 있다. 참고로, 이 항목들은 길버트 대니얼스가 조종사들과 관련된 획기적 연구에서 분석했던 바로 그 9가지 항목이기도 하다.

어느 쪽 남자의 체격이 더 클까? 언뜻 보면 답이 뻔한 것 같지만 두 남자를 각 항목별로 비교해보면 예상외로 답하기가 애매해진다. 오른쪽 남성은 키가 크지만 어깨너비가 좁다. 왼쪽 남성은 허리둘레가 비대하지만 엉덩이 둘레는 평균 치수에 가깝다. 그냥 간단하게 남성별로 신체 치수의 9개 전체 항목을 평균 낸 뒤 어느 쪽 남성의 체격이 더 큰지 정할 수도 있다. 단, 그럴 경우 각 남성의 평균 치수가 거의 동일하다는 결과가 나온다. 게다가 두 남성이 체격이 똑같다고 말하거나, 둘 중 한쪽을 평균이라고 평가하면 그것은 결과적으로 오판인 셈이다. 따져보면 왼쪽 남성은 2가지 항목(팔길이와 가슴둘레)에서 평균이며 오른쪽 남성은 딱 1가지 항목(허리둘레)에서 평균에 겨우 걸친다. 결국 '어느 쪽 남성의 체격이 더 클까?'라는 질문은 간단히 대답할 만한 문제가 아니다.

생각해보면 언뜻 그럴듯하게 들리지만 위와 같은 식의 질문에 속아서는 안 된다. 이 질문에는 답이 없기 때문이자 개개인을 체격에 따라 등급 매기기는 불가능하기 때문이다. 그리고 바로 여기에서 인간과 관련된 중요한 진실이자 개개인성의 첫 번째 원칙인 **들쭉날쭉의 원칙**이 부각된다. 이 원칙에서는 일차원적 사고를 통해서는 복잡한 데다 '균일하지 않고 들쭉날쭉한' 뭔가를 이해할 수 없다는 관점을 취한다. 그렇다면 들쭉날쭉하다는 건 정확히 무엇을 의미할까? 다음의 2가지 기준에 부합돼야 한다. 첫 번째, 반드시 다차원으로 이뤄져 있을 것. 두 번째, 반드시 이 여러 차원들 사이에 관련성이 낮을 것. 들쭉날쭉성은 단지 인간의 체격에만 한정되지 않는다. 재능, 지능, 성격, 창의성 등등 우리가 관심을 갖는 인간의 거의 모든 특성이 들쭉날쭉하다.

이 2가지 기준을 이해하기 위해 다시 한 번 인간의 체격을 예로 들어보자. '어느 쪽 남성이 키가 **더 큰가**?' 이런 질문에는 답을 하기가 쉽다. 키는 일차원적이므로 키가 얼마나 큰지에 따라 등급을 매기는 데 전혀 지장이 없다. 하지만 인간의 체격 치수의 경우엔 이야기가 다르다. 서로 별 연관성이 없는 여러 가지 다른 차원들로 이뤄져 있기 때문이다. 다시 앞의 도표를 보자. 이 사진의 가운데에 보이는 세로띠는 대니얼스가 한때 규정했던 말 그대로 '평균 조종사'의 치수대에 해당한다. 수십 년이 지나도록 공군에서 대다수 조종사의 체격이 이 세로띠 범위에 들 것이라고 여겼던 이유는 평균 치수의 팔을 가진 사람은 다리와 몸통도 평균 치수일 것이라고 가정했기 때문이다. 하지만 체격 치수는 들쭉날쭉하기 때문에 그것은 결과적으로 잘못된 가정이다. 실제로 대니얼스가 밝혀낸 바에 따르면 이 9가지 항목 중 4가지 이상에서 평균 치수에 해당하는 조종사는 2퍼센트도 채 되지 않았고 전체 항목 모두에서 평균에 드는 조종사는 단 한 명도 없었다.[19]

평균대를 넓혀 각 항목의 중간 30퍼센트가 아닌 중간 90퍼센트를 포함시킨다면 어떨까? 얼핏 생각하면 대다수 사람들의 체격이 이만큼이나 넓은 평균대에 들어갈 것 같지만 실제로는 전체 중 절반에도 못 미친다.[20] 밝혀진 바에 따르면 우리의 **대다수**가 다소 비대한 편이거나 다소 왜소한 편인 신체 부분이 적어도 하나씩은 있다. 그러한 이유로 평균에 맞춰 설계된 조종석은 그 누구에게도 맞지 않게 설계된 조종석이다. 들쭉날쭉함은 '노르마' 닮은꼴 찾기 대회 기획자들이 노르마상과 똑 닮은 여성을 찾지 못한 이유이기도 하다. 여성들이 오래전부터 마텔사에서 제작하는 바비 인형의 치수가 인위적으로 과장돼 있다고 항의해왔듯, 들쭉날쭉성의 원칙을 대입해보면 평균 치수, 즉 '노르마' 치수의 인형도 허상일 뿐이다.

물론 경우에 따라 타협할 만한 가치가 있다면 체격 치수가 일차원적인 것처럼 **속이는 것**도 나쁘지는 않다. 이를테면 의류의 대량생산처럼 누구에게든 기막히게 맞지는 않는 대가로 저렴하게 생산된 셔츠나 바지를 누구나 사 입을 수 있는 경우라면 별 지장이 없다. 하지만 위험부담이 크다면, 예를 들어 고가의 웨딩드레스를 수선하거나 자동차 에어백 같은 안전장치를 설계하거나 제트기 조종석을 설계하는 등의 경우라면 체격 치수의 다차원성을 무시하는 것은 결코 바람직한 타협이 아니다. 잘 맞추려면 지름길이란 없다. 전반적으로 모든 치수가 잘 맞도록 해야 한다.

인간의 중요한 특성은 거의 모두가 다차원으로 이뤄져 있으며 그중에서도 재능이 특히 더 그렇다. 문제는 재능을 평가하려 할 때 흔히 평균에 의존하는 바람에 들쭉날쭉한 재능을 표준화된 시험상의 점수나 등급, 업무 실적 순위 같은 단 하나의 차원으로 전락시키는 경향이다. 하지만 이런 식의 일차원적 사고에 굴복하다간 결국엔 깊은 수렁에 빠지고 만다. 미국 프로 농구 NBA의 뉴욕 닉스 팀을 예로 살펴보자.

왕년의 NBA 스타 아이제이아 토머스Isiah Thomas는 2003년에 닉스의 감독을 맡으며 세계 최고의 인기를 구가하던 닉스를 더욱 보강할 방법에 대한 나름의 확실한 비전을 세웠다. 토머스는 선수들을 평가할 때 일차원적 원칙에 따라 농구 재능을 가늠했다. 즉 경기당 평균 득점수만을 바탕으로 선수들을 평가했다.[21]

토머스의 판단은 이랬다. 농구에서의 팀 성적은 상대 팀보다 높은 점수를 올리느냐 마느냐에 따라 좌우되니 선수들을 가장 높은 득점 평균의 조합으로 구성하면 평균적으로 승률이 높아질 것이라고. 가장 높은 득점에 목을 매는 것은 토머스만의 얘기가 아니다. 오늘날까지도 선수별 득점 평균은 연봉, 시즌 결산 수상자 선정, 경기 출전 시간을 결정할 때 대체로 가장 중요시되는 요소다.[22] 하지만 토머스는 팀 구성 선수 **전원**의 선정에서 이 기준 하나만을 최우선 요소로 삼았고 닉스는 토머스의 이런 우선순위를 실현해줄 만큼 자금력이 탄탄했다. 사실상 닉스의 팀 구성은 기업들이 학력을 직원 채용의 주된 기준으로 삼는 방식과 다를 게 없는 일차원적 접근법을 활용한 것이었다.

닉스는 막대한 비용을 들여 NBA에서 최강의 득점 평균을 이룬 팀을 구성해냈다……. 그리고 그 뒤에 4시즌 내리 고전을 면치 못하며 패전률이 66퍼센트에 이르렀다.[23] 일차원적으로 조직된 닉스의 이 팀은 성적이 어찌나 형편없었는지 같은 기간 동안의 성적이 겨우 두 팀을 앞서며 하위권에서 맴돌 정도였다. 팀이 이처럼 형편없는 성적을 내게 된 원인은 들쭉날쭉성의 원칙으로 들여다보면 쉽게 설명이 된다. 농구 재능이 다차원적이기 때문이다. 농구 성적과 관련해서 이뤄진 한 수학적 분석에 따르면 경기의 결과에 확실한 영향을 끼치는 요소는 최소한 5가지 차원으로, 득점, 리바운드, 공 가로채기, 어시스트, 블로킹이다.[24] 그리고 이 5가지 차원의 실력은 대체로 서로 별 연관성이 없다. 예를 들어 공 가로채기에 뛰어난 선수는 대개 블로킹 실력은 그다지 좋지 못하다. 실제로 진정한 만능선수라 할 만한 '5툴 선수'는 아주아주 드물다. 1950년 이후 NBA에서 활약해온 선수들 수만 명을 통틀어도 5가지 차원 모두에서 팀 내 최고 실력을 뽐냈던 선수는 5명뿐이다.[25]

가장 잘 짜인 농구 팀은 농구 재능이 상호 보완을 이루는 선수들로 구성된 팀이다.[26] 그와는 반대였던 토머스의 닉스 팀은 수비에서 형편없었을 뿐만 아니라 어이없게 들릴지 모르겠지만 득점력 뛰어난 선수들의 포진이 무색하게도 공격에서도 그저 그랬다. 개개인 선수 각자가 다른 선수를 받쳐주기보다는 자신의 득점 올리기에 혈안이 돼 있었기 때문이다. 구글, 딜로이트, 마이크로소프트가 그랬듯 닉스도 결국엔 깨닫게 됐다. 재능의 평가에서 일차원적 방식을 취해서는 원하는 결과를 이끌어내지 못한다는 사실에 눈을 떴다는 얘기다. 2009년에 토머스가 팀을 떠난 뒤 닉스는 재능 평가에 다차원적 방식을 도입하면서 다시 승률을 올리기 시작하며 2012년에는 플레이오프에까지 진출했다.[27]

IQ라는 허상

하지만 치수나 재능 같은 인간의 특성이 들쭉날쭉한 것으로 인정되려면 다차원적인 것만으로는 부족하다. 각 차원이 비교적 독립적이기도 해야 한다. 이런 독립성을 수학적으로 표현하면 **희박한 연관성**이다.

프랜시스 골턴은 100년도 더 전에 키와 체중같이 서로 다른 두 차원 간의 연관성 강도를 판단하는 한 방법으로서 상호 연관의 통계법을 수립하는 데 일조했다.[28] 골턴은 자신의 등급 개념, 즉 사람의 재능, 지능, 건강, 성격이 서로서로 밀접하게 연관돼 있다는 개념을 정당화하려는 의도에 따라 인간의 상호 연관성의 초창기 버전을 적용하기 시작했다.[29] 현재는 상호 연관성을 0과 1 사이의 값으로 표시하는데 여기에서 1은 완전한 상호 연관성(인치로 잰 키와 센티미터로 잰 키 사이의 상호 연관성 같은 경우)을 의미하며 0은 상호 연관성이 전혀 없다는(인치로 잰 키와 토성의 온도 사이의 상호 연관성 같은 경우) 의미다.[30] 여러 과학 분야에 걸쳐 이 값이 0.8 이상이면 상호 연관성이 강한 편으로, 0.4 이하면 상호 연관성이 약한 편으로 간주하지만 궁극적으로 따져보면 '강한' 상호 연관성과 '약한' 상호 연관성을 가르는 정확한 분리 기준은 자의적이다.

시스템의 전 차원 간의 상호 연관성이 강하면 그 시스템은 들쭉날쭉하지 않은 것이므로 시스템을 이해하기 위해 일차원적 사고를 적용해도 무방하다. 다우존스 산업지수의 경우를 예로 생각해보자. 다우존스 산업지수는 30대 유명 '우량' 기업의 주가를 합산해 단 하나의 수치로 나타내는 점수다. 미국에서는 매 영업일 종료 시에 경제 뉴스에서 의무적으로 다우존스 산업지수의 값을 100분의 1 단위까지 보도하며(2015년 1월 2일 기준으로 17,832.99였다) 그 등락 여부를 함께 전한다. 투자자들은 이 지수를 활용해 주식시장의 전반적 동향을 평가하는데 1986년부터 2011년까지 (25년) 사이를 살펴보면 당연한 결과지만 다우존스 산업지수와 또 다른 대표적 주식시장 지표 4개 사이의 상호 연관성이 아주 높아 0.94에 달했다.[31] 따라서 주식시장은 (미국에는 상장 기업이 수천 개에 이르러) 다차원적임에도 불구하고 그 전반적 동향을 단 하나의 수치로도 무리 없이 파악할 수 있다. 즉 주식시장의 전반적 동향을 판단하기 위해 다우존스 산업지수를 활용하는 것은 더없이 타당한 일차원적 사고다.

하지만 인간의 신체 치수는 얘기가 다르다. 1972년에 미 해군에서는 대니얼스의 조종사 관련 연구에 따른 후속 조치로 해군 조종사들의 신체 치수와 관련된 총 96가지 차원 사이의 상호 연관성을 검토해봤다.

검토 결과, 그 상호 연관성의 정도가 0.7 이상은 몇몇 가지에 그쳤고 대다수가 0.1 이하였다. 해군 조종사 신체 치수의 총 96가지 차원의 평균적 상호 연관성은 0.43에 불과했다.[32] 이는 누군가의 키나 목둘레나 주먹 너비를 안다고 해서 그 사람의 나머지 차원의 치수를 얼추 가늠한다는 것은 가당치 않다는 의미다. 한 사람의 신체 치수를 제대로 이해하길 바랄 경우라면 집약적으로 간단히 파악해낼 방법은 없다. 들쭉날쭉한 측면의 세세한 면을 알아야 한다.

우리의 지능은 어떨까? 지적 능력은 들쭉날쭉하지 않을까? 골턴이 사회과학 분야에 상호 연관성을 처음 도입하면서 내세웠던 가정은 과학적 연구를 통해 인간의 지적 능력 사이에서 **강한** 상호 연관성이 발견되리라는 것이었다. 다시 말해, 인간의 지능이 그다지 들쭉날쭉하지 않으리라고 내다봤다.[33] 이런 가정에 대한 체계적 검증에 나선 최초의 과학자 중 한 인물로는 제임스 커텔James Cattell도 있었다. 커텔은 미국인으로는 최초의 심리학 박사 학위 취득자이자 검사 이론의 최초 개척자로서 '지능검사mental test'라는 신조어를 만들어낸 장본인이다.[34] 아무튼 골턴이 내세운 등급 개념의 열혈 신봉자이기도 했던 커텔은 1890년대에 지능에 대한 일차원적 견해의 정당성을 확실하게 입증하기 위한 시도에 착수했다.[35]

커텔은 컬럼비아대학교의 신입생 수백 명을 대상으로 수년에 걸쳐 일련의 신체 및 지능 검사를 실시하며 소리에 대한 반응시간, 색깔 이름 대기 능력, 10초 내의 판단력, 연속으로 기억해낼 수 있는 글자 수 등을 살펴봤다. 이런 여러 능력 사이에 강한 상호 연관성이 발견되리라고 확신하면서 시작한 검사였으나 막상 해보니 검사 결과는 오히려 정반대로 나왔다. 사실상 상호 연관성이 전혀 없었던 것이다.[36] 지적 능력들은 확실히 들쭉날쭉했다.

등급의 열혈 신봉자의 입장에서 볼 때 그보다 낭패스러운 결과는 또 있었다. 커텔이 신입생들의 학부 성적과 이 지능검사 사이의 상호 연관성을 살펴본 결과 둘 사이의 상호 연관성도 아주 약한 것으로 밝혀졌다. 그뿐만이 아니라 학생들의 여러 과목별 성적들 사이에서마저 상호 연관성이 낮았다. 사실 커텔의 검사 결과에서 상호 연관성이 있다고 볼 만한 경우는 학생들의 라틴어 과목 성적과 그리스어 과목 성적 사이의 상호 연관성뿐이었다.[37]

당시는 현대 교육 시스템의 여명기, 즉 학교들이 학생들을 '전반적 재능'에서 평균, 평균 이상, 평균 이하로 분류하는 사명을 중심으로 표준화되기 시작했던 시기였다. 말하자면 그 여명기에 이미 지적 능력 사이의 상호 연관성에 대한 가정이 틀렸다고 밝혀진 것이었다. 하지만 심리학자들 사이에서는 지적 능력의 일차원성은 설령 감춰져 있을지라도 **반드시** 존재한다는 확신이 워낙에 굳건했고 그러한 나머지 커텔의 동료들 대다수는 그의 조사 결과를 일축하며 커텔의 실험 방식이나 결과 분석 방식에 오류가 있을지 모른다는 견해를 냈다.[38]

한편 심리학자들을 필두로 이후엔 교육계가, 또 그 이후엔 기업계까지 뒤따라 모두가 지적 능력들은 서로 상호 연관성이 높아서 IQ 점수 같은 일차원적 값으로 대변이 가능하다는 개념에 더더욱 매달렸다.[39] 커텔 이후로 거듭거듭 이어진 연구에서도 개개인의 지능은 들쭉날쭉하며 이는 성격과 기질 역시 마찬가지임이 밝혀졌다.[40] 한 가지 일에 재능이 있으면 대다수 일에 재능이 있다는 식의 개념을 중심으로 현대 교육 시스템을 세웠던 장본인인 에드워드 손다이크조차 직접 조사를 벌여 학교 성적, 표준화 시험의 성적, 직업생활에서의 성공 사이의 상호 연관성을 살펴보기도 했다. 그 결과 손다이크 역시 이 3가지 사이에 상호 연관성이 약하다는 사실을 밝혀냈으나 그럼에도 여전히 그런 사실은 무시해도 무방하다며 합리화했다. 학교와 직장에서의 성공을 뒷받침해주는 그런 일차원적 '학습 능력'이 있다는 (입증되지 않은) 가설에 대한 확신이 굳었기 때문이다.[41]

과학자, 의사, 기업가, 교육가 들은 현재까지도 여전히 일차원적 개념의 IQ 점수에 의존해 지능을 평가한다. 하지만 그 개념을 인정한다 치더라도 음악 지능이나 예술 지능이나 운동 지능 등 지능은 그 종류가 다양하다. 물론 한 개인의 일종의 '전반적 지능', 즉 한 개인의 아주 여러 영역에 적용시킬 수 있는 그런 지능이 존재한다는 생각을 떨쳐내기는 힘들다. 실제로 우리는 어떤 사람이 다른 사람보다 똑똑하다는 얘기를 들으면 어떤 지적 업무를 맡기든 더 똑똑한 사람이 더 잘해낼 것이라고 넘겨짚기 마련이다.

하지만 다음의 도표를 보며 지능의 들쭉날쭉한 측면 2가지를 생각해보자. 이 도표는 웩슬러 성인용 지능검사Wechsler Adult Intelligence Scale, WAIS에 따른 두 여성의 점수를 표시해놓은 것이며[42] 참고로 WAIS는 현대의 지능검사에서 가장 보편적으로 활용되는 2가지 검사법 중 하나다.[43] 각 여성에 대해 WAIS 검사의 10가지 부속 테스트로써 어휘력이나 퀴즈 풀기 같은 지능의 여러 가지 차원을 측정했고, 이 모든 부속 테스트 점수를 합산해 IQ 점수를 산출했다.

어느 여성이 더 똑똑할까? WAIS에 따르면 두 여성 모두 지능은 IQ 103점으로 똑같다. 그리고 두 여성 모두 IQ 100점으로 규정돼 있는 평균 지능에 가깝다. 결국 어떤 일자리에 가장 똑똑한 지원자를 채용하려는 상황이라면 두 여성에게 모두 똑같은 등급을 매길 만하다. 하지만 두 여성은 각자 지능의 강점과 약점이 확연히 다르며 따라서 이 여성들의 재능을 판단하는 것이 목적이라면 IQ 점수에 의존할 경우 확실히 오판의 소지가 다분하다.[44]

신체 치수와 마찬가지로 WAIS를 통해 측정된 지능의 각 차원들 간에는 상호 연관성이 그리 강한 편이 아니다.[45] 즉 지적 재능은 들쭉날쭉해서 IQ 점수 같은 일차원적 값으로는 평가하기나 판단하기가 불가능하다. 그런데 현재까지도 한 사람의 지능을 단 하나의 등급이나 수치로 평가하고 싶은 유혹을 뿌리치기란 웬만해선 힘들다. 그러나 지능의 일차원적 평가의 오류는 이 도표상의 지능 단면들을 통해 나타난 것보다 훨씬 더 심각하다. 지금껏 과학자들의 조

지능의 들쭉날쭉한 측면

사에서 드러났듯 지능을 더 세분해서, 이를테면 단어의 단기 기억이나 이미지의 장기 기억을 비교해보면 이런 '미세차원microdimension'에서도 상호 연관성이 약한 것으로 나타난다.[46] 지능을 아무리 미세하게 나눠 살펴봐도 그 들쭉날쭉성에는 변함이 없다.

이 모두를 종합해보면 한 가지 의문이 들 수밖에 없다. 인간의 능력이 들쭉날쭉하다면 그토록 많은 심리학자, 교육가, 기업 임원이 여전히 일차원적 사고를 통해 재능을 평가하는 이유는 뭘까? 우리 대다수가 평균주의 과학에 길들여져 은연중에 개개인보다 시스템을 우선시하기 때문이다. 약한 상호 연관성을 바탕 삼아 편리한 평가 시스템을 구축하는 방법도 개연성이 없지는 않다. 재능에 대한 일차원적 견해에 따라 직원을 선발할 경우 개개인에 대해 틀린 판단을 내릴 여지가 있긴 해도 **평균적으로 따질 때** 무작위로 직원을 선발하는 것보다는 더 나을 테니 말이다.

그 결과 우리는 스스로를 납득시켜왔다. 약한 상호 연관성은 아직 해명되지 않은 뭔가가 있다는 의미라고. 심리학계와 교육계의 대다수 분야에서는 (이를테면 SAT 성적과 대학의 첫 학기 성적 사이의 상호 연관성이)[47] 0.4가 나오면 중요하고 유의미한 뭔가를 발견했다고 추정하는 것이 보통이다. 하지만 상호 연관성을 수학적으로 따질 경우 두 차원 간의 상호 연관성이 0.4로 나오면 각 차원의 행동에 대해 겨우 16퍼센트가 설명된다는 의미다.[48] 어떤 것의 16퍼센트를 설명할 수 있다면 그것을 제대로 이해하는 것일까? 당신 차에 무슨 문제가 있는지에 대해 16퍼센트를 설명해줄 수 있는 수리공이라면 그 수리공에게 선뜻 수리를 맡기겠는가?

물론 개개인보다 시스템의 효율성에 더 주안점을 둔다면 평균적으로 16퍼센트를 이해하는 것이 전혀 이해하지 못하는 것보다는 명백히 낫다. 게다가 그 정도면 사람들의 **그룹**을 위한 정책을 세우는 데는 충분할 수도 있다. 하지만 개개인의 장기를 가려내 양성하는 것이 목표라면 약간 얘기가 달라진다. 다시 말해, 그 목표를 제대로 이루기 위해서는 모든 개개인 특유의 들쭉날쭉성에 주의를 쏟아야만 한다는 것이다.

구글의 인재 채용법

토드 칼라일은 2004년에 구글 인사부에서 분석 업무를 맡으면서 신입 사원 충원이 필요한 구글 프로젝트 팀장들과 이 프로젝트 팀장들이 채용 결정 시에 참고할 만한 입사 지원자들의 '채용 관련 서류'를 준비해주는 채용 담당자들 사이의 상호 교류를 원활하게 촉진시키려 노력했다. 당시만 해도 채용 관련 서류에서는 입사 지원자의 GPA와 표준화 시험 점수가 중요하게 다뤄졌다. 하지만 칼라일이 가만히 살펴보니 아주 흥미로운 현상이 감지됐다. 채용 담당자들에게 입사 지원자들에 대한 별도의 추가 정보를 요청하는 프로젝트 팀장들이 점점 늘고 있었던 것이다.[49] 팀장에 따라 입사 지원자들의 프로그래밍 경진 대회 참가 여부를 알려달라고 요청하는

가 하면, 입사 지원자들에게 체스나 밴드 활동 같은 취미 생활이 있는지를 알려달라고 요청하기도 하는 등 모든 프로젝트 팀장이 채용 결정을 내릴 때 참고하기를 원하는 나름대로의 추가 정보들이 있는 듯했다.

다음은 칼라일이 나에게 들려준 이야기다. "어느 날 문득 깨달았습니다. 전통적인 기준, 그러니까 등급이나 시험 점수가 정말로 훌륭한 기준이라면 왜 그렇게들 누가 봐도 비전통적인 기준들을 추가로 보완하려는 것일까, 하는 생각이 들더군요. 그래서 그때 실험을 감행하기로 마음먹었죠."[50] 칼라일은 저 바깥에 구글이 놓치고 있는 수많은 인재들이 있을지 모른다는 개인적 생각을 품으며 몇 개 안 되는 소수의 익숙한 기준들을 지나치게 강조하는 것이 문제점의 하나라고 판단했다. 아무래도 전체 입사 지원자의 복잡한 면모를 종합적으로 살펴보는 식으로 구글의 직원 채용 접근 방식에 변화를 주는 편이 바람직할 것 같았다. 다만 구글에서의 중대 결정은 주로 지시보다는 합의에 따라 이뤄지는 만큼 프로젝트 팀장들에게 다차원적 관점을 통한 재능 평가의 중요성을 납득시키려면 조사가 필요했다. 어떤 차원의 재능이 구글에 쓰임새 있는 인재를 알아보게 해줄 것인가에 대한 자신의 생각만이 아니라 프로젝트 팀장들과 임원들이 뛰어난 직원의 자질로 연결 지을 만한 **모든 요소**들을 체계적으로 검증해줄 그런 조사부터 벌여야 했다.

가장 먼저 칼라일은 무려 300가지 이상의 차원(칼라일은 '요소'라고 이름 붙였다)을 목록으로 짜며 여기에 표준화 시험 점수, 학위, GPA 같은 전통적 요소뿐만 아니라 다른 팀장들이 중요하다고 지목한 비교적 특이한 요소들(예를 들어 구글의 한 주요 임원은 컴퓨터에 처음 흥미를 갖게 된 때가 몇 살이었는지도 중요한 요소일 수 있다는 견해를 냈다)까지 두루 포함시켰다. 그다음에는 이 요소들 가운데 사실상 성공적 직원 발굴과 결부된 요소들을 분석해내기 위한 검증을 거듭했다. 그 결과는 놀랍고도 명확했다.[51]

검증 결과 SAT 점수와 출신 학교의 명성은 재능을 미리 예견케 해주는 지표가 되지 못했다. 프로그래밍 경진 대회의 우승 역시 마찬가지였다. 성적은 어느 정도 중요한 예견 지표였으나 그것도 졸업 후 3년 동안만 그러했다. "하지만 저나 구글의 많은 사람들이 정말로 놀랐던 부분은 따로 있었어요. 자료를 분석해보니 구글의 대다수 업무 영역에서 단 하나의 변수가 중요한 지표가 되는 경우는 없었습니다. 아니, 단 하나의 업무 영역에서도 그런 경우가 없었다고 해야 맞겠네요."[52]

다시 말해, 구글에서 재능을 발휘할 만한 방식에는 여러 가지가 있었다는 얘기이자 구글이 직원 채용을 최대한 잘하고 싶다면 그 모든 방식에 세심히 신경을 써야 했다는 얘기였다. 칼라일은 구글 인재의 들쭉날쭉성을 감지했고 그에 따라 구글의 신입 사원 채용 방식에 변화를 줬다. 어떤 입사 지원자든 졸업 후 3년이 지나면 시험 성적은 무용지물임이 밝혀진 터라 이제 구글에서는 여간해서는 입사 지원자들에게 GPA를 묻지 않는다. "우리는 이제 출신 학교에 대해서도 예전과 같은 식으로 다루지 않습니다. 이제는 어떤 정보를 수집하느냐만이 아니라 그 정보를 어떻게 다룰지도 신경 써야 합니다. 채용 관련 정보에서 가장 중요하게 주목할 요소에 집중해야 합니다. 그 실험 덕분에 팀장들이 직원을 적절히 선발하는 데 유용하도록 입사 지원자들에 대해 보다 완벽한 그림을 그려보게 됐죠."[53]

입사 지원자들의 들쭉날쭉한 재능에 대한 고려는 구글 같은 거대 기업만이 착수할 수 있는 그런 고상한 사치가 아니다. 중소기업들에서도 경쟁 치열한 구직 시장에서 최고의 인재를 감별하고 유치할 수 있는 한 방법이다. IGN은 비디오게임을 비롯한 여러 매스컴 사업에 주력하는 인기 웹 사이트지만 직원 규모는 구글의 1퍼센트도 안 되며 매출액 규모는 그보다도 훨씬 작다.[54] IGN도 처음엔 다른 IT 기업들처럼 직원 채용 방식에서 일차원적 사고를 활용했다. 당연한 얘기지만 전 IT 산업계의 모든 기업이 등급과 표준화 시험 점수 같은 동일한 일차원적 기준을 활용해 직원을 평가한다면 이런 기준 등급의 최상위권에 드는 구직자는 그 수가 소수로 한정되게 마련이며 이 '최상위 등급' 구직자들은 대개 IGN 같은 중소기업보다는 구글이나 마이크로소프트 같은 거대 기업에 입사하기 마련이다.

IGN 임원들은 재능 있는 인재의 영입에서 다른 IT 기업들과 경쟁이 안 되리라는 현실을 깨달았다. 이런 상황에서는 2가지 선택밖에 없었다. (실현 가능성은 희박하지만) 더 많은 급여를 제시하거나 재능에 대한 사고방식을 바꾸거나 둘 중 하나를 택해야 했다. 그에 따라 2011년에 IGN은 코드 푸Code-Foo라는 프로그램을 마련했다. 미발굴된 프로그래밍 인재 찾아내기를 목표로 내세운 '이력서 배제' 채용 프로그램이었다.[55] 코드 푸는 6주 과정의 유급 프로그램으로서 포부에 찬 프로그래머들에게 새로운 프로그래밍 언어를 배우게 한 뒤에 IGN에서의 실제 소프트웨어 엔지니어링 프로젝트에 참여시키는 방식으로 이뤄졌다.[56] 코드 푸에서 아주 독특한 부분은 IGN 팀장들이 입사 지원자들을 평가하는 방식에 있었다. 입사 지원자들의 학력과 경력을 철저히 무시했다. IGN의 입사 지원자들은 이력서 대신 '열정 소개서'를 제출하면서 4가지 질문에 답하는 것으로 코딩 능력을 검증받았다. 본질적으로 말해 IGN의 원칙은 이런 식이었다. "우리 회사에서는 당신이 전에 무슨 성과를 냈고, 프로그램을 어떤 식으로 배웠는지 따위에는 관심이 없습니다. 단지 당신이 능력이 있고 업무에서 자신의 실력을 발휘하고자 하는 열의에 차 있길 바랄 뿐입니다."

2011년에 104명이 이 코드 푸 프로그램에 지원해 28명이 선발됐는데 그중 절반만이 IT 분야의 학사 학위 소지자였다. 경제지 「패스트 컴퍼니」의 기사에서 밝혔듯이, IGN 사장 로이 바하트는 코드 푸를 통해 직원을 한두 명쯤 채용하게 됐으면 좋겠다고 희망을 걸었는데 실제로는 이 희망을 넘어서서 최종적으로 8명을 채용하게 됐다.[57] 다음은 바하트가 「패스트 컴퍼니」에서 그 결과에 대해 밝힌 소감이다. "최종 채용자들의 이력서를 보면 도저히 그 직종에는 적임자가 되지 못하겠다고 말할 만한 경우는 아닙니다. 하지만 단지 이력서만 보고 판단한다면······ 꼭 예스라고 말할 만한 점도 없는 이들이죠. 말하자면 그 최종 채용자들은 우리가 그동안 간과해왔던 그런 유형들입니다."[58]

조직에서는 처음 들쭉날쭉성을 받아들이면 흔히들 진흙 속에 묻힌 진주를 발굴할 방법을 찾아낸 것 같은 기분을 느낀다. 특이하거나 숨겨져 있던 재능을 알아볼 방법을 찾아냈다고 여기는 것이다. 하지만 들쭉날쭉성의 원칙에서는 다른 관점을 갖는다. 우리가 **간과된** 재능을 알아본 것이라 해도 그 재능은 특이하거나 숨겨져 있던 것이 아니라 진정한 재능이라고. 그동안 쭉 있어왔고, 들쭉날쭉한 특성을 가진 인간에게만 존재할 수 있는 그런 재능이라고. 따라서 진짜 난제는 재능을 구별할 새로운 방법 찾기가 아니라, 알아보지 못하게 시야를 방해하는 일차원적 눈가리개를 제거하는 일이다.

물론 가장 시급하게 제거해야 할 눈가리개는 우리 자신을 바라볼 때 들이대는 눈가리개들이다.

진흙 속 진주 찾기

나는 웨버주립대학교에서 학위 취득 요건을 다 채워갈 때쯤 신경과학 관련 분야로 대학원에 지원할 결심을 세웠다. 입학이 허가된다면 친가와 외가를 통틀어 우리 집안에서 최초로 대학원에 진학하는 사례가 되는 것이었다. 당시에 나는 대학에서 인생 역전을 일귀내며 꽤 좋은 성적을 얻었을 뿐만 아니라 두 교수님에게서 적극적 지지 의사가 담긴 추천서도 받았다. 단 한 가지 걸림돌이 있다면 그것은 표준화된 시험이었다.

내가 지원하려는 과학 전공 대학원 프로그램에서는 예외 없이 치러야만 하는 시험인 GRE Graduate Record Examination(대학원 입학 자격시험)에서도 좋은 성적을 내야만 했다.[59] 당시에 GRE는 세 영역으로 구성돼 있었다. 수리 영역과 언어 영역, 그리고 논리적 사고 능력 평가를 위해 마련된 이른바 분석적 추론 영역이었다. 이 분석적 추론 영역은 다음과 같은 식으로 문구에 까다로운 단어 문제가 들어갔다. "잭, 제니, 지니, 줄리, 제리, 제레미가 다 같이 만찬 모임에 갔다. 잭은 제니를 좋아하지 않고, 지니는 제레미를 좋아하지 않고, 줄리는 제리를 사랑하며, 제니는 툭하면 줄리의 저녁 빵을 뺏어 먹는다. 모두가 원형 식탁에 둘러앉아 식사할 예정이라면 당신은 제레미의 왼쪽에 누구를 앉히겠는가?"

나는 GRE를 치르기 6개월 전부터 시험에 대비했지만 시험이 불과 2주 앞으로 다가왔을 무렵 상황은 불길해 보였다. 그때까지 모의시험을 20번 정도 치렀는데 수리 영역과 언어 영역에서는 성적이 꾸준히 좋게 나왔으나 분석적 추론 영역에서는 형편없었다. 백분위수 10번째(시험을 본 전체 학생의 90퍼센트보다 성적이 나쁘다는 의미다—옮긴이)를 넘은 적이 한 번도 없었다. 분석적 추론 영역에서 만점을 받았던 지도 강사가 비법을 알려줘서 그의 비법을 따라 여러 번 충분히 연습하면 나중엔 성적이 나아질 거라고 기대했지만 헛된 기대였다. 줄리와 제니와 지니 들이 모두 뭉개져 흐릿해 보여서 제대로 답을 추론할 수가 없었다. 나는 다시 한 번 내 모든 꿈이 돌연 무산될 가능성 앞에 놓였다. 어느 대학원 프로그램이 시험에서 백분위수 10번째 성적을 낸 사람을 받아주겠는가 싶은 막막함 때문이었다.

나는 부모님 집에서 공부를 하고 있었는데 너무나 좌절감이 들어서 펜을 방 저편으로 휙 내던졌다가 멋모르고 그 앞을 지나가던 아버지를 맞힐 뻔했다. 결과적으로 나로선 다행스럽게도, 아버지는 내 쪽으로 다가와 무슨 걱정이 있느냐고 물어봤다. 나는 분석적 추론 영역에서 성적이 나오지 않는다고 털어놓으며 내가 문제를 푸는 방식을 보여드렸다.

"그런 식으로 풀면 문제를 거의 머릿속으로 풀어야겠는데." 아버지가 지적했다.

"당연하죠. 이런 문제는 그렇게 풀어야 하니까요." 나는 그렇게 대꾸하며 속으로 이렇게 생각했다. '어쨌든 내 지도 강사가 그런 방식으로 만점을 받았고 나와 같이 배우는 시험 대비반의 다른 대다수 수강생들도 그 방식을 활용해서 백분위수 80번째의 성적을 받았다고요.'

"하지만 너는 작업 기억working memory(정보들을 일시적으로 보유하고, 각종 인지적 과정을 계획하고 순서 지으며 실제로 수행하는 작업장으로서 기능하는 단기적 기억-옮긴이)이 별로 뛰어나지 않잖니. 굳이 작업 기억을 요구하는 방식으로 문제를 풀 이유가 있을까?" 내가 기하학을 잘한다는 점을 꿰고 있던 아버지는 이렇게 말을 이었다. "넌 시각적 사고가 아주 뛰어나니까 시각적 사고에 의존하는 문제 풀이 방법을 활용하는 편이 좋을 것 같구나."

아버지는 자리에 앉더니 각 문제를 일종의 시각적 표로 전환하는 방법을 알려주며 제리와 제니와 줄리의 관계를 확실하고 명확하게 추론하게 해줬다. 그런 식의 방법은 나에겐 정말로 식은 죽 먹기였다. 처음엔 제대로 문제를 풀 수 있을지 의심이 들었지만 실제로 문제를 연달아 풀어봤더니 매번 정답을 맞혔다. 믿기지가 않았다. 2주 뒤 나는 GRE를 봤고 분석적 추론 영역에서 최상위권 성적을 받았다.

내 GRE 지도 강사가 알아낸 문제 풀이 방법은 그 자신의 들쭉날쭉한 지능에는 잘 맞았으나 나의 들쭉날쭉한 지능에는 그다지 맞지 않았던 것이다. 그런 상황에서 운 좋게도 아버지가 나의 들쭉날쭉성을 더 확실하게 알아봐줬다. 아버지 덕분에 나는 내 문제를 제대로 파악했다. 나의 문제는 약한 분석력이 아니었다. 모의시험에서 지도 강사의 방법대로 풀며 번번이 쓴맛을 보면서 선택했던 일차원적 관점이 아니라, 나의 가장 취약한 지능, 즉 작업 기억에 의존해 문제를 풀려고 했던 것이 문제였다. 그러다 아버지 덕분에 내 강점을 발휘할 만한 전략을 깨닫게 되면서 비로소 시험문제의 답을 제대로 풀며 내 진정한 재능을 펼칠 수 있었다.

나는 아버지에게 감사의 빚을 졌다. 아버지가 나의 들쭉날쭉한 측면, 즉 개개인성을 사려 깊게 살핌으로써 값진 조언을 해준 덕분에 내 삶의 경로가 바뀌었다. GRE의 분석 문제 풀이법을 시각적 방법으로 전환하지 않았다면 나는 그 시험에서 형편없는 점수를 받았을 테고 그랬다면 결국엔 하버드대학교에도 들어가지 못했을 것이다. 이것이 바로 개개인성의 첫 번째 원칙이 가진 힘이다. 다른 사람들의 재능의 들쭉날쭉성, 즉 우리 아이들, 직원들, 학생들의 들쭉날쭉한 측면을 인정할 줄 알게 되면 그들의 미발굴된 잠재력을 알아보고 그런 강점을 제대로 활용하도록 이끌어주는 동시에 약점을 간파해 그 약점을 개선하도록 도와줄 가능성이 그만큼 높아진다. 실제로 아버지는 나에게 그런 도움을 줬다.

한편 자기 자신의 들쭉날쭉성을 인식하게 되면 재능에 대한 일차원적 관점에 사로잡혀 자신의 역량을 제약당할 위험이 그만큼 줄어든다. 내가 만약 GRE를 망쳤다면 어땠을까? 나는 (그 시험이 **필연적으로** 전해주는 메시지에 따라) 스스로를 대학원 진학에 필요한 자질을 갖추지 못한 사람으로 결론 내리면서 나 자신에 대한 기대치를 떨어뜨렸을 것이다.

우리 자신의 잠재력을 충분히 깨닫고 우리의 장래성에 대한 자의적이고 평균 중심인 견해의 굴레에 속박당하지 않기 위해서는 우리 자신의 들쭉날쭉성을 인정하는 것이 그 첫걸음이다.

제5장

본질주의 사고 깨부수기

당신은 외향형인가, 내향형인가? 언뜻 보기엔 간단한 이 질문은 사실 심리학에서 가장 해묵고 가장 논란 분분한 논쟁거리, 즉 성격의 본질이라는 문제와 결부돼 있다. 이 논쟁의 한쪽 편에는 **특성심리학자**trait psychologist들이 자리 잡고 있다. 이 분야의 심리학자들은 우리 인간의 행동이 내향성이나 외향성 같은 명확한 성격 특성들로 규정된다는 주장을 펴고 있으며 그 과학적 뿌리는 인간의 기질과 성격이 "우리 인간 행동의 항구적 본질이자 영속적 요소"라고 주장한 바 있던 프랜시스 골턴에게로 거슬러 올라간다.[1]

반면 또 다른 편에서는 **상황심리학자**situation psychologist들이 우리 인간의 성격은 개인적 특성보다 환경에 더 크게 영향을 받는다고 주장한다. 문화와 직접적 환경이 우리의 행동 방식을 좌우한다고 믿으면서, 이를테면 폭력 영화가 사람의 공격성을 부추길 가능성이 높다는 식의 주장을 편다.[2] 이들 상황심리학자들의 뿌리는 골턴 못지않게 권위 있는 인물이자 다음의 주장으로 유명한 아돌프 케틀레다. "범죄를 키우는 것은 사회이며 범죄자들은 그 범죄가 실행되는 도구일 뿐이다."[3]

이쯤에서 상황주의 실험의 전형으로 꼽히는 예일대학교 심리학자 스탠리 밀그램Stanley Milgram의 유명한 복종 연구를 들여다보자.[4] 이 연구에서는 참가자들에게 다른 방에 있는 사람이 질문에 틀린 답을 할 때마다 그 사람에게 (15볼트에서부터 치명적일 수도 있는 450볼트까지의) 전기 충격을 가하도록 했다. 참가자들에게는 알리지 않았으나 다른 방에 있는 사람들은 배우였고 실제로 전기 충격을 받지도 않았다. 밀그램은 이 연구를 통해 사람들이 권위자의 명령에 따라 어쩔 수 없이 타인에게 해를 가하게 되는 수준이 어느 정도나 될지 알고 싶었다. 그 결과는 놀라웠다. 다른 방의 사람이 심장이 안 좋다고 언급하며 하지 말아달라고 사정하거나 더 이상 아무런 반응을 나타내지 않았던 순간조차 최대치인 450볼트까지 전기 충격을 가한 사람들이 65퍼센트에 달했던 것이다.[5] 상황주의자들에 따르면 이런 연구 결과는 고압적 상황이 대다수 사람들의 행동에 영향을 끼쳐 심지어 잔인한 행동으로까지 내몰기도 한다는 증거였다.

20세기 동안 학계에서는 특성론자들과 상황론자들이 숱한 토론과 실험을 벌이며 치열한 공방을 펼쳤으나 1980년대에 이르면서 특성심리학자들이 확실한 승자로 올라섰다.[6] 상황심리학자들은 **대다수**의 사람이 평균적으로 어떤 상황에서 어떻게 행동할지를 예측할 수는 있었으나 특정 **개개인**이 어떻게 행동할지는 예측하지 못했다. 예를 들어 대다수 사람은 권위자에게 명령을 받으면 잘 모르는 애꿎은 타인에게 전기 충격을 가하게 돼 있다고 예측할 수는 있었지만 신시내티 출신의 메리 스미스가 탤러해시 출신의 아비가일 존스보다 그런 행동을 할 가능성이 더 높은지 아닌지는 예측하지 못했다.

반면에 특성론자들은 특정 개개인의 행동을 더 잘 예측해냈다. 적어도 **평균적으로** 따지면 예측률이 더 높았다. 뿐만 아니라 기업에 훨씬 더 유용한 도구를 마련해주기도 했다. 바로 성격 유형 검사였다. 오늘날 직원들을 대상으로 하는 특성 중심의 성격 검사 종류는 연간 2,500종에 이른다.[7] 한 예로, 「포춘」 선정 100대 기업 가운데 89곳, 대학 수천 곳, 정부 기관 수백 곳은 마이어브릭스 유형지표Myers-Briggs Type Indicator, MBTI 검사를 활용해 사람들을 4가지 차원의 성격 평가에 따라 16개의 유형으로 분류하고 있다.[8] 한편 세일즈포스닷컴Salesforce.com은 에니어그램Enneagram 성격 테스트에 의존해 지원자들을 평가하면서 9가지 성격 유형으로 구분한다(예를 들면 '유형 8'은 '도전자형'으로 구분하는 식이다).[9] 이 밖에도 우리의 성격 특성만을 측정·분류하는 분야에 전적으로 주력하는 또 다른 검사들을 모두 합하면 그 산업 규모는 5억 달러에 이른다.

하지만 특성론이 대세로 올라선 최대 이유라면 우리 자신과 타인을 대하는 우리의 개인적 의식이 잘 맞는 것처럼 느껴지기 때문일 것이다. 예를 들어 우리는 마이어브릭스 유형지표를 접하게 되면 본능적으로 우리의 성격을 그 체계에 따라 구분하면서 선뜻 자신이 내향형인지 외향형인지, 사고형인지 감정형인지, 판단형인지 인식형인지 결정하는 경향이 있다. 마찬가지로, 가장 친한 친구나 앙숙에 대해 어떤 성격인지 누군가 물어오면 그 사람의 두드러지는 특성들을 늘어놓는 경향이 강하다. 이를테면 듬직하고 낙천적이고 충동적이라거나, 시비를 잘 걸고 까칠하고 이기적이라는 식으로 이야기하기 십상이다. 마찬가지로, 내향적인 친구를 몇 명 대보라고 해도 대체로 별 어려움 없이 술술 이름을 말한다.

우리를 일련의 특성에 따라 평가하는 검사들이 인기를 끄는 이유는 어떤 사람의 성격에 대한 본질을 규정하고 있는 그런 특성들을 알면 그 사람의 '진짜' 정체성을 꿰뚫을 수 있다는 우리의 뿌리 깊은 확신을 만족시켜주기 때문이다. 사실 우리는 어떤 사람이 다정한지 쌀쌀한지, 게으른지 부지런한지, 내향적인지 외향적인지의 여부는 본질적으로 그 사람의 영혼 깊숙이 은밀하게 내재돼 있어서 이런 성격 규정이 그 어떤 환경이나 업무에서든 진가를 발휘하기 마련이라고 믿는 경향이 있다. 이런 믿음을 가리켜 **본질주의 사고**essentialist thinking라고 한다.[10]

본질주의 사고는 **유형화**의 결과인 동시에 원인이기도 하다. 우리는 누군가의 성격 특성을 알면 그 사람을 특정 유형으로 분류해도 된다고 여긴다. 그리고 누군가가 특정 유형에 해당한다는 것을 알면 그 사람의 성격과 행동을 결론지을 수 있다고 여긴다. 나는 7학년 때 그런 식의 결론짓기를 겪었다. 영어 수업 중에 종이를 씹어 훅 불어서 맞히는 장난을 벌인 뒤의 일이었다. 그 사건으로 (당연히) 나는 상담실로 불리어 갔고 그때가 내 첫 번째 상담실 방문이 아니었던 터라 공격성 척도 질문지를 작성해야 했다. 그 결과 내가 백분위수 70번째쯤에 든다는 평가가 내려졌다. 학교에서는 학부모 면담을 요청했고 상담 교사는 부모님과의 면담 자리에서 그 자신의 견해에 따라 내가 '공격 성향 아동'이라고 알리며 증거를 꼬치꼬치 짚어줬다. 종이 씹어 불기, 그해 초에 벌였던 싸움을 비롯해 움직일 수 없는 증거인 질문지 결과까지 모조리 말이다.

상담 교사는 공격성이 내 성격의 본질적인 단면이라고, 즉 내가 어떤 사람인지를 규정짓는 특징이라고 믿었고 당연히 그럴 만했을 테지만 이런 인식을 바탕으로 나에 대해 예측을 내릴 수 있다고 여겼다. 상담 교사는 부모님에게 나의 심리 상담을 권하며 공격 성향이 강한 아동은 대체로 학교생활에 애를 먹으며 대학 진학의 압박에도 잘 적응하지 못한다는 주의의 말을 했다. 내가 권위자들과의 관계가 원만하지 못해서 상담을 제대로 받지 않으면 나중에 직장생활을 제대로 못 할지 모른다고도 알려줬다. 본질주의 사고에 의존해 사람들을 평가하는 이유가 바로 여기에 있다. 즉 누군가의 특성을 알면 그 사람이 학교나 직장생활에서, 혹은 심지어 (데이트 사이트들의 표현 그대로) 로맨틱 파트너로서 어떻게 행동할지 예측할 능력이 생기는 것처럼 느껴지기 때문이다.[11]

하지만 여기에는 문제가 있다. 사람들 **그룹**의 평균적 행동의 예측이 아닌 개개인의 행동 예측에 관한 한 특성은 사실상 별 역할을 못 한다. 사실 공격성과 싸움에 휘말리기, 외향성과 파티 즐기기 등 성격 특성과 행동 사이의 상호 연관성은 0.30을 넘는 경우가 좀처럼 없다.[12] 0.30이라면 얼마나 약한 상호 연관성일까? 상호 연관의 수리로 풀어보면 이 정도의 상호 연관성이라면 성격 특성이 행동의 9퍼센트를 설명해준다는 의미다. 겨우 9퍼센트다! 특성 중심의 성격 평가와 학업 성취도, 직업 성취도, 로맨스 성공 사이의 상호 연관성 역시 낮기는 마찬가지다.[13]

우리의 성격과 행동이 몇 개의 특성들로 설명되지 않는다면 대체 우리의 성격을 어떻게 설명하느냐고? 어쨌든 우리의 행동이 무작위적이지 않은 것은 사실이다. 하지만 오로지 상황에 따라서만 전적으로 좌우되지도 않는다. 특성론과 그 특성론을 뒷받침해주는 본질주의 사고가 인간의 행동을 제대로 설명해주지 못하는 이유는 개개인성의 두 번째 원칙인 **맥락의 원칙**context principle을 철저히 무시하기 때문이다.

맥락의 원칙

워싱턴대학교 교수 유이치 쇼다Yuichi Shoda는 아동 발달 연구 분야에서 손꼽히는 권위자이자 내가 개인적으로 전 심리학계를 통틀어 특히 좋아하는 과학자다.[14] 특성론자들과 상황론자들 사이의 학술 논쟁이 최고조로 치달았던 1980년대에 스탠퍼드대학교 대학원에 재학 중이던 쇼다는 성격 연구에 착수했다. 결국 이 연구로 인해 뜻하지 않게 성격 논쟁의 한복판으로 휘말려 들어가게 됐으나 어느 쪽의 편에도 서지 않았다. 일찍부터 두 접근법 모두가 불완전하며, 따라서 궁극적으로 잘못됐음을 직감하고 있었기 때문이다.[15]

쇼다는 인간 성격에 분석적이고도 체계적으로 접근하며 기존의 가정을 내팽개쳤다. 그 과정에서 특성론과 상황론 사이의 끝날 줄 모르는 논쟁이 그 분야의 진전을 가로막고 있다는 확신이 생겼다. 두 접근법 모두 개개인의 진정한 복잡성이라고 여기는 부분에 대해 설명해주지 못했기 때문이다. 쇼다는 성격을 다루는 제3의 사고방식도 있다고 여겼다. 특성이나 상황의 관점에서가 아니라 특성과 상황이 **상호작용하는** 방식의 관점에서의 또 다른 사고방식이었다. 그렇다고 해서 이 사고방식이 타협적인 관점이었던 것은 아니다. 오히려 쇼다 자신이 맞는다면 그 해묵은 성격 논쟁의 양쪽 진영 모두가 틀리는 셈이 되는 것이었다.[16]

쇼다는 다른 과학자들에게 이 이론의 타당성을 납득시키기 위해서는 아주 설득력 있는 연구가 필요하다고 생각했다. 개개인이 다양한 환경에서 나타내는 행동과 관련된 방대한 자료를 수집해 연구를 펼쳐야 했다. 다만, 실제로 그런 다양한 환경 속에서 생활하는 성인들을 연구하기란 실행 가능성이 낮은 일이었다. 근무 중일 때를 비롯해 하루 종일 개개인들을 쫓아다니며 관찰하는 과정이 거의 필수적이기 때문이다. 그래서 쇼다는 대안을 택해, 뉴햄프셔주의 웨디코 칠드런스 서비스라는 숙박형 여름 캠프 프로그램에 참가한 아동들을 연구하기로 했다.[17]

웨디코 여름 캠프 프로그램에 참가한 아이들은 연령대가 6~13세였고 대부분이 보스턴의 저소득 가정 출신이었다. 쇼다는 6주에 걸쳐 캠프 활동 시간 동안 매 시간마다 캠프장 주변에서 아이들 84명(남자아이 60명과 여자아이 24명)을 추적 관찰하면서 화장실을 제외한 웨디코 캠프 프로그램이 진행되는 모든 장소에서의 아이들의 행동을 기록했다. 쇼다는 이 방대한 규모의 일을 원활히 수행하기 위해 캠프 상담사 77명의 힘을 빌렸다. 이들 상담사들이 아이들을 관찰하며 기록한 시간은 총 1만 4,000시간이 넘었는데 이를 평균 내면 아동별로 167시간이었다. 캠프 상담사들은 한 시간마다 모든 아동에 대한 주관적인 평가를 적어주기도 했다.[18]

그해 여름이 끝나갈 무렵 쇼다는 이렇게 수집한 방대한 자료를 공들여서 꼼꼼히 살펴봤다. 가장 먼저 각 아동의 개별적 행동을 분석한 다음 공통적인 패턴을 찾아본 결과 논란의 여지 없이 명백한 동시에 본질주의 사고에 직격탄을 날릴 만한 사실이 밝혀졌다. 즉 모든 아동이 상황에 따라 여러 가지의 다른 성격을 나타내는 것으로 나타났다.[19]

어떤 의미에서 보면 현재로선 이런 사실이 그리 놀랍지도 않을뿐더러 대뜸 이렇게 되물을 만한 일이다. "우리가 환경에 따라 다르게 행동하는 거야 당연한 얘기 아닌가요?" 하지만 잠시 성격의 특성 모델을 생각해보자. 예를 들어, 마이어브릭스 유형지표에서는 우리의 특성이 본질적으로 환경에 따라 변한다는 주장은 절대로 하지 **않는다**. 오히려 그 반대의 주장을 펴서 내향형이냐 외향형이 냐 등의 기질이 상황과는 무관하게 우리의 행동을 좌우한다는 주 의를 취한다. 특성 중심의 성격 검사에서는 우리 인간은 외향형 **아 니면** 내향형이며…… 둘 다일 수는 없다고 추정한다. 하지만 쇼다 가 조사해본 결과 실제로는 모든 아동에게 두 성향이 다 **있었다**.[20]

이를테면 어떤 여자아이는 매점에서는 외향적이지만 운동장에 서는 내향적인 모습을 보였다. 또 어떤 남자아이는 운동장에서는 외향적이지만 수학 수업에서는 내향적이기도 했다. 게다가 행동을 좌우하는 결정적 요소는 상황만이 아니었다. 두 여자아이를 예로 살펴봤더니 한 아이는 매점에서는 내향적이면서 교실에서는 외향 적이기도 한 반면 다른 아이는 매점에서는 외향적이면서 교실에서 는 내향적이기도 했다. 어떤 경우든 행동 방식이 개개인과 상황 모 두에 영향을 받았다는 얘기다. 한 사람의 '본질적 기질' 따위는 없 었다. 물론 어떤 아동은 **평균적으로** 내성적인 편이거나 외향적인 편 에 더 가깝다고 말할 수는 있었고, 사실 이 부분은 바로 특성심리 학에서 주장하는 것이기도 하다. 하지만 평균에 의존해 판단할 경 우 한 사람의 행동에서 중요한 세부 요소들을 모조리 놓치는 셈이 었다.

쇼다가 밝혀낸 결론은 특성론의 기본 신조를 정면으로 반박했 다. 성격을 **평균적으로** 평가하는 방식은 일단의 그룹에 대한 개괄적 결론을 끌어내려는 학자들에게는 충분히 만족스러울 테지만 당신이 해당 직종에 최적임자인 직원을 채용하거나 어떤 학생에게 최대한 도움이 될 만한 상담을 해주려 할 경우라면 미흡하다. 더군다나 **당신** 자신에 대해 규정하는 경우라면 턱없이 미흡하다. 당신 자신을 단순히 '너그러운' 사람이나 '인색한' 사람으로 규정 내린다면 당신이 투철한 사명감을 바탕으로 운영난을 겪는 비영리단체에는 기부금을 내는 반면 돈 많은 모교에는 기부를 하지 않는 사실을 제대로 설명하지 못한다. 한편 쇼다의 결론은 상황론과도 대치됐다. 쇼다가 수집한 자료에 따르면 그 어떤 상황이든 사람마다 다르게 영향을 끼치는 것으로 증명됐기 때문이다. 놀랄 얘기도 아니겠지만 대다수 성격심리학자들은 쇼다가 밝혀낸 결과를 전해 들었을 때 정신측정학자들이 피터 몰레나의 에르고딕 스위치 얘기를 처음 들었을 때와 똑같은 반응을 보였다. 혼란만 조장한다며 쇼다를 비난했으니 말이다.

성격심리학자들이 생각하기에 쇼다의 결론대로라면 인간의 성격에는 일관적인 면이 없으며 인간의 행동은 소용돌이처럼 끊임없이 변화해서 그때그때마다 이렇게 저렇게 변한다고 암시하는 것이었다. 또 성격론자들로선 특성이 더 이상 안정적이지 않다면 모델을 세울 기반이 흔들리는 셈이었다. 하지만 쇼다는 성격의 개념을 폄하한 것이 아니었다. 오히려 사람과 맥락을 결합시킴으로써 성격론에 활력을 불어넣어줬다. 사실 쇼다는 우리 인간의 정체성에는 어느 정도의 일관성이 있음을 증명했다. 다만, 그것이 사람들이 으레 생각하는 그런 일관성이 아닌 **특정 맥락 내에서의** 일관성일 뿐이다. 쇼다의 결론에 따르면 (뒤이어 이뤄진 수많은 연구들에 의거하더라도 마찬가지지만) 당신이 오늘 운전하는 동안 신경과민일 정도로 조심스럽게 행동했다면 내일 운전을 할 때도 신경과민일 정도로 조심스럽게 행동할 것이 아주 확실하다. 한편 당신은 일관적이지 않은 모습의 당신이 되기도 한다. 이를테면 인근 호프집이라는 맥락에서 같은 밴드 멤버들과 비틀스의 리메이크 곡을 연주할 때는 신경과민일 정도로 조심스럽지 **않은** 모습을 보이기도 하는 식이다.

쇼다의 연구는 개개인성의 두 번째 원칙인 **맥락의 원칙**을 구체적으로 밝혀준 것이었다. 맥락의 원칙에 따르면 개개인의 행동은 특정 상황과 따로 떼어서는 설명될 수도 예측될 수도 없으며 어떤 상황의 영향은 그 상황에 대한 개개인의 체험과 따로 떼어서는 규명될 수 없다.[21] 다시 말해 행동은 특성이나 상황에 따라 결정되는 것이 아니라 이 둘 사이의 독자적 상호작용을 통해서 표출된다. 어떤 사람을 이해하고 싶다면 그 사람의 평균적 경향이나 '본질적 기질'을 이야기하는 방식을 취해서는 길을 잃기 십상이다. 그보다는 그 사람의 맥락에 따른 행동, 특징에 초점을 맞추는 새로운 사고방식이 필요하다.

상황 맥락별 기질

쇼다는 제목도 적절하게 잘 붙인 책 『맥락 속의 인간: 개개인의 과학 세우기The Person in Context』에 자신이 개척해서 밝혀낸 이 결론을 잘 요약해놓았다.[22] 이 책에서 쇼다는 본질주의 사고의 대안으로서 이른바 '상황 맥락별 기질if-then signature'을 소개한다.[23] 예를 들어 당신이 잭이라는 이름의 동료를 이해하고 싶어 한다면 "잭은 외향적이야."라는 식의 말은 그다지 도움이 되지 않는다. 쇼다는 이와는 다른, 다음과 같은 방식의 성격 묘사를 제안한다. **만약에**(if) 잭이 사무실에 있으면 **그럴 땐**(then) 아주 외향적이다. **만약에** 잭이 수많은 낯선 사람들 사이에 있으면 **그럴 땐** 약간 외향적이다. **만약에** 잭이 스트레스를 받으면 **그럴 땐** 아주 내향적이다.

지금부터는 누군가의 상황 맥락별 기질을 알 경우 실질적으로 유용함을 잘 보여주는 쇼다의 연구 사례 한 가지를 소개해보겠다. 이 연구에서 웨디코 캠프 프로그램에 참가한 2명의 소년을 표준적인 공격성 척도 질문지를 활용해 평가해봤다. 그랬더니 두 소년은 거의 동일한 수준의 공격성을 나타냈는데 본질주의 사고의 렌즈를 들이대 해석할 경우 두 아이의 장래 전망은 비슷하며 비슷한 형식의 개입이 필요하다는 식의 생각에 이를 만했다. 하지만 쇼다의 자료에는 감춰진 차이점이 드러나 있었다. 그것도 두 아이를 이해하는 데 중요한 영향을 끼치는 차이점이었다. 자료를 살펴보니 한 아이는 또래들과 어울릴 땐 공격적이었으나 어른들과 있을 땐 온순

했다. 반면 다른 아이는 어른들과 있을 때 공격적이었으나 또래들과 있을 때 온순했다. 두 아이의 공격성은 확연히 달랐지만 이런 중대한 차이를 특성 중심의 평가 방식에서는 간과했던 것이다. 공격성은 두 아이가 가진 성격의 '본질'이 아니었다. 단지 두 아이에게는 공격성을 띠는 상황과 공격성을 띠지 않는 상황이 있었을 따름이다. 이런 맥락을 무시한 채 두 아이에게 모두 똑같은 평균주의식 꼬리표를 다는 것은 말 그대로 타격을 가하는 일이었다.

아래 도표를 한번 살펴보자. 쇼다의 연구에서 살펴본 두 소년의 공격성에 대한 상황 맥락별 기질을 나타낸 도표다.

나는 쇼다의 연구에 대한 글을 처음 읽었을 때 학창 시절에 '공격 성향 아동'으로 지목됐던 경험이 떠올랐다. 당시에 할머니는 내가 그런 판정을 받았다는 이야기를 듣더니 말도 안 된다면서 부모님에게 이렇게 말씀하셨다. "우리 집에 와서 노는 걸 보면 얌전하

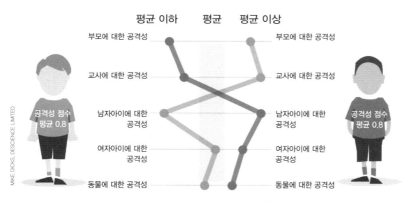

공격성의 상황 맥락별 기질

기만 한 아이인걸!" 이것은 할머니의 맹목적 편애에서 나온 말이 아니었다. 나는 할머니와 있을 때는 정말로 얌전했다. 내 공격성은 위협을 느낄 경우와 같은 아주 특정한 맥락에서 발동됐다. 종이를 씹어 불어서 말썽에 휩싸였던 그 수업의 배경에도 나보다 덩치 큰 애들 셋이 툭하면 나를 못살게 굴던 맥락이 자리 잡고 있었다. 나는 교실 밖에서는 가급적 그 애들을 피해 다녔지만 교실 안에서는 장난꾸러기가 돼 그 애들의 위압감에 대응하기 일쑤였다. 그 애들을 웃게 해주면 그 애들이 나를 덜 건드릴 것 같아서였다. 그 방법은 대체로 잘 통했지만 상담실 호출거리를 만들기도 했다.

학교 선생님들이 (이분들의 대응이 나를 걱정하는 마음에서 비롯됐으리라고 진심으로 믿고 있긴 하지만 어쨌든) 내 행동의 맥락을 이해하려 했다면 좋았을 텐데, 하는 아쉬움이 든다. 그랬다면 나에게 공격적이라는 꼬리표를 붙이는 대신, 또 '문제아'의 낙인을 찍는 대신 도움이 돼줬을 텐데. 왜 내가 **그런 맥락에서** 말썽을 피우는지를 헤아리려 애썼다면 내 성격의 본질을 간파했다고 간주해버리지 않고 담임교사에게 귀띔을 하거나 나를 다른 반으로 옮기는 식으로 중간에서 조정을 해줄 수 있었을 텐데.

이후에 웨버주립대학교에 입학했을 때 나는 나름대로 간파해낸 나 자신의 상황 맥락별 기질을 활용해 수업에 임하는 방법을 바꾸었다. 그중에서도 신입생 시절에 아주 유용했던 한 방법은 나와 같은 고등학교 출신으로 얼굴을 아는 학생들이 있는 강의는 피했던 것이다. 그런 특정 맥락에 놓이면 내가 장난꾸러기처럼 굴게 될 것

같고, 또 강의 시간에 장난꾸러기처럼 굴면 대학 공부를 제대로 못하게 될 것 같아서였다.

　가만히 주의해서 보니 나는 특정 학습지도 스타일에 잘 호응하기도 했다. 나는 스스로 생각하며 이런저런 주장을 내놓도록 자극해주는 선생님들을 특히 좋아했다. 반면에 이미 주지의 사실이니 가만히 앉아서 가르쳐주는 대로 소화시키는 것이 학생의 도리라고 여기는 듯한 선생님들의 수업에서는 답답함을 느끼며 집중을 못했다. 그래서 매 학기 초반이면 6개 과목을 신청해서 과목마다 최소한 한 수업을 들었다. 그 수업에 내가 아는 애가 있거나 교수님 스타일이 나에게 잘 맞지 않으면 해당 과목은 중도에 그만뒀다.

　나는 특정 맥락에서의 내 행동 방식을 파악한 덕분에 대학생으로서나 그 밖의 입장에서나 더 나은 결정을 내릴 수 있었다.

천성이란 없다

　성격에 관한 한 자신의 상황 맥락별 기질을 받아들이기는 어렵지 않다. 자신이 어떤 사람들에게는 공격적으로 굴면서 또 다른 사람들에게는 얌전하고 온순하게 굴기도 한다는 점이든, 자신의 내향성이나 외향성이 특정 상황에 따라 다르다는 점은 선뜻 받아들일 만하다. 하지만 성실성은 어떨까? 의리나 친절함은? 이런 것들은 우리의 타고난 성품일까? 아니면 맥락에 따라 변하는 성품일까?

오랜 세월에 걸쳐 인간의 성품은 뼛속 깊이 뿌리박힌 천성이라는 것이 통설로 굳어져왔다. 예를 들어 이웃집 아들이 동네 편의점에서 사탕을 몰래 훔치려다 들켰다는 얘기를 들으면 본능적으로 그 아이가 다른 물건을 또 훔칠 것이라고 넘겨짚는다. 그 아이가 집에 놀러 오면 아이 혼자만 두고 자리를 뜨기가 꺼려지기 십상이다. 심지어 그 아이에게 도덕성의 결함이 있다고 여기면서 앞으로 또 도둑질을 할 것이 뻔할 뿐만 아니라 학교에서 부정행위를 하고 어른에게 거짓말을 하는 등 다른 비도덕적인 짓도 얼마든지 벌일 만한 아이라고 생각하기 쉽다.

밝혀진 바에 따르면 이는 잘못된 생각이다. 성품은 인간의 모든 행동과 다를 게 없다. 즉 맥락과 분리시킨 채로 이러니저러니 떠들어봐야 헛소리일 뿐이다. 우리 아이들에게 공감력, 존경심, 자제력 같은 도덕성을 어떻게 심어주느냐를 놓고 여전히 뜨거운 논쟁을 벌이고 있는 시대에, 또 전적으로 성실하거나 전적으로 불성실한 사람도 있다고 믿는 시대에 이런 중요한 도덕적 자질 모두가 아주 개별화된 상황 맥락별 기질에 따라 특징지어진다는 개념은 도발적으로 들릴지도 모르겠다. 하지만 성품이 맥락적이라는 이런 개념은 사실 새로운 것도 아니다.

1920년대에 심리학자이자 정식 사제였던 휴 하트숀Hugh Hartshorne은 성품에 대해 대대적인 과학적 연구의 최초 사례로 꼽히는 연구에 착수했다.[24] 당시는 미국 전역의 학교가 표준화되면서 학교가 성품을 가르쳐야 하느냐 마느냐의 문제와 어떤 식으로 성품을 가르쳐야 하느냐의 문제를 놓고 논쟁이 격화돼 있던 시기였다.[25] 하트숀은 종교교육협회 회장으로서 종교교육이 아이들에게 도덕적 가치를 심어주기에 가장 좋은 수단이라는 소신을 품고 있었다. 하지만 과학자로서 또 다른 생각도 가지고 있었는데, 특정 방식을 옹호할 수 있으려면 우선은 성품의 본질을 분명히 밝히기 위한 연구가 필요하다는 생각이었다.

하트숀의 연구 팀은 8~16세 연령대의 공립학교 학생 8,150명과 사립학교 학생 2,715명을 대상으로 연구를 벌였다. 연구는 이들 학생들 모두가 4가지 다른 상황(학교, 집, 파티, 운동경기)을 포함해 실험상으로 설정된 총 29가지 맥락 속에서 3가지 기만행위(거짓말, 속임수, 도둑질)가 가능한 상황에 놓이게 하는 식으로 이뤄져, 2가지 조건하에 각 맥락을 설정했다. 그 첫 번째 조건(감독을 받는 조건)에서는 학생들이 불성실하게 행동할 방법이 전혀 없었다. 예를 들어 학교에서 시험을 치를 경우 교사들이 시험 중에 빈틈없이 지켜본 뒤에 직접 시험지를 채점했다. 두 번째 조건(감독을 받지 않는 조건)에서는 학생들이 어떤 부정행위를 저질러도 들키지 않을 것 같다고 여길 만한 여지가 주어졌다. 예를 들어 학교에서 시험을 치른 뒤에 방에서 혼자 채점할 기회를 주는 식이었는데, 사실 이때 하트숀은 학생들이 점수를 더 잘 받으려고 답을 고치는지 확인하기 위해 학생들 모르게 시험지 밑에 먹지를 끼워놓았다. 어떤 맥락에서든 학생들이 감독을 받는 조건에서의 행동과 감독을 받지 않는 조건에서의 행동 사이에 어떤 차이를 보이느냐는 곧 해당 맥락에서 그 학생의 성실성

의 척도가 되는 것이었다.[26]

하트숀은 연구를 시작할 때만 해도 본질주의 사고의 프리즘을 통해 성실성을 바라보면서 각 학생 개개인이 도덕성이 있거나 없거나 둘 중 하나일 것이라고 예상했다. 하지만 조사 결과 그 예상은 빗나갔다. 학생들은 도덕성에서 별 일관성을 나타내지 않았다. 가령 한 여학생은 자신의 시험지를 직접 채점할 때는 속임수를 썼으나 파티 게임에서 점수를 기록할 때는 정직했다. 또 어떤 남학생은 시험을 볼 때 다른 학생의 시험지를 커닝했으나 자신의 시험지를 직접 채점할 때는 속임수를 쓰지 않았다. 집에서는 돈을 훔쳤으나 학교에서는 돈을 슬쩍하지 않는 학생도 있었다. 이처럼 실제로 조사해보니 도덕성은 맥락적인 것으로 밝혀졌다.[27]

하트숀이 밝혀낸 결과를 이해하기 위해 그의 연구에 참여했던 8학년 학생 두 명의 상황 맥락별 기질을 살펴보도록 하자. 두 학생은 성실성 점수에서 평균이 비슷하게 나왔다. 오른쪽 학생은 속임수를 쓸 기회가 있든 없든 관계없이, 한 경우만을 제외하고 비슷한 수준의 성실성을 일관되게 나타냈다. 하트숀은 이런 학생은 정말로 드문 경우라고 강조했다. 자신이 조사한 1만 865명의 학생 가운데 이 여학생이 가장 일관성을 나타낸 경우로서 다른 학생들에 비해 도표상의 선이 크게 완만한 편이었다고 한다.[28] 한편 왼쪽의 학생은 상황 맥락별 기질이 오른쪽 학생과는 확연히 다르다. 이 학생의 행동은 용의주도할 정도의 성실함에서부터 뻔뻔할 정도의 속임수 사용에 이르기까지 여러 맥락에 걸쳐 큰 폭의 다양성을 보였

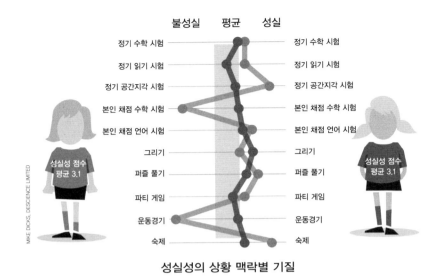

	불성실	평균	성실	
정기 수학 시험				정기 수학 시험
정기 읽기 시험				정기 읽기 시험
정기 공간지각 시험				정기 공간지각 시험
본인 채점 수학 시험				본인 채점 수학 시험
본인 채점 언어 시험				본인 채점 언어 시험
그리기				그리기
퍼즐 풀기				퍼즐 풀기
파티 게임				파티 게임
운동경기				운동경기
숙제				숙제

성실성 점수
평균 3.1

성실성 점수
평균 3.1

성실성의 상황 맥락별 기질

다. 하지만 본질주의적 관점에서 성품을 판단하면 이 두 학생은 서로 차이가 없다는 결론에 이르게 된다. 즉 성실성이 평균적으로 똑같은 것으로 나타난다. 하지만 맥락의 원칙에서 바라보면 이런 관점이 각 학생의 개개인성을 무시함으로써 오류를 범하고 있음이 드러난다.

하트숀의 연구 결과가 발표되자 사람들 사이에 충격과 분노가 확산됐다. 하트숀은 이와 같은 사람들의 반응에 대해 이렇게 밝혔다. "도덕적 행동이 외부 상황에 따라 크게 특정되고 좌우된다는 학설에 대해 학부모들과 교사들이 유례가 없을 정도의 당혹감을 보이고 있다. 조니가 집에서는 성실한 아이인데 아이 어머니에게 그런 조니가 학교 시험에서 커닝을 한다고 얘기하면 그 어머니는 믿지 않으려 들 것이다. 대중이 받아들이기 불쾌하더라도 이 상황 특정 학설은 잘 정립된 이론으로 여길 만하다. (중략) 성실성, 자비심, 협동심, 억제력, 끈기는 일반적 특성이라기보다는 특별한 습성이다."[29]

그때나 지금이나 분위기는 별로 달라지지 않아서 현재도 부모들과 교사들은 여전히 도덕성은 개인적 특성이며 상황에 따라 좌우되는 것이 아니라고 믿고 싶어 한다. 자제력이 아이들의 성공적인 삶을 위한 핵심이라고 주장해 부모들을 솔깃하게 만드는 연구와 책들이 쏟아져 나오고 있기도 하다.[30] 그중에서 자제력의 중요성을 옹호할 때 특히 자주 인용되는 한 연구는 우리 세대의 가장 유명한 심리학 연구라 할 만한 일명 '마시멜로 연구'다.

이 마시멜로 연구의 전반적인 틀을 본뜬 모방 연구들도 숱하게 이뤄졌는데[31] 그중에서 가장 널리 알려진 모방 버전은 3~5세 연령의 아이에게 어른이 마시멜로를 주며 선택을 하게 해주는 방식이다. 즉 아이에게 바로 마시멜로를 먹을 수도 있고 15분을 참고 기다렸다가 마시멜로를 1개 더 받을 수도 있다고 알려주는 것이다. 어른은 그렇게 알려준 다음 그 방에서 나간다. 말하자면 이런 식의 연구에서는 아이가 마시멜로를 먹지 않고 참는 시간을 그 아이의 자제력이 높은지 낮은지에 대해 평가하는 유일한 척도로 삼고 있다.

마시멜로 연구는 40년도 더 전에 월터 미셸Walter Mischel이라는 컬럼비아대학교 심리학자가 고안해낸 것이었다.[32] 하지만 이 연구의 대중적 파급력이 폭발하게 된 것은 몇 년 뒤에 추적 조사가 이뤄졌을 때였다. 미셸과 유이치 쇼다가 그 최초의 연구에 참여했던 연구 참가자들을 추적 조사해봤더니 어린 시절에 가장 높은 수준의 자제력을 보였던 참가자들이 청소년기에 이른 당시에 평균적으로 사회에 더 잘 적응하고 학업 성취도도 더 높은 편으로 나타났다.[33]

　이런 조사 결과는 과학, 양육, 교육의 분야에 그야말로 자제력 광풍을 일으켰다. 신경과학자들은 아이들이 마시멜로를 먹고 싶은 유혹을 견디도록 해주는 뇌의 '자제력' 구조를 찾는 데 열중했고,[34] 아동심리학자들은 부모들이 자녀의 자제력을 높이는 데 활용할 만한 프로그램을 개발했으며,[35] 교육가들은 자제력 증진에 유용한 것으로 알려진 새로운 양식의 인성 교육을 추진하기에 바빴다.[36] 학자들과 매스컴에서는 의지가 약해서 마시멜로를 더 받기 위해 참을성 있게 기다리지 못하는 아이들은 인생의 낙오자가 될 위험이 심각하다는 식의 견해를 밝혔다.[37] 물론 마시멜로로 촉발된 이 모든 광풍의 밑바탕에는 자제력이 본질주의적 특성이라는 가정이 은연중에 깔려 있었다.

　쇼다는 이런 현상과 관련해 나에게 이렇게 털어놓았다. "다들 그 연구를 가지고서 특성의 관점을 옹호하고 인성 교육을 촉구했는데 이는 참으로 아이러니한 일이었죠. 월터 미셸은 연구 활동 내내 그런 관점에 반박했거든요. 사실 우리가 증명하려 애썼던 것이 무엇인가 하면, 아이들은 상황 맥락별 전략을 통해 상황의 압박에 대한 제어력을 키울 수 있다는 것이었습니다."[38]

　맥락의 원칙에 비추어 보면 자제력은 특정 상황과 따로 떨어져 있지 않으며, 실제로 셀레스트 키드Celeste Kidd라는 과학자는 마시멜로 실험에 대한 대중의 판단에는 맥락이 간과돼 있음을 간파해냈다.[39] 현재 로체스터대학교의 뇌인지학 조교수로 있는 키드는 당시에 노숙자 쉼터에서 자원봉사 활동을 하던 중에 마시멜로 연구를 처음으로 알게 됐다. 다음은 그녀가 나에게 직접 들려준 이야기다.

"그 노숙자 쉼터에는 아이들이 많았어요. 그곳에서는 어떤 아이든 장난감이나 사탕이 생기면 다른 아이에게 빼앗길까 봐 마음 졸여야 하는 분위기여서 뭐든 생기면 그것을 숨겨놓거나 바로 먹어버리는 것이 가장 안전하고 현명한 방법이었죠. 그래서 저는 우연히 마시멜로 연구에 대해 알게 됐을 때 바로 이런 생각부터 들었습니다. 그 쉼터의 아이들은 누구든 다 마시멜로를 받자마자 바로 먹겠구나, 라고요."[40]

키드는 중대한 변형을 가미한 독자적인 방식의 마시멜로 연구에 착수했다. 한 그룹의 아이들은 '신뢰할 만한' 상황 속에 놓이게 하고 또 다른 그룹의 아이들은 '신뢰하기 힘든' 상황 속에 놓이게 하는 방식이었다.

키드는 먼저 상황을 조성하기 위해 마시멜로 실험의 본격적 개시에 앞서 신뢰하기 힘든 상황군의 아이들에게는 약속을 지키지 않는 어른을 대면시켰다. 예를 들면 미술 프로그램 중에 어른이 잠시만 기다리고 있으면 새로운 화구 세트를 가져와서 부러지고 닳은 크레용을 바꿔주겠다고 약속해놓고는 잠시 후에 빈손으로 돌아오는 식의 대면이었다.

한편 신뢰할 만한 상황군의 아이들에게는 약속대로 새로운 화구

를 가져다주는 어른과 대면하게 했다.[41]

실험 결과, 신뢰할 만한 상황군의 아이들은 이전에 실시됐던 다른 마시멜로 연구들과 아주 흡사한 행동을 보였다. 몇몇 아이는 금세 유혹에 넘어갔으나 3분의 2에 가까운 아이들이 최대한도인 15분이 다 지날 때까지 기다렸다. 반면에 신뢰하기 힘든 상황군의 아이들은 아주 다른 양상을 보였다. 그중 절반이 어른이 나가고 1분도 채 지나지 않아 마시멜로를 먹어버렸다. 마시멜로를 1개 더 받을 수 있을 만큼 진득하게 참은 아이는 한 명뿐이었다.[42] 자제력은 일종의 본질적 특성처럼 여겨지지만 키드가 증명했듯이 자제력 역시 맥락적인 것이다.

재능과 맥락의 조화

마시멜로 실험과 자제력이 성공의 열쇠라는 식의 그 실험 결론이 드러내는 것은 우리 사회에서 여전히 본질주의 사고에 크게 구속돼 있는 한 영역, 즉 능력, 재능, 잠재력에 대한 우리의 태도다. 우리는 이런 자질들을 본질적 자질이라고 여긴다. 개개인별로 이런 자질을 가진 사람도 있고 가지고 있지 않은 사람도 있다고, 환경은 재능 같은 것에 미미한 영향을 끼칠 수 있을 뿐 재능을 좌우하지도 재능을 싹틔우지도 못한다고 말이다.

이런 태도가 가장 잘 드러나는 분야는 바로 직원 채용 방식이다. 직무의 최적임자를 찾는 문제에 관한 한 기업계의 모든 시스템은 맥락을 무시하도록 짜여 있으며 그 초반 과정부터 지극히 본질주의적인 채용 도구를 내세운다. 이는 채용 공고 시 요구하는 직무 설명서를 보면 알 수 있다. 마케팅 책임자의 직무에 대한 전형적인 직무 설명서를 보면 다음과 같은 식의 '필수 자격'이나 '필수 기량' 항목이 들어가는 것이 보통이다.

- 마케팅 및 영업 부서에서 10년 이상 일한 경력자에 한함.
- 학사 학위 소지 필수, 석사 학위 취득자 우대함.
- 커뮤니케이션, 전략 수립, 리더십에 뛰어난 소질을 반드시 갖춰야 함.
- 반드시 멀티채널 마케팅과 제휴 프로그램 관리 분야에 능통할 것.

  매주 수십만 곳의 기업들이 비어 있는 일자리에 지원자를 모집하기 위해 비슷비슷한 초안의 직무 설명서를 게시하고 있다. 채용 담당자들은 고용주가 기대하는 경력, 기량, 자격증 등을 쭉 열거해 게시했다가 이 기준에 미달하는 지원자들을 걸러낸 뒤 나머지 지원자들 가운데 최적인 사람을 뽑는다. 이는 언뜻 생각하면 상식적인 방법 같다. 지원자들은 사람에 따라 특정 기량이 있기도 하고 없기도 하며, '커뮤니케이션 능통자'이기도 하고 아니기도 하며, 멀티채널 마케팅 같은 분야의 '실력자'이기도 하고 아니기도 하니 그것이 상식적인 직원 선발 방법이라고 생각할 만도 하다. 물론 이런 방법에서의 오류를 잘 알아보지 못하는 이유는 우리가 그동안 본질주의 사고에 속아왔기 때문이다.

맥락의 원칙에 따르면 직원의 '본질'에 초점을 맞출 것이 아니라 그 직원이 수행해야 할 직무의 수행력과 그 직무 수행이 행해질 맥락에 주목하는 편이 더 바람직하다. 실제로 그런 방법을 개척해낸 인물이 있다. 세계적으로 알아주는 채용 컨설팅사인 루 애들러 그룹Lou Adler Group의 창설자 루 애들러다.[43]

애들러는 채용으로 활동 분야를 전환하기 전에 항공우주 분야에서 미사일과 유도장치 설계 일에 몸담았다. 그런 내력 덕에 직원 물색 및 선발의 원칙에 엔지니어의 마음가짐으로 접근했다. 다음은 애들러가 들려준 설명이다. "어느 날 이런 생각이 들었습니다. 일단 수행력이 맥락에 따라 좌우된다는 것과 채용에서는 개개인을 최적의 맥락과 조합시키는 일에 집중해야 한다는 것을 알고 나면 그것이 상식처럼 여겨질 거라고요. 하지만 막상 해보니 기업들에 상식을 실행시키는 일이 정말 어렵더군요."[44]

애들러는 직장을 맥락 중심에서 바라보는 시각에 착안해 그 자신의 표현처럼 "수행력 기반의 채용"이라는 새로운 직원 채용법을 개발했다. 그는 고용주들에게 그들이 바라는 **사람**에 대해 설명해달라고 요청하는 대신 수행되기를 바라는 **직무**에 대해 우선적으로 설명해달라고 했다.[45] "기업들은 하나같이 커뮤니케이션 능통자가 필요하다는 말들을 합니다. 커뮤니케이션 능력은 직무 설명서에 가장 흔히 기재돼 있는 기량이죠. 하지만 다방면에 걸친 '커뮤니케이션 능통자' 같은 건 없습니다. 특정 직무에 필요할 만한 여러 종류의 다양한 커뮤니케이션 능력이 있는 것이지, 그 모든 방면에서 능통한 사람은 없습니다." 예를 들어 고객 서비스 담당자의 경우라면 뛰어난 커뮤니케이션 능력이란 고객의 문제를 이해할 만한 적절한 질문을 던지는 능력이다. 회계사에게는 고위 임원에게 영업 적자가 수익에 끼치는 영향을 잘 설명하는 능력일 것이다. 애들러는 '뛰어난 커뮤니케이션'의 수행을 위해서는 이러한 맥락적 세부 사항들이 정말로 중요하다는 사실을 깨달았던 것이다.[46]

애들러 그룹은 신생 벤처기업에서부터 「포춘」 선정 500대 기업에 이르는 다양한 기업의 1만 명이 넘는 채용 담당자들이 수행력 중심의 채용으로 방식을 전환하도록 일조해왔다.[47] 애들러 그룹의 의뢰인 중에는 수행력 중심의 채용이 자사에 끼친 영향에 대해 극찬을 아끼지 않는 한 인물이 있는데, 런던에 기반을 둔 렛츠고 홀딩스의 창업주로서 25세의 젊은 나이에 큰 성공을 일군 캘럼 니거스 팬시 Callum Negus-Fancey다.[48] 렛츠고 홀딩스로 말하자면 매스컴 및 IT 기업의 '브랜드 고취 전문 기업'으로서 빠르게 명성을 쌓으며 창업 3년 만에 급성장세에 올라섰다.[49]

캘럼은 나에게 이렇게 말했다. "우리 회사는 초반엔 채용 문제를 어떤 식으로 처리해야 할지 잘 몰라서 전통적인 직무 설명서 방식을 활용했습니다. 마케팅 팀을 운영할 사람이 필요했을 때도 일반적인 직무 설명서에 들어맞는 사람을 채용했죠. 그 직원은 화려한 경력을 쌓은 인재였지만 대기업에서 일을 해온 사람이라 성장 속도가 빠른 신생 벤처기업이던 우리 회사와는 업무 스타일이 맞지 않았습니다. 정말 말도 못하게 안 맞았어요."[50]

바로 그 무렵 캘럼은 수행력 중심의 채용에 대한 얘기를 듣고 애들러에게 새로운 인사·채용 담당자 선발에 도움을 달라고 청했다. "애들러는 우리에게 정말로 중요한 일은 렛츠고와 유사한 맥락에서 뛰어난 수행력을 펼칠 만한 사람을 선발하는 것이라고 했습니다." 이 경우에서의 애들러 모델의 채택은 아주 반직관적인 전망에 따르는 결과로 귀결돼, 벨기에 출신의 한 약사가 선발됐다. 캘럼은 당시를 이렇게 회고했다. "티에리 틸렌스는 영국인도 아니었고 인사 관리 경력이 전무했습니다." 캘럼도 처음엔 미덥지가 않았으나 애들러가 채용의 근거를 설명해줬다고 한다. 이 약사가 이전에 보여준 수행력으로 보나 일을 해왔던 조건들(이를테면 일련의 새로운 상황을 겪으면서 바뀌는 직원들을 다루는 요령을 빠르게 습득하는 등의 사례)로 미뤄볼 때 렛츠고에서 필요한 직무 여건에 거의 일치한다는 취지의 설명이었다. 결국 캘럼은 그를 채용했다. "현재 그 직원은 우리 회사에서 가장 중요한 인재로 손꼽을 정도로 일을 잘합니다. 하지만 그때 우리가 직무 설명서를 들여다보며 직원을 뽑았더라면 이런 인재를 거들떠도 안 봤을 겁니다."[51]

인사관리업은 테일러주의에서 탄생했고, 인사부에 맡겨진 업무는 평균적 직무를 충족할 평균적 직원들의 물색이었다. 처음부터 본질주의 사고가 그 사고방식의 근본을 이뤘으며 이 점은 현재도 여러 면에서 변함이 없다. 이 대목에서 애들러의 말을 한번 들어보자. "기업들은 하나같이 인재가 부족하다고, 기술 격차가 벌어져 있다고들 하소연합니다. 하지만 실제로는 사고의 격차가 벌어져 있는 것일 뿐입니다. 직무의 맥락적 세부 사항을 통해 생각하려고 애쓰다보면 결국엔 애쓴 보람을 얻게 될 것입니다."[52] 맥락의 원칙을 적용하는 기업들, 즉 입사 지원자의 상황 맥락별 기질과 직무의 수행 사항을 조화시키려 꾀하는 기업들은 결국엔 보다 일 잘하고 애사심 높고 의욕 넘치는 직원들을 채용하게 돼 있다. 또 우리 개인들로선 맥락의 원칙을 적용하면 진정한 자신의 자질에 잘 맞는 직업생활을 누릴 기회를 얻게 된다.

하지만 맥락의 원칙이 우리에게 열어주는 기회는 우리 자신에게 더 잘 맞는 직업의 기회만이 아니다. 타인들과 **그들의** 재능, 능력, 잠재력만이 아니라 우리 자신을 이해하는 데도 더 훌륭한 길잡이가 돼주기도 한다. 그리고 자신이 어떤 사람이고 주위 사람들과 어떤 상호작용을 나누는지에 대해 더 깊이 있게 이해하는 일이야말로 우리의 개인적·직업적 성공에서 핵심적인 요소다.

진정한 이해와 존중

맥락의 원칙은 우리가 거의 평생에 걸쳐 배워온 성격에 대한 사고방식과 정반대 관점에서 우리 자신과 타인들을 생각하도록 자극한다. 당연하겠지만 대다수 사람들이 우리 인간은 어떤 식으로든 영속적이고 본질적인 특성을 지니고 있다는 뿌리 깊이 박힌 확신을 떨쳐내기 힘들어할지 모른다. 우리 대다수는 믿고 있다. 우리 인간을 본성 깊숙이 파고들어보면 본질적으로 낙천주의거나 냉소주의라고, 착하거나 무례하다고, 성실하거나 불성실하다고. 자신이 어떤 사람인가에 대한 정체성은 놓여 있는 환경에 따라 변한다는 식의 개념은 정체성의 근본적 신조에 어긋나는 것처럼 여겨지기도 하는데, 이는 우리에게는 우리의 성격이 고정돼 있다고 **느껴지기** 때문이다.

우리가 이렇게 느끼는 이유는 우리 뇌가 맥락에 굉장히 민감해서 우리가 놓인 환경에 알아서 적응하기 때문이다. 이를테면 우리가 친구의 파티에 가서 외향적일 때는 뇌가 본능적으로 우리 행동을 비슷한 맥락에서의 경험과 비교해 걸맞게 행동하고 있다는 결론을 짓는다. 자신이 외향적이라고, 아니 적어도 파티에서는 외향적이라고 말이다. 반면에 직장에서는 스스로를 내향적이라고 생각할 수도 있는데 이는 뇌가 자신이 동료들과 있을 때는 절제해 행동하는 편이라는 사실을 기억하기 때문이다. 말하자면 우리가 자신의 성격을 고정돼 있다고 느낀다면 그것은 성격이 특정 맥락 내에서 고정돼 있기 때문이다. 점성가들은 이미 아주 오래전에 이 점을 간파해냈고, 별점이 곧잘 그럴듯하게 느껴지는 이유도 그 덕분이다. 점성가가 레오스에 대해 때때로 수줍음을 타는 성격이라고 알려준다고 치자. 글쎄, 우리 **모두**는 때때로 수줍음을 탄다. 저마다 맥락에 따라 수줍음을 타는 경우가 다를 뿐이다.

하지만 다른 사람의 성격이 고정적으로 여겨지는 이유는 이와는 다르다. 즉 우리는 대다수 사람들과 한정된 범위의 맥락 내에서만 상호 교류를 나누는 편이기 때문이다. 예를 들어 어떤 동료와는 직장 내에서만 알고 지낼 뿐, 집에 놀러 가 그 동료의 가족들과도 알고 지내는 사이는 아닐 수 있다. 그런가 하면 어떤 친구와는 주말마다 쇼핑하고 술을 마시지만 회의실에서 만나 함께 회의할 일은 없는 사이일 수도 있다. 자녀들과는 집에서 함께 시간을 보내지만 학교에서 보거나 자녀의 친구들과 함께 어울리는 경우는 드물기 십상이다. 사람들의 행동을 특성처럼 느끼는 이유가 한 가지 더 있다. **당신**이 그 사람들의 맥락에서 일부분만을 차지하기 때문이다. 당신은 **직장 상사**가 옆에 있을 때에만 소심해지는 것뿐인데 직장 상사는 당신을 소심한 사람으로 생각할지 모른다. 한편 당신은 직장 상사가 고압적이고 오만하다고 생각하지만 그 상사는 **당신**이 주위에 있을 때만 그런 식으로 행동하는 것일 수도 있다. 우리는 아는 사람들이 살아가는 삶의 다양한 맥락을 제대로 알지 못한다. 심지어 가장 가까운 이들의 경우라 해도 마찬가지다. 그리고 그런 탓에 제한된 정보를 기반으로 그들이 어떤 사람인지를 판단한다.

본질주의 사고에서 탈피해 맥락과 관련된 상황 맥락별 기질을 의식하게 되면 개인적·직업적 삶에서 굉장한 이점이 생긴다. 개인적 차원에서 보자면 우리 자신이 빛을 발할 만한 상황을 보다 쉽게 깨닫게 돼 더 나은 결정을 내릴 수 있다. 예를 들어 당신이 서로 협력해 일하는 팀의 일원으로서는 출중한 능력을 발휘하지만 개별적으로 따로따로 일하는 경우에는 애를 먹는 편이라면 직무 시간의 90퍼센트를 집에서 독자적으로 일해야 하는 조건의 파격적 승진을 제안 받을 경우 승진에 따른 혜택과는 별개로 그 직무가 당신의 상황 맥락별 기질에 잘 맞지 않는다는 사실을 깨닫고 그 제안을 거절하기로 결정할 수 있다. 맥락의 원칙은 불리하거나 자멸적인 행동을 저지르게 될 만한 상황적 요소를 분간하게도 해준다.

여러 면에서 볼 때 자신이 능력을 발휘할 만한 맥락과 애를 먹을 만한 맥락을 감지할 줄 알게 되기는 어렵지 않다. 정작 어려운 부분은 따로 있다. 타인의 상황 맥락별 기질 생각하기다. 여전히 우리 사회생활의 구석구석 곳곳에는 본질주의 사고가 만연돼 있어서 그릇된 확신의 유혹을 뿌리치기가 어렵다. 바로 그것이 우리 모두가 넘어야 할 난관이자, 맥락의 원칙을 통해 가장 큰 도움을 받을 만한 부분이다. 이제 우리는 누군가를 신경과민이라거나 공격적이라거나 쌀쌀맞은 사람이라고 생각하게 될 때마다 그것이 하나의 특정한 맥락에서만 그 사람을 판단하는 것이라는 사실을 떠올려야 한다.

타인의 상황 맥락별 기질 방식을 이해하는 것이 특히 더 중요한 경우는 타인이 잘하도록 돕는 역할이 주어질 때, 즉 관리자, 학부모, 상담가, 교사 등등의 역할을 맡게 될 때다. 그런 역할에 임할 때 맥락의 원칙에 따르면 자녀나 직원이나 학생이나 의뢰인이 고쳐주고 싶은 좋지 않은 어떤 행동을 취하는 모습이 포착될 때마다 보다 생산적으로 처신할 수 있게 된다. 그 사람이 왜 그런 식으로 행동하는지를 따지는 대신 맥락의 관점에 따라 '**저런 맥락에서** 저런 식으로 행동하는 이유가 뭘까?'라는 의문을 품게 된다. 또한 자신이 판단할 때 좋지 않게 생각되는 행동을 보면 잠시 반응을 보류하며 (예를 들어 나의 공격적 행동이 미술 수업에서는 적용됐으나 할머니와 있을 때는 적용되지 않았던 것처럼) 먼저 그 사람의 그런 행동이 적용되지 **않는** 사례를 찾아볼 수도 있다. 아니면 셀레스트 키드의 모범을 따라볼 수도 있다. 키드는 무지각하거나 분별없게 여겨지는 행동을 바탕으로 누군가를 판단하게 될 때마다 스스로를 다잡으며 그 행동이 지각 있고 분별 있게 느껴질 만한 상황들을 상상해보려 애쓴다. 그러면 대체로 상대편의 맥락을 이해하는 것이 아니라 자신의 맥락을 그 상대편에게 투영하려고 하는 스스로의 모습을 깨닫게 된다.

우리에게 타인이 잘하도록 돕는 역할이 맡겨져 있지 않은 경우에도 (직장 동료나 상사와 나누는 상호 교류처럼) 우리가 타인을 우리 자신과의 상호 교류를 통한 하나의 맥락에서만 바라보고 있다는 사실을 명심한다면 타인에게 더 온정을 느끼고 타인을 더 잘 이해하게 된다.

어떤 직장 동료가 이런저런 맥락에서 아무리 봐도 '까탈스러운' 사람 같아 보이더라도 회사 밖에서는 의리 있는 친구이자 자상한 언니이자 정겨운 이모일지 모른다. 또 그 점을 알고 나면 그 직장 동료를 함부로 판단하기가 힘들어진다. 선뜻 비호의적인 성격 특성 하나만으로 단정 지으면서 그 동료의 인간으로서의 본성, 즉 그 동료의 복잡성을 무시하지 못한다. 그 사람에게는 당신과 그 사람 둘이 함께 놓여 있는 그 순간의 맥락만이 전부가 아님을 명심한다면 마음의 문이 열려 본질주의 사고로는 어림없는 수준의 넓은 도

량으로 타인을 더 깊이 이해하고 존중하게 된다. 게다가 이런 이해
와 존중은 우리에게 성공과 행복을 가져다주는 긍정적 관계의 토
대다.

제6장

이정표 없는 길을
걷는다는 것

갓난아이들에게 가장 중대한 인생의 지표 한 가지는 두 발로 혼자 일어서는 것이다. 걸음마를 배우는 이 간단한 행동이 부모로서는 아이의 미래에 거는 모든 희망과 꿈과 단단히 엮여 있다. 정상으로 건강하게 **잘 자라리라** 확신하고 싶은 바람과 떼려야 뗄 수 없이 이어져 있다. 부모들은 아이가 바닥에서 몸을 일으켜 세우려 버둥거리는 모습을 지켜보면서 정해진 기준에 따라 발달 과정이 잘 진전되는지 걱정스레 비교한다. 아이가 **적절한** 나이에 허리를 세워 앉는지, **적절한** 방법으로 기어 다니고 있는지 유심히 지켜본다. 혹시 딸이 지표에서 뒤처지기라도 하면 보다 심각한 문제의 신호일까 봐 불안해하거나 아이가 살면서 더딘 발달로 평생 괴로움을 겪게 되지나 않을까 걱정한다.

내 친구의 아들은 최근에 비정상적으로 보이는 자세로 기어 다니기 시작했다. 옆으로 누워서 엉덩이와 다리는 바닥에 붙인 채 손의 힘으로 몸을 끌어당겨 기는 모습이 꼬맹이 인어 같았다. 친구는 급히 아들을 병원에 데려갔다. 이런 비정상적인 행동이 아들의 다리나, 아니면 제발 아니길 바라지만 머리에 어떤 발달 장애가 일어난 징조일까 봐 걱정이 됐던 것이다. 이 얘길 듣고 과잉 반응이라며 킬킬거리는 사람도 있을 테지만 부모라면 누구나 그 심정을 이해한다. 내 친구만이 아니라 우리들 대다수는 본능적으로 정상적 경로에서의 이탈을 뭔가 **잘못됐다는** 확실한 신호로 간주한다.

이미 앞에서 살펴봤듯이 우리는 평균주의 사고에 속아 '정상적' 뇌, 신체, 성격의 개념을 믿게 된다. 하지만 우리가 평균주의 사고에 속아 믿게 되는 또 하나가 바로 '정상적'인 경로라는 것이다. 그래서 우리는 성장하거나 배우거나 목표를 달성하는 하나의 올바른 경로가 있다고 믿는다. 이는 그 목표가 걸음마 떼기처럼 기본적인 목표이든 생화학자가 되는 것처럼 어려운 목표이든 간에 마찬가지다. 이런 확신은 평균주의의 세 번째 정신적 장벽인 **규범적 사고**에서 기인하는 것이다.

규범적 사고의 핵심 가정은 이런 식이다. 평균적인 사람, 아니면 적어도 성공한 졸업생이나 전문가 같은 본받고 싶은 어떤 특정 그룹의 평균적인 일원이 따르는 길이 올바른 경로라는 것. 아동의 발달, 걷기, 말하기, 읽기 등등 온갖 것에는 정해진 지표가 있다고 알

려주는 수많은 소아과 의사들과 과학자들의 말을 믿는 것도 바로 그런 가정 때문이다.[1]

　우리가 하나의 올바른 경로라는 것을 의식하게 된 데는 누구보다 프레더릭 테일러, 에드워드 손다이크와 그들의 신봉자들의 공이 크다. 우선 테일러는 위계적 조직 내에서의 표준적 경로에 대한 개념에 토대를 닦아놓았다. 평균적 인간은 수습 직원으로 시작해서 주임으로 승진했다가 부서장에 오르고 그 뒤엔 부사장이 된다는 식의 토대였다. 기업에서 어떤 일이든 완수해내는 데는 '하나의 올바른 방법'이 있다고 봤던 그의 경영 이념과 믿음은 근무일과 주당 근무시간의 지속 기간을 결정하는 데도 이바지했다. 이 기간은 원래 공장 효율성을 극대화하기 위해 세워진 임시 규범이었으나 현재 우리의 개인적·직업적 삶 전반에서 좀처럼 존재를 드러내지 않으면서 은연중에 페이스메이커(속도 조종자)로 역할하고 있다.[2]

　테일러의 공장 근무시간 표준화는 우리 교육 시스템의 경직된 경로에도 영감을 줬다. 그 경로가 손다이크와 교육계의 테일러주의자들이 발전시키고 실행시킨 장본인이기에 하는 얘기다.[3] 우리의 학교들은 100년 전과 똑같은 유연성 없는 학업 일정을 따르고 있다. 아직도 여전히 고정된 수업 시간, 고정된 등교일, 고정된 학기 시스템으로 똑같은 '핵심' 과목을 가르쳐 모든 (정상적인) 학생이 똑같은 나이에 고등학교를 졸업하도록, 게다가 적어도 이론상으로는 똑같은 지식을 갖추고 졸업하도록 짜놓은 탄력성 없는 똑같은 학제를 따른다.

정상적인 교육 경로에 정상적인 직업 경로까지 더해지면 평생 정상적인 경로를 따르게 된다. 예를 들어 엔지니어가 되고 싶다면 초·중·고등교육을 12년간 받은 뒤 대학에서 4년을 보내고 신참 엔지니어로 취직한 다음 수석 엔지니어, 프로젝트 매니저, 부서장, 엔지니어 부문 부사장으로 착착 승진해가길 바라야 한다. 내가 몸담고 있는 학계에도 정상적인 경로가 정해져 있다. 초·중·고등 과정, 대학 과정, 대학원 과정, 박사 학위 취득 후 연구생 과정을 거쳐 조교수, 부교수, 정교수, 학과장의 순서다.

정상적인 성공 경로에 대한 믿음으로 인해 우리는 어쩔 수 없이 자신의 삶의 전개를 이런 평균 중심적 기준과 비교하지 않을 수 없게 된다. (기어 다니기 같은) 지표나 (독립해 마케팅 대행업체 운영하기 같은) 직업상의 목표에 도달하는 데 걸리는 정상적인 시간이 항시 대기 중인 스톱워치처럼 우리 뇌리에 깊이 뿌리박혀 있다. 아이가 기기 시작하는 시기가 정상보다 늦거나 동창생이 이른 시기에 마케팅 부장이 되면 자신이(자신의 아이가) 뒤처진 듯한 기분에 휩싸이기 일쑤다.

규범적 사고라는 정신적 장벽을 극복하고 싶다면 가장 먼저 인간의 발달 경로를 있는 그대로 이해해야 한다.

경로의 원칙

걷기는 너무나 보편적이고 인간적인 행동이라 명확히 규정되는 일련의 고정적 단계를 거쳐서, 즉 정상적인 경로를 거쳐서 일어나야 마땅할 것으로 생각된다. 실제로 60여 년이 지나도록 내로라하는 쟁쟁한 연구가들과 의학 기관들이 아이들은 정상적인 발달 이정표에 따라 기고 일어서고 걷는다는 주장에 의견을 같이했다. 이들 권위자들은 다수 아동의 표본을 통해 집계된 평균 연령에 따라 '전형적' 아이가 거치게 될 것으로 예상되는 일련의 연령별 지표를 지지했다.[4]

걷기의 정상적인 경로가 있어야 **마땅하다는** 그 가정은 너무 직관적이고 명백하게 여겨져서 별다른 이의가 없었다. 하지만 이런 와중에 이의를 제기하고 나선 인물이 있었으니, 바로 캐런 아돌프 Karen Adolph라는 이름의 여성 과학자였다.[5]

아돌프는 멘토이자 보행 반사의 미스터리를 풀어낸 과학자인 에스터 텔렌을 통해 아이들의 개개인성에 주목해야 할 필요성에 눈을 떴다. 아돌프는 기어 다니기를 비롯한 영유아 발달 분야와 관련해서 펼쳤던 선구적 연구에 보행 반사와 같은 관점을 적용시켰다. 아돌프와 동료들은 연구 중의 한 조사에서 28명의 영유아를 대상으로 기어 다니기 전부터 걸음마를 떼는 날까지의 발달 과정을 추적 관찰한 뒤 '분석 후 종합' 방식을 활용해 자료를 검토했다. 그 결과, 기어 다니기에 정상적인 경로라는 것은 없었다. 오히려 아기들은 무려 25가지의 다양한 경로를 따랐는데 각 경로마다 독자적 동작 패턴을 띠었고 **모든** 경로가 걷기로 발전했다.[6]

정상적인 경로에서 규정된 대로라면 기어 다니기는 (배를 깔고 구르거나 팔과 다리를 나란히 움직이는 것처럼) 특정한 순서대로 특정 단계를 따라야 맞았다. 하지만 아돌프가 실제로 조사해보니 몇몇 아기들은 여러 단계를 동시에 나타내거나 여러 단계들 사이를 왔다 갔다 하거나 아예 일부 단계를 건너뛰기도 했다.[7] 한 예로 '배밀이'는 기기의 필수적인 단계여서 아기들이 걸음마를 떼는 과정에서 반드시 거치게 되는 단계라는 것이 오래된 믿음이었으나 아돌프가 조사한 아기들의 절반 가까이는 배밀이를 전혀 하지 않았다.[8]

나는 처음 아돌프의 연구를 접했을 때 내 아들이 기어 다니기도 전에 걸음을 떼어 말도 못하게 뿌듯해했던 일이 떠올랐다. '이야! 우리 아들이 아주 올림픽 체조 선수감이네!' 이런 뿌듯함은 두 달 뒤에 아들이 기어 다니기로 '퇴보'하면서 돌연 심각한 걱정으로 바뀌었다. 하지만 아돌프의 연구에서 증명됐듯이 생물학적으로 우리 인간은 미리 정해진 청사진을 따르지 않아도 된다. 아돌프도 나에게 이렇게 설명했다. "모든 아기는 몸 움직이기 문제를 저마다 독자적인 방식으로 풀어갑니다."[9]

훨씬 더 도발적인 얘기를 덧붙이자면, 기어 다니기는 그 터득 방법이 여러 가지일 뿐만 아니라 기기 자체가 걷기 과정의 보편적이고 필수적인 단계가 아닐 수도 있다. 기기가 걷기 전의 필수 단계라는 개념은 문화적 산물이다. 아주 비정상적인 표본 집단을 토대로, 즉 산업화된 서구 사회 아이들의 행동을 표본으로 삼아 표준화한 결과다.

인류학자 데이비드 트레이서David Tracer는 2004년에 파푸아뉴기니에서 원주민인 오Au족을 연구하던 중 문득 별난 사실을 깨닫게 됐다. 생각해보니 그가 오족을 지켜본 지 20년째인데 그동안 오족의 아기가 기어 다니는 모습을 본 적이 없었던 것이다.[10] 단 한 명도 기어 다니는 아기는 없었다. 그 대신에 트레이서가 붙인 호칭대로 '엉덩이 끌기 단계'를 거치며 똑바로 앉아 엉덩이를 땅바닥에 대고서 끌고 다녔다. 트레이서는 그곳 아기들의 운동 발달 패턴이 서구 과학에서 규정한 정상적인 경로와 크게 달라 보이는 이유를 알아보고 싶었다.[11]

트레이서는 더 깊이 있게 조사를 해보기로 마음먹고 113명의 영유아들을 출생 시부터 생후 30개월까지 추적 조사해 양육자들과의 일상적인 상호 교류를 기록하는 한편 영유아 운동 발달 측정 표준화 테스트를 활용해 평가를 해보기도 했다. 가만히 지켜보니 오족의 아기들은 거의 75퍼센트의 시간을 몸이 똑바로 펴진 자세로 아기띠에 업혀 다녔고 드물게 바닥에 내려진 경우에도 양육자들은 아기가 엎드려서 눕지 못하게 했다. 오족이 이렇게 아기들을 엎드려 눕지 못하게 하는 데는 그럴 만한 이유가 있었다. 아기들을 바닥에 너무 오래 닿게 놔두면 자칫 치명적 병에 걸리고 기생충에 감염되기 쉽다는 사실을 의식해서였다.[12]

서구에서는 가정의 바닥에 위험한 세균이 비교적 없는 것이 당연시되며 따라서 기어 다니는 것이 운동 발달에서 필수적인 단계인지 아닌지에 좀처럼 의문을 갖지 않는다. 이런 사례가 상기시켜주다시피, 우리는 평균적 행동 패턴을 들어 어떤 것이 고유하고 보편적이라는 증거로 해석하는 일이 비일비재하다. 따지고 보면 그 행동 패턴이란 것이, 애초부터 가능한 경로를 강요하는 사회적 관습에서 유래된 경우임에도 말이다.

물론 그렇다고 해서 비정상적인 경로들이 없다는 얘기는 아니다. 발달상 경로를 잘못 들어 막다른 길에 이르는 경우도 있다. 의학적 문제로 몸을 제대로 움직이지 못해서 개입이 필요한 아이들도 더러 있다. 하지만 이런 의학적 문제도 걷기와 마찬가지로 아주 개인적이라 단순히 아기가 평균적 발달 경로에서 얼마나 벗어나 있는지를 비교하는 식으로는 잘 이해할 수 없다.

규범적 사고, 즉 하나의 정상적인 경로가 있다는 믿음은 아동 발달 분야만이 아니라 여러 분야의 과학자들을 속여왔다. 세계적으로 가장 발병률이 높고 치명적인 암의 하나인 결장암을 예로 들어보자.[13] 수십 년에 걸쳐 결장암의 발병과 진행 과정은 '표준 경로', 즉 특정 유전적 변이의 전개로 유발되는 고정적 생체분자 서열에 따라 결정된다고 가정돼왔다.[14] 그렇다면 과학자들은 이런 표준 경로를 어떻게 도출해냈을까? 다양한 범주의 결장암 환자들을 통한 조사 결과를 합산해 평균 낸 것이었다.

결장암에 대한 표준 경로 개념은 과학자들 사이에서 꾸준히 공감대를 형성해오다가 연구가들에게 더 많은 자료와 더 효과적인 수

단이 생기면서 평균 대신 개개인 환자에 초점을 맞추는 변화를 맞았다. 이들의 연구 결과는 놀라웠다. 실제 결장암 환자 가운데 표준 경로에 해당하는 환자는 7퍼센트에 불과했다. 결장암의 양상은 다양한 것으로 나타났고 각 양상별로 독자적 전개 경로를 띠고 있었다. 이런 독자적 경로는 **틀림없이** 표준 경로가 있을 것이라는 과학자들의 신념에 묻혀 가려져 있던 그런 경로들이었다.[15] 다양한 경로에 대한 인식을 계기로 연구 및 치료 분야에 비약적 돌파구가 열리면서 결장암의 조기 진단과 함께 결장암의 특정 패턴을 표적으로 삼은 보다 효과적인 치료제 개발 등이 가능해졌다.[16]

규범적 사고는 정신 건강의 분야에도 침투해 있다. 오래전부터 우울증 치료 임상의들 사이에서는 인지 요법(정신요법에서 흔히 활용되는 치료 방식)으로 치료받는 모든 환자가 표준 경로에 따라 회복된다고 간주돼왔다. 수많은 환자들의 회복 사례들을 평균 내 마련한 이 표준 경로에 따르면 환자들은 증상이 급격히 줄었다가 그 이후론 진전 속도가 더뎌졌다.[17] 이런 표준 경로는 인지 요법으로 치료받는 환자들의 회복을 측정하는 기준으로 널리 활용됐다. 하지만 2013년에 한 연구 팀이 평균적 회복 결과가 아닌 개개인별 회복 결과에 중점을 두어 연구를 펼쳐보니 평균적인 회복 경로에 해당하는 환자는 30퍼센트에 불과했다. 또한 회복 경로가 둘 중 하나로 나타난다는 사실도 밝혀졌다. 환자는 꾸준히 더딘 진전을 보이든가, 증상이 한 번에 급격히 줄었다가 이후로 회복이 거의 없든가 둘 중 하나였다. 평균적 회복 경로가 최적의 경로라거나 '정상적'

경로라고 볼 만한 근거는 전혀 없었다.[18]

인간의 발달은 (생물학적 발달이든, 혹은 정신적·도덕적·직업적 등등의 발달이든) 그 종류를 **막론하고** 단 하나의 정상적인 경로라는 것이 없으며 이 사실은 개개인성의 세 번째 원칙인 **경로의 원칙**에서 근본을 이루는 토대다. 경로의 원칙은 다음의 2가지 확신을 중요하게 여긴다. 첫 번째, 우리 삶의 모든 측면에는, 그리고 그 어떤 특정 목표를 위한 여정 역시도 똑같은 결과에 이르는 길이 여러 갈래이며 그 길은 저마다 동등한 가치를 갖고 있다. 두 번째, 당신에게 가장 잘 맞는 경로는 당신 자신의 개개인성에 따라 결정된다.

첫 번째 확신은 **등결과성**equifinality이라는 복잡한 시스템에 대한 수리를 통해 도출된 탄탄한 개념에 그 뿌리를 두고 있다.[19] 이 등결과성에 따르면 (사람과 세계의 상호 교류 등) 시간에 따른 변화를 수반하는 다차원적 시스템은 그 어떤 시스템이든 간에 **예외 없이** A에서 B에 도달하기까지 다양한 길들이 있다. 두 번째 확신은 개개인의 과학에 근거한 것이다. 즉 개개인은 들쭉날쭉의 원칙과 맥락의 원칙에 따라 당연히 진전의 **속도**와 결과에 이르기까지의 **순서**가 다양하다는 사실에 바탕을 두고 있다.[20] 경로의 원칙을 개인적으로나 사회적으로나 두루두루 도움이 되도록 활용할 방법을 찾아볼 만한 **이유**가 여기에 있다.

빠를수록 더 똑똑하다는 거짓말

목표를 성취하기 위한 경로가 한 가지뿐이라고 믿으면 당신의 진전을 평가할 방법도 한 가지뿐이다. 다시 말해, 각각의 중대 시점마다 기준과 비교해 자신이 어느 정도 더 빠르거나 더 느린지를 살펴봐야만 한다. 그러한 결과로 우리는 개인의 성장·학습·발전의 속도에 중대한 의미를 부여함으로써 **더 빠른 것**을 **더 훌륭한 것**으로 동일시하고 있다. '위즈 키드whiz kid(젊고 두뇌 회전이 빠르고 첨단 지식으로 무장한 경영의 귀재들—옮긴이)'나 '퀵 스터디quick study(이해가 빠른 사람—옮긴이)' 같은 말들에는 빠를수록 더 똑똑하다고 믿는 우리의 문화적 신념이 그대로 반영돼 있다. 두 학생이 시험에서 똑같은 점수를 받았으나 한 학생이 시험 시간을 반이나 남겨두고 시험문제를 다 풀었다면 더 빨리 시험을 마친 학생이 더 재능 있는 학생으로 평가된다. 그리고 다른 한 학생이 과제를 완수하거나 시험을 마치는 데 추가 시간을 필요로 할 경우엔 그 학생은 그다지 똑똑하지 못한 것으로 간주된다.

더 빠른 것이 더 똑똑한 것이라는 가정을 우리 교육계에 도입시킨 장본인은 에드워드 손다이크다. 손다이크는 학생들의 학습 속도가 학생들의 기억력과 결부돼 있으며, 또 기억력은 학교생활과 직업생활에서의 성공과 결부돼 있다고 믿었다. 실제로 다음과 같이 말하기도 했다. "빨리 배우는 사람은 기억력도 좋다."[21] 손다이크는 이런 결부론의 근거로 학습의 차이는 뇌의 연결성 형성 능력

의 차이에 따른 결과라고 주장했다.[22]

  손다이크는 학생들을 효율적으로 평가하는 한 방법으로 수업, 숙제, 시험의 시간을 **평균적인** 학생이 끝까지 마치는 데 걸리는 시간에 따라 표준화하도록 권고했다. 그는 평균보다 빠른 것을 평균보다 똑똑한 것으로 동일시했던 자신의 신념에 따라 평균 시간을 배분해주면 똑똑한 학생들은 다른 학생들보다 더 뛰어난 수행력을 보일 것이라고 가정했다. 반면에 머리가 나쁜 학생들에 대해서는 아무리 많은 시간을 줘도 수행력이 별로 나아지지 않을 것이라고 여겼던 만큼 그런 학생들에겐 평균 시간보다 시간을 더 늘려줘 봐야 무의미하다고, 더군다나 괜히 똑똑한 학생들만 붙잡아놓는 꼴이니 좋을 것이 없다고 판단했다.[23] 현재까지도 우리는 여전히 학생들에게 시험이나 과제를 내줄 때 추가 시간을 허용하지 않는다. 그러는 것이 어떤 식으로든 부당한 처사라고 생각한다. 배정된 시간 안에 다 마칠 만큼 빠르지 못하면 교육상의 평가에서 그만큼의 벌이 주어져야 한다고 당연시한다.[24]

  하지만 손다이크가 틀린 것이라면? 속도와 학습 능력이 **관련이 없다면** 아주 부당한 교육 시스템을 만들어냈다는 얘기가 된다. 어쩌다 학습 속도가 빠른 학생들에게는 유리하지만, 그런 학생들 못지않게 똑똑하나 학습 속도는 느린 학생들에게는 불리한 그런 시스템을 만들어낸 셈이지 않은가. 속도와 학습 능력이 관계가 없다면 부디 속도가 더딘 학생들에게 새로운 내용을 배우고 과제나 시험을 끝까지 마치는 데 필요한 시간을 충분히 준다면 좋겠다. 속도의 빠름이 아니라 결과의 질에 따라 학생들을 평가했으면 좋겠다. 정해진 시간 안에 끝내야 하고 상벌이 따르는 부담 높은 시험에서의 수행력을 중심으로 학생들을 순위 매기지 않았으면 좋겠다.

본질적으로 따지자면 우리 사회에서의 교육 기회는 속도와 능력이 얼마나 연관돼 있는가의 문제에 달려 있으며 그 문제의 답은 20세기의 가장 유명한 교육학자 벤저민 블룸Benjamin Bloom의 선구적 연구 덕분에 이미 30년 전에 알려져 있었다.[25]

1970년대 말과 1980년대 초 미국에서는 학자들과 정치인들이 "학교가 학업 성취도의 격차를 좁힐 수 있는 역량을 갖추고 있다."와 "이런 격차의 주된 원인은 빈곤 같은 학교 통제력 밖의 요인 때문이다."로 의견이 갈려 논쟁을 벌였다. 당시 시카고대학교 교수였던 블룸은 학교의 역할이 중요하다는 확신을 가지고 있었다. 학교에서 수많은 학생이 학업에 애를 먹는 이유는 학습 능력의 차이와는 무관하며 오히려 교육과정에 강요된 인위적 제약, 특히 고정된 속도로 이뤄지는 그룹 지도 때문이라고, 게다가 학급 전체가 학습 내용을 터득할 속도를 커리큘럼 설계자가 결정해서 문제라고 믿었다.[26] 그러면서 이런 제약을 풀어주면 학생들의 학업 성취도가 향상될 것이라고 주장했다. 이 주장을 입증하고자 학생들에게 독자적 속도로 학습하도록 허용해줄 경우에 어떤 결과가 나타나는지를 알아보기 위해 일련의 실험을 구상했다.

블룸의 연구진은 무작위로 학생들을 두 그룹으로 분류했다.[27] 모든 학생들은 '가능성 이론' 같은 처음 접하는 과목을 배웠다. 첫 번째 그룹은 '고정 속도형 그룹'으로 전통적 방식으로 수업 내용을 배우면서 고정된 지도 기간 동안 교실에서 수업을 받았다. 두 번째 그룹은 '자율 속도형 그룹'으로 수업 내용과 **총** 지도 시간은 첫 번째 그룹과 똑같은 조건이었으나 자율적으로 학습 진도를 나가도록 허용하는 교사에게 지도를 받아서, 학생들이 경우에 따라 속도를 빠르게도 느리게도 조절하면서 새로운 개념마다 학습 시간을 필요한 만큼 늘리거나 줄일 수 있었다.[28]

블룸이 각 그룹의 성취도를 비교해봤더니 놀라운 결과가 나왔다. 전통적 교실에서 수업을 받은 학생들의 성취도는 빠를수록 똑똑하다는 신념 기준으로 예상될 법한 딱 그 수준이었다. 지도 과정이 끝나갈 무렵에 이 그룹은 약 20퍼센트가 수업 내용을 완전히 이해한 수준(블룸이 정한 기준상으로 최종 시험에서 85퍼센트 이상의 득점을 올린 수준)이고 그와 비슷한 비율이 아주 형편없는 수준이었으며 그 나머지인 대다수 학생은 중간쯤의 수준이었다. 반면에 자율 속도형 학생들은 90퍼센트 이상이 수업 내용을 완전히 이해한 수준이었다.[29]

블룸이 증명해냈듯, 학습 속도에 약간의 유연성을 허용한 결과 대다수 학생들이 아주 뛰어난 성취도를 나타냈다. 또한 블룸의 연구 자료에 따르면 학생들의 개인별 다양한 속도는 학습 내용에 따라 결정됐다. 예를 들어 어떤 학생은 분수 부분에서는 거침없이 뚝딱 해치웠지만 소수 부분에서는 애를 먹는가 하면 또 다른 학생은 소수 부분은 후딱 뗐지만 분수 부분에서는 추가 시간이 필요한 식이었다. '빠른' 학습자나 '더딘' 학습자 같은 것은 없었다. 이 2가지 통찰(속도가 곧 능력은 아니라는 사실과 전반적으로 빠르거나 더딘 학습자는 없다는 사실)은 사실상 블룸의 선구적 연구가 이뤄지기 몇십 년 전에 이미 밝혀진 바 있으며, 그 이후로도 다른 학생들과 다른 내용을 활용해 수차례 같은 조사가 반복됐으나 그때마다 어김없이 비슷한 결과가 나왔다.[30] 따라서 학습 속도를 학습 능력과 동일시하는 것은 반박의 여지 없는 오류다.

물론 이러한 연구를 통한 논리적 결론은 명백할 뿐만 아니라 유감스러운 부분도 있다. 우리 학생들에게 고정된 속도의 학습을 강요함으로써 수많은 학생의 학습 능력과 성취력을 인위적으로 해치고 있다는 것이다. 어떤 한 사람이 배울 수 있는 것은 속도의 조절을 허용한다면 대다수 사람들도 배울 수 있다. 하지만 우리의 교육 시스템 구조는 그런 개개인성을 고려해 설계되지 않으며 그에 따라 학생들 **모두**의 잠재력과 재능을 제대로 키워주지 못하고 있다.

물론 문제를 인식하는 것과 인식된 문제를 고치는 것은 전적으로 별개의 일이다. 사실 블룸이 연구를 벌였을 당시인 1980년대에는 고정된 속도의 표준화된 교육 시스템을 유연한 속도의 교육 시스템으로 개조하는 것이 엄두도 내지 못할 만큼 복잡하고 비용이 많이 드는 일이었을 것이다.[31] 하지만 1980년대는 흘러간 과거의 얘기다. 우리가 살고 있는 현시대는 그런 교육 개조를 감당할 만한 신기술이 마련돼 있어 자율 속도형 교육을 실현 가능한 현실로 만들 여건이 된다.

칸 아카데미Khan Academy는 이 기관의 웹 사이트에 게시돼 있는 말마

따나 "세계 어느 곳의 누구에게나 무료로 세계적 수준의 교육을" 제공하고 있는 비영리 교육기관이다.[32] 현재 전 세계적으로 1,000만 명이 넘는 사용자를 거느리고 있으며 고대사에서부터 거시경제학에 이르는 상상 가능한 온갖 학과를 다루는 방대한 온라인 모듈(교과목 단위를 뜻하며 여러 주제의 모듈이 모여서 하나의 교과과정이 만들어진다—옮긴이)로 구성돼 있다.[33] 칸 아카데미의 모듈에 관해 (비용이 0원이라는 사실 외에) 가장 주목할 만한 부분을 꼽으라면 전적으로 자율 속도형이라는 사실이 아닐까 싶다. 칸 아카데미의 모듈은 소프트웨어가 각 학생의 학습 속도에 따라 맞춰져서 해당 학생이 현재의 내용을 완전히 익혀야만 새로운 내용으로 넘어간다.[34]

칸 아카데미는 각 학생의 진도와 관련된 데이터를 기록하기 때문에 모듈을 이용하는 학생 각각의 개인별 학습 경로를 추적할 수 있다. 이 데이터는 블룸이 30년도 더 전에 처음 발견했던 것을 그대로 확증해주고 있다. 즉 모든 학생이 개별적인 속도에 맞춘 독자적 경로를 따른다는 점을 확실히 증명해준다. 또한 어떤 학생이든 학습 속도가 일정하지 않다는 사실도 확증해준다. 우리는 누구나 다 어떤 부분은 빠르게 배우고 또 어떤 부분은 더디게 배운다. 그것도 단 하나의 과목 안에서조차 그러하다.[35]

칸은 유튜브에서 폭넓은 관심을 모았던 2011년 TED 강연에서 속도와 학습 사이의 관계에 대해 다음과 같은 마음에 와 닿는 주장을 펼쳤다. "전통적인 모델에서는 (고정된 기간이 지난 뒤 학생 성취도에 대해) 단편적 평가를 내릴 때 '얘들은 재능 있는 애들이고 얘들은 더딘 애들이군. 얘들은 특별반으로 배치해야겠네. 얘들은 다른 교실로 배치해야 할 것 같군.'이라는 식으로 말하게 됩니다. 하지만 모든 학생을 저마다의 속도에 맞춰 공부하게 해주면 (중략) 6주 전에 더디다고 생각했던 바로 그 아이들이 이제는 재능 있는 아이들로 보이게 됩니다. 우리는 그런 것을 거듭거듭 목격하고 있습니다. 우리 중 많은 이들이 좋은 평가를 받아 혜택을 봤던 그 결과들 가운데 단지 시간상 우연의 일치 덕분이었던 것들이 얼마나 많을까요?"[36]

아이가 이차방정식 풀기를 터득할 수만 있다면 그것을 배우는 데 2주가 걸리든 4주가 걸리든 무슨 상관인가? 치의과 학생이 충치 치료를 문제없이 처리하게만 된다면 그것을 익히는 데 1년이 걸리든 2년이 걸리든 무슨 상관인가? 우리의 삶에는 누군가가 통달에 이르는 데 걸리는 시간을 그다지 신경 쓰지 않는, 다시 말해 통달해내는 것 자체에만 신경 쓰는 그런 영역들이 이미 많이 있다. 운전이 그 좋은 예다. 운전면허증에는 필기시험에서 떨어진 횟수나 마침내 면허증을 따낸 나이 따위가 기록되지 않는다. 누구든 운전면허 시험에 합격하기만 하면 운전을 할 수 있게 허용된다. 변호사 시험 역시 좋은 예다. 변호사 자격증의 획득은 시험에 합격하기까지 얼마나 걸리느냐에 좌우되지 않는다. 어쨌든 합격만 하면 자격증을 딸 수 있다.

모든 학생이 저마다 학습 속도가 다르다면, 또 학생 개개인별로 다른 속도로 다른 시간에 다른 내용을 학습한다면 모든 학생을 고정된 속도에 따라 학습시켜야 한다는 개념은 구제 불능의 오류다.

생각해보라. 당신은 수학이나 과학에 정말로 소질이 없었는가? 아니면 학급이 당신의 학습 속도에 맞춰주지 않았을 뿐인가?

발달의 그물망

모든 사람이 저마다 다른 속도로 발전한다는 사실은 받아들이기가 그리 어렵지 않다. 우리 각자가 다른 영역에서 다른 속도로 발전한다는 사실 역시도 마찬가지다. 정말로 받아들이기가 어려운 부분은 경로의 원칙에서 내세우는 두 번째 주장, 즉 인간의 발달에서는 보편적인 고정 순서가 없다는 사실이다. 성장하거나 학습하거나 목표를 성취하기 위해서 누구나 반드시 통과해야 하는 그런 일련의 단계 따위는 없다. 이와 같은 규범적 단계에 대한 개념이 20세기 초에 대중의 전폭적 지지를 얻게 된 것은 영유아 연구 분야의 선구자로서 미국의 심리학자이자 소아과 의사였던 아널드 게젤 Arnold Gesell의 연구 때문이었다.[37]

게젤은 인간의 뇌는 진화를 거치면서 생물학적 성숙에 따라 좌우되는 특정 순서대로 펼쳐지도록 설계됐다고 생각했다. 그래서 지능이 보다 고등 단계로 진전되려면 매 단계가 다음 단계의 필수적인 토대로 역할을 하는 만큼 먼저 세상에 대한 특정 사항들을 배우고 거기에 적응해야 한다고 믿었다.[38] 또한 과학자로서는 최초로 대대적 규모로 영유아들의 발달을 추적하면서, 이 영유아들의 발달 정도 평균을 내세워 자신이 전형적인 아이의 정상적 발달에 상응하는 것으로 여겼던 고정적 지표를 설명하기도 했다.[39]

게젤은 눈에 보이는 온갖 것에서 평균 기반의 단계들을 발견했다. 예를 들면 기어 다니기의 발달에서는 "머리를 들고 가슴을 바닥에서 떼기, 몸을 빙 돌리기, 바닥에서 배를 끌며 몸을 앞으로 밀기, 배를 바닥에 붙였다 떼었다 하면서 몸을 앞으로 튕기기, 양손과 양 무릎을 짚고 몸을 율동적으로 흔들기, 양손과 양 무릎을 짚고 기기, 양손과 두 다리를 짚고 기기" 등을 포함한 22개의 단계를 찾아냈다.[40] 그는 작은 공을 가지고 놀 때의 행동에서 58단계를 찾고(게젤의 주장에 따르면 생후 28주의 아이들은 쫙 편 손을 공 위에 얹고 생후 44주의 걸음마기 아이들은 공을 꽉 움켜쥔다고 한다), 딸랑이를 쥐는 행동에서는 53단계를 찾았다고 주장하기도 했다.[41] 심지어 '미운 두 살Terrible Two'이라는 말을 만들어내기도 했다.[42]

게젤은 예일대학교의 실험실에서 아기들을 검사하면서 기준과 비교한 신체 발달 및 정신 발달 수준에 따라 '게젤 점수'를 매겼다.[43] 그러면서 어떤 아이가 단계의 적절한 순서대로 발달하지 못하면 대개는 부모들에게 아이한테 뭔가 문제가 있을지 모른다고 일러줬다(아니면 그렇게 짐작하도록 암시를 줬다).[44] 이 '게젤 점수'는 입양의 기준으로 활용되기도 했다. 게젤은 똑똑한 아기는 똑똑한 부모를 만나고 평균적인 아기는 평균적인 부모를 만나게 해줌으로써 자신이 입양 성공률을 높이는 데 이바지하리라고 믿었다.[45] 당시에 미국 소아과협회를 비롯한 수많은 의학 단체들이 게젤이 제시한 틀을 지지했고[46] 게젤의 개념은 현재도 여전히 수많은 소아과 지침과 인기 양육서들에서 발달 지표상의 '정상적' 나이를 가늠하는 기준이 되고 있다.[47]

 게젤을 비롯해 다수의 단계 이론가들은 발달을 일종의 불변의 사다리쯤으로 여기면서 우리 모두가 출생의 순간부터 이 똑같은 사다리를 한 칸 한 칸 오르도록 운명 지어져 있다고 믿어왔다.[48] 하지만 1980년대 초반부터 일부 연구가들이 자신이 연구해본 아이들의 상당수가 보편적인 줄로 알았던 그런 정해진 순서에 따라 발달하지 않는다는 사실에 주목하기 시작했다. 그러다 개인별 발달과 이런 추정상의 정상적 경로 사이의 불일치가 아주 명백해지면서 발달과학에서 '변동성의 위기'로 일컬어지는 지경에 이르게 됐다.[49]

 새로운 세대의 과학자들은 이 위기를 해결하기 위해 인간의 개개인성에 대한 이해를 중심으로 발달 사다리의 개념을 대체할 대안의 윤곽을 잡아나갔다. 그중 한 인물을 꼽자면 개개인의 과학에서 선구자이자 나에게 그 원칙을 정식으로 소개해준 과학자인 심리학자 커트 피셔Kurt Fischer를 빼놓을 수 없다.[50] 덧붙여 말하자면 피셔는 내 멘토이기도 하다. 과학자로서의 길을 걷는 내내 피셔는 개개인 우선주의의 관점에서 연구를 진행하면서[51] 경로의 원칙을 여러 가지 발달상의 문제에 관련지었다. 내가 즐겨 인용하는 사례인 유아의 읽기 습득 과정에 대한 이해도 그런 문제 가운데 하나다.

 과학자들과 교육가들은 수십 년에 걸쳐 아이들이 단어의 의미를 알고 나서 단어의 글자를 분간할 줄 알게 되고 또 그다음에는 특정 단어와 운이 맞는 단어들을 만들 줄 알게 되는 식의 표준적 순서에 따라 단어들을 배운다고 가정했다.[52] 이런 '표준적' 읽기 습득 순서는 그룹 평균을 바탕으로 삼고 있었는데 피셔는 이런 평균주의식 접근으로 인해 과학자들과 교육가들이 읽기 습득 과정에서 중요한 뭔가를 간과해왔음을 직감적으로 깨달았다.[53]

이 직감을 검증하기 위해 피셔는 한 동료와 함께 1, 2, 3학년생들의 읽기 기능 발달의 순서를 분석했다. 이때 피셔는 그룹 평균이 아닌 학생 개개인의 순서에 초점을 맞췄고 그러한 분석 결과 아이들이 낱낱의 단어를 읽을 줄 알게 되기까지의 순서가 사실상 **3가지**로 다름을 알았다.[54] 이 셋 중 하나는 아이들의 60퍼센트가 그 순서를 따르는 사실상 '표준적' 경로였다. 하지만 또 다른 순서는 첫 번째 순서와 똑같은 기능들을 수반하고 있으나 이어지는 차례가 달랐는데 30퍼센트의 아이들이 여기 해당했으며 이 차례대로 따라도 읽기 습득에는 지장이 없었다. 나머지 한 순서는 10퍼센트의 아이들이 해당했는데 다른 2가지의 순서와는 달리 이 차례를 따른 아이들은 나중에 읽기에 심각한 문제를 보였다. 여기에 해당하는 아이들은 더디거나 부진한 부류로 분류됐으나 이른바 결점이 있는 경로로 진행되고 있다는 점을 인식함으로써 저능층이나 장애아로 치부하는 대신 개입과 보상적 지도 같은 특화된 형태의 지도를 받을 수 있었다.[55]

피셔는 이런 연구를 통해 고정된 순서라는 개념의 토대를 허물어뜨리고 변동성의 위기 해소에 일조하며 발달에 대한 새로운 상징을 제공하면서 이제는 사람들을 평균주의라는 구시대적 상징에서 해방시킬 수 있게 됐다고 생각했다. "발달의 사다리는 없다. 사다리라기보다는, 우리 각자가 저마다 발달의 **그물망**을 가지고 있다. 이는 각각의 새로운 단계마다 우리 자신의 개개인성에 따라 새로운 가능성이 온갖 다양한 형태로 펼쳐진다는 얘기다."[56]

경로의 원칙을 통해 잘 납득되고 있다시피, 읽기에서 고정된 발달의 사다리가 없는 것처럼 경력을 비롯한 우리 삶의 다른 측면에도 고정된 발달의 사다리는 없다. 그런데 실제로는 뛰어난 과학자가 되려면 어떤 과정이 필요한가? 대체로 과학계에서는 성공의 표준적인 수순에 대한 암묵적 전제가 있다. 대학원 졸업, 박사 학위취득 후 곧바로 대학이나 연구 기관에서 정규직 획득, 연이은 고속 승진, 연구비 액수의 지속적 증액의 순이다. 하지만 2011년에 유럽 연구위원회European Research Council, ERC에서는 젊은 여성 과학자들의 경력 개발에 '규범적 편견'이 끼칠 잠재적 악영향을 거론하고 우려를 표하면서 과학계에서 우수한 활동을 펼치기 위한 표준적 경로 같은 것들이 정말로 존재하는지 점검해보기로 결정했다.[57]

이러한 결정에 따라 ERC는 암스테르담 자유대학교의 클라르티예 빈켄부르크Claartje Vinkenburg 박사가 이끄는 연구 팀에 연구비를 지원해주면서 명망 있는 두 연구 기금에 신청서를 낸 뒤 지원을 받아낸 경우와 받아내지 못한 경우의 경력 경로를 검토해보도록 의뢰했다. 그 결과 빈켄부르크가 찾아낸 것은 성공한 과학자들의 표준 경로라기보다는 과학자로서 성공하는 7가지 별개적 순서였다.[58]

빈켄부르크는 이 각각의 순서에 춤의 명칭을 따서 재미있는 이름을 붙였다. '퀵스텝'과 '폭스트롯'은 성공적 경력 쌓기(대학이나 연구 기관에서의 고속 승진)의 전통적 개념과 일치했고, 과학자의 55퍼센트가량이 이런 경로를 밟아서 성공했다. 반면에 '비엔나왈츠'와 '자이브'는 느리지만 꾸준한 진전을 이어간 경로였고, 특히 '비엔나왈츠'는 경력에서 또 한 번의 진전을 이루기엔 시간이 별로 남지 않은 즈음에 극적으로 최정상에 오른 경우였다. '슬로왈츠'는 박사 학위 취득 후 연구생 신분에서 좀처럼 벗어나지 못하는 것이 특징인 경로였다. '탱고'는 7가지 경로를 통틀어 가장 복잡한 경로로, 과학계를 들락날하며 중간중간 실업 기간도 거치는 식의 특징을 띠었다. 탱고의 경로를 밟은 과학자들은 전통적 관점에서는 평범하거나 허술한 과학자로 비쳤을지 몰라도 ERC 연구에서 증명됐다시피 이들 역시 과학적으로 우수한 성과를 이뤘다.[59]

다음은 빈켄부르크가 「사이언스 커리어스」와의 인터뷰에서 밝힌 내용이다. "주목해서 인식해야 할 부분은 패턴은 달라도 모두가 우수한 성취를 이루는 결과로 이어진다는 점입니다. 길은 하나만이 아닙니다. 7명의 아이를 키우는 중이든 병든 부모 한 분을 수발하고 있든, 또 하루 24시간 연구실에 처박혀 있든 간에 언제든 뛰어난 연구 아이디어를 떠올릴 수 있다는 얘깁니다."[60]

우리는 흔히 어떤 특정 목표에 이르는 경로는 (그 목표가 읽기 습득이든 최고 실력의 운동선수든 회사의 운영이든 간에) **저 밖의** 어딘가에 있다고 생각한다. 앞서 걸어갔던 여행자들이 닦아놓은 숲속의 보행로 같은 경로가 있다고 여기며 삶에서 성공하는 최선의 길은 그런 잘 닦인 보행로를 따라가는 것이라고 생각한다. 하지만 경로의 원칙은 우리에게 다른 얘기를 전해준다. 우리는 어떤 경우든 자신만의 경로를 처음으로 내고 그 길을 닦으며 나아가는 것이라고. 우리가 내리는 모든 결정이나 우리가 겪는 모든 일에 따라 매번 우리에게 주어지는 가능성에 변화가 생기기 때문에 그럴 수밖에 없다고. 그리고 이는 기어 다니기를 배우는 중이든 마케팅 프로그램 기획 요령을 배우는 중이든 다르지 않다고 말이다.

이런 사실은 곰곰 생각해보면 덜컥 겁이 날 만도 하다. 익숙한 이정표가 도움을 주기보다는 오히려 방해가 되기 쉽다는 암시가 깔려 있기 때문이다. 익숙한 이정표에 의존할 수 없다면 무엇에 의지해서 행동할 수 있을까? 이미 앞에서 살펴봤던 우리의 들쭉날쭉한 측면과 상황 맥락별 기질을 감안할 때 경로의 원칙이야말로 가장 효과적인 의지처다. 우리가 올바른 길에 서 있는지를 판단할 유일한 방법은 그 길이 우리의 개개인성과 얼마나 **잘 맞는지**를 판단하는 것이기 때문이다.

스스로 길을 개척하라

나는 고등학교를 중퇴하고 몇 년 뒤 마침내 웨버주립대학교에 들어갔는데 신입생 시절에 대학생활의 성공을 위한 정상적인 경로와 관련해 여러 가지 조언을 들었다. 첫 수업 전날에는 지도 교수(성이 Q~Z로 시작하는 학생들을 담당하게 돼 나와 면담한 사람이었다)와 자리에 앉게 됐는데 그 자리에서 그 지도 교수는 학기마다 수강해야 할 필수 과목을 검토해줬고 나는 메모장과 펜을 꺼내 하나라도 빠뜨릴세라 그 말을 열심히 받아 적으며 속으로 생각했다. '이 대학의 돌아가는 체계를 잘 알고 있고 나에게 가장 잘 맞는 게 무엇인지를 파악해주는 전문가의 말이니 잘 적어놓자.' 지도 교수는 내 고등학교 기록을 훑어보며 엄지손가락으로 턱수염을 문지르다가 선언조로 이렇게 말했다. "학업 성적이 부진했던 점을 감안할 때 아무래도 정상 과정대로 모든 과목을 수강하는 편이 가장 좋겠군요. 수학 보충 강의를 통과해야 하니까 말 나온 김에 당장 신청하고 첫 학기 때 공통 교양 영어도 꼭 들어야 합니다."

나는 그런 말들이 나에게 꼭 맞춘 개인 맞춤식 조언이라고 여기며 아주 감사히 들었다. 그러다 몇 시간 뒤에 같은 지도 교수에게 조언을 들은 다른 신입생과 우연히 마주쳤다. 솔트레이크시티의 명문 고등학교를 평균 점수 A를 받으며 졸업했으니 나와는 이력이 사뭇 다른 여학생이었다. 우리는 서로의 메모를 비교해봤는데…… 알고 보니 내 지도 교수는 그 여학생에게도 내게 해준 것과 똑같은 추천을 했다. 물론 수학 보충 강의는 빼고 말이다.

나는 순식간에 밀려든 당혹감이 가라앉고 나자 내 상황을 더 주의 깊게 생각해봤다. 정상적 경로는 고등학생 때도 나에게 잘 맞지 않았는데 대학생이 됐다고 해서 잘 맞을까? 나는 조언을 해준 그

지도 교수를 원망하지는 않았다. 갈팡질팡 헤매는 신입생 수백 명에게 단 며칠 만에 맞춤형 조언을 해주기가 어디 쉬운 일이겠는가? 하지만 그렇다 해도 그 지도 교수나 다른 사람들이 해주는 말들을 무작정 받아들이지는 않기로 다짐했다. 내 갈 길은 내 장점과 약점에 맞춰 내가 스스로 닦아나가기로 마음먹었다.

그런 다짐에 따라 내가 스스로 내렸던 첫 번째 결정은 수학 보충 강의였다. 나는 그 강의를 꼭 들어야 할지 고민하다가 아니라는 결론에 이르렀다. 수학 보충 강의는 전국적으로 대학에서 낙제율이 가장 높은 강의에 꼽혔다.[61] 게다가 나의 성향상 가만히 앉아 길고 지루한 수학 강의를 들어봐야 낙제할 가능성이 거의 100퍼센트이기도 했다. 나는 대안을 궁리하다가 수학 보충 강의를 건너뛸 방법을 찾아냈다. CLEP라는 수학 시험만 통과하면 됐던 것이다.[62] 나는 내 학습 속도에 맞춰, 나만의 방식으로 열심히 공부하는 것에는 자신이 있었다. 그래서 1년 동안 짬이 날 때마다 시험에 나올 만한 특정 개념을 학습한 끝에 CLEP 시험에서 좋은 성적을 받아 통계학 과정까지의 모든 수학 강의를 건너뛸 수 있었다. 말이 나온 김에 덧붙이자면, 이 통계학은 대학에 다니면서 내가 가장 좋아하는 과목의 하나가 됐고 나는 통계학 교수님 밑에서 조교를 맡기도 했다.

나는 공통 교양 영어도 4학년 때까지 미뤘다. 강의가 지루할 것이 뻔해서 그리 좋은 성적을 얻지 못할 텐데 초반부터 당장 수강할 필요가 없을 것 같아서였다. (실제로 내 생각이 맞았다. 공통 교양 영어는 정말로 웨버대에서 들었던 가장 지루한 수업으로 손꼽을 정도였다. 하지만 미루고 미루다 결국 수강을 신청했을 무렵엔 학습 요령이 잘 다져진 덕분에 꾸역꾸역이나마 수업을 따라갈 수 있었다.) 나는 이쯤에서 더 나아가 4학년 전체의 수강 스케줄을 다시 짜서 가장 흥미를 끄는 과목을 1학년과 2학년 때 거의 다 몰아서 들었다. 그중 한 과목은 내 수준으로는 버거울 만한 전염병 관련 고급 과목이었지만 흥미가 끌릴 것 같아서 어쨌든 수강했다. 실제로 들어보니 역시나 흥미로웠다.

나는 1학년 재학 중에 우등 프로그램honor program(우수한 성적을 받아 우등생 명단에 오르게 되면 선택할 수 있는 우등 과정. 우수한 학생들끼리 경쟁하면서 계속 좋은 성적을 유지하면 과정을 마칠 수 있으며 졸업할 때 우등생으로 졸업하게 된다—옮긴이)은 생각조차 해본 적이 없었다. 내가 고등학교 중퇴자라는 이유 때문만이 아니었다. 우등 프로그램의 과목들이라면 공부를 더 많이 해야 하는 줄로 알았고 아내와 두 아들을 부양하기 위해 돈벌이를 해야 하는 나로서는 공부 시간을 더 낼 수 있는 처지가 아니기도 했다. 그런데 2학년 때 우등 프로그램을 듣던 친구가 투덜거리기를 수업이라는 것이 앉아서 이런저런 아이디어를 놓고 논쟁만 벌이다 끝나버린다는 것이었다. 그 친구는 건성으로 내뱉은 불만의 말이었지만 나는 듣자마자 솔깃해졌다. 길고 무미건조한 강의를 듣는 게 아니라 앉아서 논쟁을 벌인다고? 그 프로그램 신청하려면 어떻게 해야 해? 나는 우등 프로그램의 책임자를 설득해 그 프로그램에 들어갔고(형편없는 고등학교 성적과 그저 그런 표준화 시험 점수를 감안하면 쉬운 일은 아니었다), 곧바로 그 친구의 말이 사실이었다는 것을 알았다. 우등 프로그램의 과목은 정말로 이런저런 사실을 기계적으로 암기하는 식이 아니라 전부 논문과 토론 방식이었다. 나에게는 마음에 쏙 드는 방식이었다.

사람들이 나에게 툭하면 묻는 질문이 하나 있다. 대학에서 어떻게 그런 극적인 변신을 할 수 있었느냐는 질문이다. 사실 나는 고등학교 중퇴 당시 평균 점수 D⁻였지만 웨버대를 올 A로 졸업했다. 졸업 직후에 그런 질문을 받았다면 나는 열심히 공부하고 시행착오도 겪어보고 약간의 행운도 따라준 덕분이라고 대답했을 테고, 지금도 여전히 그것이 맞는 말이라고 생각한다. 하지만 졸업 후 몇 년이 흐른 뒤에 그런 질문을 더 찬찬히 생각해보게 됐다. 특히 내 성공의 요소들을 활용해, 학교생활에 잘 맞지 않는다고 느끼는 다른 학생들에게 도움을 줄 만한 방법이 있을지 찾아보려는 의도에서 그런 생각을 하게 됐는데, 성공적인 대학생활에 한몫했던 내 결정들에 대해 따져보니 그 모든 결정은 하나의 믿음에 뿌리를 두고 있었다. 우수성을 이루기 위해 나에게 유용한 길이 어딘가에 있지만 그 길이 어떤 형태일지 알아낼 수 있는 사람은 나 자신뿐이라는 믿음이었다. 그리고 그런 길을 알아내기 위해서는 가장 먼저 내가 **어떤 사람인지를** 알아야 했다.

내 결정들은 들쭉날쭉의 원칙, 맥락의 원칙, 경로의 원칙이 궁극적으로는 서로 협력 관계임을 보여주기도 한다. 나는 나에게 잘 맞는 길을 선택하기 위해, 그러니까 구체적 예를 들면 수강할 과목의 순서를 정하기 위해 나 자신의 들쭉날쭉성(지루함을 잘 견디지 못하지만 어떻게든 흥미가 끌리게 된 내용에는 초집중력을 발휘할 수 있는 측면 등)을 이해해야 했고 내가 실력을 제대로 발휘할 만한 맥락(고등학교 때 알던 아이들이 듣는 수업을 피하고 논쟁과 아이디어 중점식의 수업을 찾아보기)을 알아야 했다. 나는 내 들쭉날쭉한 측면과 상황 맥락별 기질을 이해한 덕분에 나에게 가장 잘 맞는 독자적 경로를 정할 수 있었다.

내 이야기를 들으면서 내 경우는 특별한 사례라고 생각할지도 모르겠다. 하지만 그것이 바로 개개인성의 원칙을 아우르는 핵심이다. 우리는 **모두**가 특별한 경우다. 일단 개개인성의 원칙들을 이해하면 당신의 삶에 통제력을 더욱 잘 발휘할 수 있다. 당신 스스로를 평균 점수가 말해주는 모습이 아닌, 있는 그대로의 모습으로 바라보게 되기 때문이다. 그렇다고 해서 (끝내주는 앱 개발하기, 대박 드라마를 만드는 제작자 되기, 자신의 회사 차리기 등등) 당신이 가고 싶은 그곳으로 데려다줄 길이 100만 가지나 있다는 얘기는 아니다. 다만 내가 말하고 싶은 것은 어떤 경우든 당신에게 유용한 경로가 한 가지 이상은 있게 마련이라는 점과 당신에게 가장 잘 맞는 최상의 경로가 미답에 가까운 경로일 것이라는 점이다. 그러니 새로운 길에 도전해 미답의 방향으로 나서보라. 그 방향을 따르면 평균적인 경로를 따르는 것보다 성공에 이를 가능성이 더 높아질 것이다.

THE END OF AVERAGE

제 3 부

평균 없는 세상

"모든 조직은 의식하고 있든 아니든 간에

개개인에 대한 가정을 그 근본적 바탕으로 삼고 있다."

– 폴 그린, 모닝스타 컴퍼니

제7장

개개인성의 원칙으로
성장하는 기업

나는 고등학교 중퇴 직후, 대형 매장의 레이어웨이layaway(상품 예약 구입 제도. 마음에 드는 상품을 일부 금액만 먼저 내고 예약한 뒤 나중에 나머지 돈을 지불하고 물건을 수령하는 방식이다―옮긴이) 판매 부서에서 일한 적이 있다. 당시 그곳 직장 동료들의 태도를 한마디로 표현해보라고 한다면 **무관심**이라고 말하고 싶다. 40대 후반의 정감 가고 편안한 내 여자 상사조차도 나머지 직원들과 다를 것 없이 해이한 근무 태도를 보였다. 나는 입사 초반에 좋은 인상을 주고 싶은 마음에 레이어웨이 태그tag를 더 체계적으로 만들어 고객의 예약 물품을 더 찾기 쉽게 해줄 만한 내 나름대로의 좋은 아이디어를 생각해냈다. 그런 다음 나의 그 여자 상사에게 아이디어를 적극적으로 제안하면서 한번 시도해보면 어떻겠느냐고 물었다.

"귀찮게 뭐 하러? 그게 더 나은 방법이더라도 회사에서 하게 해 줄 것 같아?" 상사는 어깨를 으쓱하며 심드렁하게 대답했다. 그곳에서 몇 주를 더 일하다보니 그 말이 무슨 뜻인지 이해가 됐다. 레이어웨이 태그 개선 아이디어가 설사 좋은 아이디어라 해도, 나는 순조롭게 돌아가는 거대한 기계에서 하나의 사소하고 교체 가능한 부품에 불과했던 탓에 그런 아이디어의 실행을 추진해봐야 시간 낭비로 그칠 듯했다. 그곳은 아무리 회사에 이득이 된다고 해도 정해진 방식에서 탈피해보고자 하는 동기가 부여되지 않는 곳이었다. 다른 누군가가 정해놓은 일련의 특정 업무 방식을 더도 말고 덜도 말고 그대로만 이행하는 것이 당연시됐을 뿐이다.

우리 직원 모두는 대체 가능한 존재로 여겨졌고 실제로도 자주 대체됐다. 내가 그 대형 매장에서 근무한 6개월 동안 내 상사를 포함해 동료들의 3분의 1 정도가 일을 그만두고 나갔다. 직원 교체가 너무 잦다보니 나는 동료 직원들과 끈끈한 관계를 맺기가 힘들었다. 다들 잠깐 일하다 말 것이라는 생각 때문이었다. 하지만 그 회사는 구조적으로 직원들이 끊임없이 들고 나도록 돼 있었다. 경영진은 시스템을 '직원에 무관하게employee-proof' 되도록 주도면밀하게 조직해서 그 어떤 개개인 근로자도 매장의 운영을 어지럽히지 못하게 해뒀다. 이것은 회사가 기꺼이 받아들인 거래였다. 즉 자신들은 시스템이 멈추지 않고 능률적으로 돌아가도록 해줄 값싸고 교체 가능한 노동력을 얻고 직원들은 나처럼 목적의식이나 동참의식을 잃어버리게 되는 그런 거래였다.

직원의 무관심은 어떤 한 회사나 기업의 부문에만 국한돼 있지 않다. 테일러주의 원칙의 표준화와 위계적 관리에 의존하는 대다수 조직에 팽배해 있다. 테일러주의 '입안자'나 관리자들이 운영의 표준화 방식에 대한 모든 중요한 결정을 내리고 근로자들은 그 결정을 옳든 그르든 그대로 수행하고 있다. 2013년도 갤럽 조사에서 근로자의 70퍼센트가 직장에서 유리돼 있는 느낌을 받는다고 밝혔는데 바로 이런 조직 운영이 그런 유리감을 일으키는 한 원인이다.[1]

테일러주의에서 비롯돼 100여 년에 걸쳐 뿌리내려온 평균주의 기업 모델이 그동안 우리를 설득시켜온 논리는, 시스템이 잘 되기 위해서는 개개인을 스프레드시트의 셀과 같이 쓰고 버릴 수 있는 평균적 직원처럼 여겨야 한다는 것이었다. 그러나 이런 논리는 완전히 틀린 것이다. 앞에서 자세히 이야기했다시피 딜로이트, 구글, 애들러 그룹, IGN은 비록 암묵적이라 해도 개개인성의 원칙을 채택해 놀라운 성과를 거뒀다. 이 기업들은 일차원적 사고, 본질주의 사고, 규범적 사고라는 정신적 장벽을 버림으로써 직원들이 적극 동참하며 경쟁력 있게 일하는 환경을 만들어냈다. 사람들은 이런 기업들이 테일러의 과학적 관리가 남긴 유산을 버릴 수 있었던 이유에 대해 막대한 자원을 가졌거나 (IT 업종처럼) 비정통적인 기업 경영 방식에 남달리 열려 있는 업종이기 때문이라고 생각하기 쉽다. 하지만 개개인성의 원칙을 적용하는 일은 전 세계 모든 국가의 모든 업종의 모든 기업이 이용 가능한 선택이다.

평균주의 모델을 따르는 것이 **유일한** 수익 창출 방법으로, 아니면 적어도 최상의 방법으로 여겨지는 업종이나 국가에서조차 개개인성의 원칙을 적용함으로써 평균주의 모델의 방식보다 더 뛰어나거나 적어도 그에 못지않은 성과를 끌어낼 수 있다. 이는 각각 소매업체, 인도의 IT 회사, 산업 식품 제조업체인 다음의 세 기업이 실제로 증명해 보인 것이기도 하다.

코스트코–직원 충성도의 비밀

코스트코는 직원들에게 훌륭한 고용주로 인정받는 기업이다. 취업 사이트 글래스도어Glassdoor(해당 회사 직원의 익명 리뷰에 기반한 직장 및 상사 평가 사이트–옮긴이)에서 선정하는 '일하기 좋은 최고 기업'에 4년 연속으로 뽑혔고 2014년에는 '급여 및 직원 혜택 부문 최고 기업'에 구글에 이어 2위에 오르기도 했다.[2] 직원들이 이 대형 소매업체를 칭찬하는 데는 그럴 만한 이유가 있다. 2014년에 코스트코의 직원은 보통 시간당 20달러 조금 넘게 벌었는데 이는 소매업체 평균인 12.20달러와 비교해 높은 금액이다. 또 직원의 88퍼센트는 회사에서 지원해주는 의료보험에 가입해 있다. 심한 경기 침체기였던 2008년, 다른 소매업체들이 감원에 나섰던 당시에 코스트코는 오히려 직원들의 시급을 1.50달러 인상했다.[3]

이와 같은 직원 친화적 기록들은 그저 우연히 생겨난 것이 아니었다. 개개인에 대한 회사의 철학이 직접적으로 관여된 결과다. 다음은 코스트코의 창업자 짐 시네갈Jim Sinegal이 나에게 들려준 설명이다. "개개인에 대한 투자는 우리 기업 운영의 핵심입니다. 그것은 단순한 슬로건이 아닙니다. 개개인성에 관심을 갖고 있다고 말은 하지만 그것이 신념을 보여주는 것이 아니라 PR용으로 찍어내는 문구로 그치는 경우가 많습니다. 하지만 우리는 다릅니다. 이전부터 쭉 가지고 있던 우리의 소신은 이렇습니다. 뛰어난 사람들을 채용해서 그 사람들에게 적절한 급여를 지급하고 정중하게 대우하고 공정하게 경력을 쌓도록 길을 열어주면 뛰어난 성과가 생기기 마련이라고요."[4]

코스트코는 직원들에게 투자하는 한 방법으로 직원들이 스스로 경력을 발전시켜나가도록 힘을 실어주고 있다. 경영진은 직원들이 무엇이든 회사에 유익할 것 같다고 생각되는 기술을 제안하면 그 기술을 키우도록 도와주기도 하고 코스트코 내의 비어 있는 자리에 가서 일을 해보도록 장려하기도 한다. 심지어 그 자리가 현재의 직종과 성격이 크게 다른 부서의 자리라 해도 제한을 두지 않는다. 직원의 자율성을 위한 이런 노력이 더 효과를 발하도록 조직 내에서 파격적 승진을 감행하기도 한다. 실제로 코스트코의 주임들 가운데 70퍼센트 이상은 카트 정리 직원이나 계산대 직원으로 입사했던 사람들이다.[5]

코스트코에서 남다른 경로를 개척해온 직원의 한 예를 들자면 아네트 알바레즈 피터스Annette Alvarez-Peters를 꼽을 만하다. 그녀는 전문

대학 몇 학기를 다니다가 21세에 샌디에이고 매장 회계부의 회계 감사 직원으로 코스트코에 처음 발을 내디뎠다.[6] 그 뒤 판촉 부문으로 옮겨 가 고객 응대, 행정 보조, 물품 재정리직 등을 거쳐 구매 업무 보조직을 맡으며 블랭크 미디어(플로피 디스켓과 공테이프) 부문과 전자 통신(전화기와 휴대전화) 부문을 담당하게 됐다. 이때 구매 업무에서 소질을 발휘하면서 전자 제품 구매자로 승진했고 이어서 로스앤젤레스 지점의 주류 구매자로 일하게 됐다. 그러다 2005년에는 마침내 현재의 직위에 올라 코스트코의 모든 와인과 맥주를 포함한 주류 구매를 총괄 책임지고 있다. 이 직위는 워낙 영향력이 막강한 자리라 그녀는 「디켄터Decanter」에서 선정하는 전 세계 와인업계에서 가장 영향력 있는 인물 명단인 '디켄터 파워 리스트'에 4위로 등극하기까지 했다.[7] 이처럼 아네트는 코스트코에서의 경력 경로를 따르면서 회계 직원으로 시작해 자신의 결정으로 지역 레스토랑의 와인 가격이나 이탈리아에서의 포도 재배 품종에 영향을 끼칠 수 있는 그런 자리에까지 이르렀다.[8]

아네트가 걸은 직업 행로는 다른 수많은 기업이었다면 상상할 수도 없는 일이었을 것이다. 규범적 사고로 인해 관리자들과 인사 부서의 직원들을 좁은 경력 경로에 가둬놓을 수밖에 없는 기업이나, 특정 직위가 MBA 학위나 해당 업계에서의 특정 연수 근무 경력 등 일정 조건을 갖춘 직원들에게 유리하도록 차단돼 있는 기업이라면 어림도 없었을 것이다. 시네갈도 나에게 이렇게 말했다. "서류상으로만 보면 아네트가 와인 업계의 유력인일 거라고 생각하기 힘들 테지만, 실제로는 유력인입니다. 코스트코 외부의 사람들은 아네트의 경력 행로를 알고 나면 대부분 어리둥절해하지만 코스트코 내부에서는 아무도 그러지 않지요."[9]

매튜 호스트Matthew Horst 역시 코스트코에서 아네트의 행로만큼이나 입지전적인 행로를 밟아왔다. 매튜의 형 크리스Chris가 시네갈과 코스트코 사장 크레이그 옐리네크Craig Jelinek에게 써 보낸 공개편지에서 털어놓았다시피 매튜는 장애 진단을 받아서 취업 기회에 늘 제약을 받아왔다. 하지만 그것은 코스트코에 지원하기 전까지의 얘기였다. 매튜는 펜실베이니아주 랭커스터 코스트코 매장에 카트 정리직으로 취업했다. 그 뒤로 몇 번 승진을 이어갔고 그 과정에서 애착을 갖고 경력을 쌓아나갔다. 이 대목에서 형이 쓴 편지 한 구절을 보자. "매튜는 평생을 '특별 지원이 필요한' 그런 부류로 분류되고 취급당해왔습니다. 하지만 코스트코에서 일하기 시작한 뒤로는 동료들과 고객들이 매튜의 남다른 강점을 알아보고 매튜를 높이 평가해줍니다."[10] 코스트코는 매튜의 특성을 평균적 직원의 특성과 비교하는 식으로 매튜를 평가하지 않았다. 그보다는 개개인으로서 자신이 맡은 일을 어떻게 해내느냐를 기준으로 평가했다.

이와 관련해서 시네갈은 이렇게 밝혔다. "적합성이 가장 중요합니다. 우리는 직원을 채용할 때 (대학) 성적 증명서 따위의 극단적으로 단순화된 기준 너머의 것을 봅니다. (중략) 코스트코에서는 근면성 같은 몇 가지 품성들을 중요하게 여깁니다. 하지만 그런 품성을 이력서로 어떻게 판단하죠?" 시네갈은 일찌감치 깨달았다. 재능 있는 젊은이들을 알아볼 최선의 방법은 명문 대학 졸업생들을 채용하는 것보다 지역 대학 재학생들을 파트타임으로 모집하는 것이라고. 코스트코는 코스트코의 환경에 잘 맞는 사람임을 증명해 보이는 그런 파트타임 직원들을 찾아내는 식으로 장기적 관점에서 인재를 길러내는 동시에 그런 파트타임 학생들이 코스트코에서의 근무 환경을 접해보게도 해주는 것이다.[11]

물론 코스트코의 개개인성 주목 노력은 마진이 아주 낮고 인건비가 어마어마한 업계인 소매업계에서 회사가 경쟁에서 성공할 수 없었다면 중요시되지 않았을 것이다.[12] 하지만 코스트코는 주식 상장 이후 해마다 수익을 내고 있을 뿐만 아니라 꾸준히 투자자들에게 월마트보다 더 큰 투자 이익을 돌려주고 있다.[13] 지난 10년 동안 코스트코는 연간 9퍼센트의 속도로 성장했고, 현재는 미국에서 소매업계 부문 3위에 올라섰다.[14] 이런 재정적 성공은 코스트코 직원들의 급여가 월마트 직원들보다 75퍼센트 정도 더 높은 데다[15] 직원 혜택이 업계 최고 수준이라는 사실을 감안하면 더더욱 인상적이다. 코스트코가 (그 효율성, 그리고 공급망 부문뿐만 아니라 인건비 부문에서의 경비 절감으로 유명한) 월마트 같은 회사보다 직원들에게 더 많은 비용을 쓰는데도 그렇게 경쟁력을 유지할 수 있는 이유는 무엇일까?

그 원인 중 하나는 직원 충성심이다. 코스트코는 직원들 개개인의 **생산성**이 월마트 같은 경쟁사들에 비해 월등히 높을 뿐만 아니라[16] 직원들이 웬만해선 회사를 그만두지 않는다. 월마트는 이직률이 40퍼센트에 가까운 반면 코스트코는 17퍼센트 수준이고 이 수치도 1년 이상 근무한 직원들의 경우엔 6퍼센트대로 뚝 떨어진다.[17] 한 조사에서 밝혀진 것에 따르면 신규 인원을 채용해 훈련시키는 데 발생되는 직원 교체의 잠재 비용(줄잡아도 한 직원이 받는 급여의 60퍼센트 정도)을 감안하면 사실상 코스트코는 직원당 인건비를 월마트보다 **덜** 지출하고 있다.[18] 역설적이게도 월마트가 강점으로 내세우는 게임, 즉 효율성의 게임에서 코스트코가 월마트를 이기고 있는 셈이다.

시네갈은 이렇게 말했다. "월마트와 타깃을 비롯한 여러 소매업체들은 우리와는 다른 식으로 승부를 걸었습니다. 하지만 일단 그런 사고방식을 받아들이면 되돌리기가 정말 힘들긴 하죠. 월마트는 직원이 200만 명이 넘는데 연간 이직률이 50퍼센트에 육박합니다. 다시 말해 매년 100만 명의 직원을 교체하고 있다는 얘기죠. 정말 엄청난 수입니다."[19]

테일러주의식 효율성에 통달해 역사상 가장 크고 가장 탄탄한 기업의 대열에 올라선 월마트 같은 회사를 보면서 그 기업의 직원들에 대한 관점을 자칫 자본주의의 탓으로 돌리기가 쉽다. 하지만 자본주의에는 본질적으로 고용주들에게 관행, 특히 인사상의 관행을 평균 중심으로 세울 것을 강요하는 부분이 없다. 영업 부문이 월마트의 샘스클럽(월마트 계열의 창고형 회원제 할인 매장─옮긴이)과 비슷한 코스트코는 임원들이 직원들을 개개인으로서 대우하고 있지만 그럼에도 **여전히** 탄탄한 수익을 올리고 있다.

두 기업의 차이는 각 기업이 정말로 중요시하는 가치가 무엇인가에 있다. 월마트는 테일러주의 사고방식을 채택해 직원들을 통계적으로 다루며 쉽게 교체 가능한 평균적인 사람들의 대열쯤으로 취급한다. 코스트코는 직원들의 들쭉날쭉성을 이해하려는 진정성 있는 시도를 펼치면서 직원들을 각자의 능력을 펼칠 만한 특정 맥락과 조화시키는 일이 중요함을 인식하고 직원들이 독자적 경로를 추구하도록 북돋워준다. 코스트코는 파트타임 직원이 부사장에 오르고 회계 보조원이 세계적으로 가장 유력한 와인 구매자의 대열에 올라서는 일이 가능한 곳이다. 한편 직원들은 코스트코에 충성심과 동참의식으로 그 보답을 하고, 이는 결국 코스트코의 뛰어난 직무 수행, 고객 서비스, 영업 성과로 이어진다.

시네갈은 나에게 말했다. "코스트코처럼 기업을 운영하려면 개개인을 생각해야 합니다. 그것이 중요합니다. 다른 방법으로도 돈은 벌 수 있지만 모두가 승자인 회사가 되게 할 수는 없습니다."[20]

조호-거대 기업을 넘어선 비결

조호 코퍼레이션Zoho Corporation은 인도 최대의 IT 기업이며 마이크로소프트와 세일즈포스닷컴 같은 업계의 쟁쟁한 리더들과 어깨를 겨룬 최초의 기업 중 한 곳이다.[21] 이런 위업을 이뤄낸 주된 비결은 직원들에 대한 남다른 자세였다. 즉 급여를 최대한 덜 주려는 자세가 아니라 제대로 잘 살펴보면 누구에게서든 재능이 발견되기 마련이라는 신념에 따른 자세가 큰 몫을 했다.

스리드하르 벰부Sridhar Vembu는 프린스턴대학교에서 전기공학 박사 학위를 취득한 뒤 1996년에 고향인 인도의 첸나이로 돌아와 뒷날의 조호 코퍼레이션의 전신인 소프트웨어 회사를 세웠다.[22] 현재 조호는 클라우드 기반 사업, 네트워크, IT 인프라스트럭처 관리 소프트웨어 부문에서 세계적 선두 주자이며 조호의 개발 제품은 마이크로소프트 오피스나 세일즈포스닷컴의 고객 관계 관리customer relationship management, CRM 시스템과 어깨를 나란히 하고 있다.[23] 여러 나라에 걸쳐 근무 중인 직원 수가 2,500명이 넘고 2014년 기준으로 어림잡아 2억 달러의 수익을 거뒀다.[24]

조호는 현재 성공을 거둔 거대 기업으로 성장했으나 사업을 시작한 초반만 해도 벰부는 훨씬 덩치가 큰 인도의 소프트웨어 기업들과 '최고의 인재', 다시 말해 기존의 일차원적 학력 기준상으로 상위권에 포진한 인재들의 영입 경쟁에서 상대가 되지 않았다. 그래서 벰부는 회사를 성공시키기 위해선 남들이 알아보지 못하고 놓친 인재를 찾아야 한다고 결론지었다. 벰부의 말을 직접 들어보자. "인도의 IT 업체는 대다수가 엄격한 GPA 커트라인을 적용한 서류 심사를 합니다. 그것도 지원자를 주의 깊게 살펴보기도 전에 서류상의 자격부터 따집니다. 우리는 꼭 그런 커트라인에 부합하지 않는 사람이더라도 관심을 가져보기로 했습니다."[25]

이런 인물 중에는 벰부 자신의 남동생도 있었다. 벰부의 동생은 컴퓨터과학 분야에 문외한이고 학교 성적도 별로였던 데다 가족들 대다수에게 '큰 인물이 될 싹이 아닌' 존재로 취급받았다. 하지만 뱀부는 동생에게 기회를 줬다. "동생은 프로그램 작성 방법을 익히더니 어느 순간 대단한 프로그래머가 됐어요. 동생이 기대 이상의 놀라운 실력을 펼치는 모습을 지켜보던 그 순간은 저에게 정말로 뜻깊은 순간이었습니다. 어느 영역에서든 재능이 드러나게 마련이라는 열린 마음을 늘 가져온 저지만 직접 제 눈으로 목격하고 나니 미처 알아보지 못하고 간과한 인재가 수두룩하리라는 확신이 굳어졌죠."[26]

얼마 뒤 뱀부의 직관은 확실한 증거를 통해 확신으로 이어졌다. 조호가 별 이름 없는 학교 출신자들이나 아예 학교교육도 받은 적 없는 사람들을 점점 더 많이 채용하면서였다. 실제로 지켜보니 학력(성적과 채용 심사자의 견해에 따른 취득 학위의 수준)과 실무 수행력 사이는 거의 상관이 없거나, 아예 상관이 없었다. "대학이라는 좁은 경로는 프로그래밍 같은 분야에서는 성공의 필수 요소가 아닌 것 같더군요. 그래서 슬슬 이런 의문이 들었습니다. 왜 다들 그렇게 대학 학위를 채용의 필수 조건으로 삼는 걸까?"[27]

뱀부의 철학은 코스트코의 철학과 흡사했다. 두 기업 모두 비명문 학교 출신의 입사 지원자들을 채용해 능력 발휘의 기회를 주는 것이 가치 있는 일이라고 믿었다. 하지만 뱀부는 이 철학을 한 단계 더 진전시켰다. 재능이 어느 분야에서든 발견되기 마련이라는 신념을 행동으로 실천해 직접 인재를 육성했다. 뱀부는 나에게 이렇게 말했다. "사람들은 대부분 활용되지 못하고 있는 인재가 수두룩하다는 견해에는 기꺼이 공감하지만 그에 따라 행동으로 옮기는 일은 하지 못합니다."[28]

벰부는 2005년에 조호대학교를 설립하면서 행동에 나섰다. 조호대학교는 조호의 인재가 될 만한 학생들을 찾아내 육성하는 한편 학생들에게 인간답게 잘 살아갈 수 있는 기술을 갖추게 해주려는 취지에 따라 세워진 비정규 교육기관이었다.[29] 조호대학교는 아주 이례적인 일면이 있다. 입학 학생들이 대체로 인도의 최빈곤 지역 출신이라는 점이다. 조호에서는 경제적 형편이 어려워 학교교육을 거의 받지 못한 젊은이들에게 **돈을 주면서** 이 대학에 다니게 하고 있으며, 이곳에서 이들 젊은이들은 프로그래밍 기술과 함께 수학, 영어, 시사 문제를 배운다. 이처럼 벰부가 세운 조호대학교는 밖으로 나가 아직 재능이 입증되지 않은 원석 같은 아이들을 찾아내서 가르치고 있다.

이런 시도는 벰부로선 위험한 도박이었다. 조호가 빠른 속도로 성장하는 중이긴 했으나 아직은 자리가 잡히지 않았고 그런 큰 도박이 실패작이 되더라도 회사가 타격을 입지 않고 버틸 만큼의 두둑한 여유 자금을 가지고 있지도 못했기 때문이다. 게다가 이 도박은 단순히 가능성이 희박한 곳에서 인재를 찾길 기대하는 차원 그 이상의 훨씬 더 위험한 도박이었다. 벰부가 평균주의의 가치에 워낙 거부감을 가진 터라, 대다수 학교들이 따르는 방식인 표준화해서 등급 매기기 식의 기존 방식에 따라 대학을 운영하지 않기로 결정했기 때문이다.

조호대학교는 거의 모든 교육이 자율적 학습 속도에 따라 진행되며 프로젝트 중심이다. 등급은 아예 없고 그 대신 학생들에게 프로젝트에 대한 피드백을 준다. 벰부는 다음과 같이 힘주어 강조했다. "우리가 느끼는 것이지만 학생들에게는 저마다의 학습 속도가 있으며 우리는 그 점을 존중해줘야 합니다. 학생들이 향후 10년 동안 당신의 회사에서 직무를 얼마나 잘 수행할지에 관심을 두다보면 빠른지 더딘지를 구분해봐야 무의미하다는 걸 금방 알게 됩니다. 빨리 배우는 것과 성공하는 것 사이에는 아무런 상관이 없습니다."[30]

조호대학교의 모든 학생은 12~18개월간의 유급 교육 후에 일자리를 제안받는다. 하지만 계약서에 서명하도록 강요당하지도 않고 졸업 후에 반드시 이 회사에서 일해야 할 의무도 없다. "우리는 학생들에게 다른 직장에 들어가거나 자신의 회사를 차려도 성공할 수 있기를 바라는 마음으로 기술을 전수해줍니다. 하지만 대다수 학생들이 우리 회사에 취직을 하게 되죠."[31]

그렇다면 이 실험의 결과는 어땠을까? 2005년에 조호대학교는 학생 6명에 교수가 1명이었으나 2014년에는 학생과 교수의 수가 각각 100명과 7명으로 늘었다.[32] 하지만 가장 감동적인 부분은 학생의 수가 아니라 조호가 이 프로그램을 통해 발견한 인재들이다. 현재까지 조호의 수백 명에 이르는 엔지니어 가운데 15퍼센트 이상이 조호대학교 출신이고,[33] 조호대학교의 초기 졸업생 중 몇몇은 현재 회사의 고위 관리직에 올라 있다.[34] 프로그램이 큰 성공을 거두자 2015년에 조호는 앞으로 10년 내에 직원 **대부분**을 조호대학교 졸업자들로 채울 구상을 세웠다.

벰부가 개개인성에 주목하면서 펼치는 노력으로 말하자면 조호 대학교를 통한 인재 발굴만이 전부가 아니다. 직원 개개인이 회사 내에서 발전하고 성장하도록 장려할 만한 자유로운 근무환경 조성을 위해서도 노력을 펼치고 있다. 한 예로 조호는 직무를 엄격히 규정해놓지 않으며 개개인의 회사 내 근무 활동에 최적의 경로가 있다는 식의 관점을 취하지도 않는다. "우리 회사에서 채용하는 직원들의 절반 정도는 뭔가 새로운 분야를 탐구하고 개발하고 싶어하죠. 우리도 직원들의 그런 의지를 장려합니다. 우리 회사에는 경직된 직무 설명서가 없습니다. 경직된 직무 설명서는 경직된 사고를 불러와 자신의 할 일이 고정돼 있다는 사고방식을 갖게 되기 때문이죠. 사람들은 유연성 있는 경로를 열어주면 자신이 흥미를 가지고 있는 줄도 미처 몰랐던 다양한 역할로 영역을 넓히면서 발전하게 됩니다."[35]

벰부가 평균 중심의 평가에 반대하는 만큼 조호에서는 실적 평가, 실적표, 직원 등급 평가 같은 것이 없다. "인간을 등급이나 숫자로 점수 매긴다는 것은 터무니없는 일입니다. 관리자는 문제 있어 보이는 팀원이 생기면 그 즉시 일대일로 면담을 하고 도움을 줘야 합니다. 그것이 우리 회사의 철학입니다."[36]

조호는 팀을 구성하는 문제와 관련해서는 자칫 일차원적 사고에 빠지지 않도록 의식적으로 노력한다. "이를테면 워드프로세서 프로그램 개발을 위해 팀을 구성하려 할 때 흔히들 최고 명문 학교에서 높은 성적을 받은 엘리트 프로그래머들로 팀을 꾸리면 좋을 것이라고 생각합니다. 그것은 잘못된 생각입니다! 팀에는 여러 가지 다양한 기술과 재능이 필요합니다. 팀원들이 다들 비슷비슷하면 그 누구도 진가를 발휘하지 못합니다. 너무 편협해지고 획일화됩니다. 재능과 연령대가 서로 다른 사람들을 섞어놓으면 실제로 더 뛰어난 제품이 나옵니다. 이런 식의 팀 조합은 기존 방식에는 어긋나지만 우리의 개발 제품을 통해 그 효력이 입증되고 있습니다."[37]

뱀부가 자사 개발 제품의 높은 품질에 대해 갖는 자부심은 지나친 허세가 아니다. 실제로 세일즈포스닷컴은 점차 자신들의 시장까지 넘보고 있는 조호의 성장세에 바짝 긴장했으니 말이다. "세일즈포스닷컴이 우리를 위협으로 여겼던 이유는 우리 제품의 품질과 가격, 그리고 빠른 성장세 때문이었습니다. 사실 저는 돈벌이만을 위해 사업을 하지는 않았습니다. 회사를 세운 데는 또 다른 목적도 있었기 때문이죠. 우리 회사의 특징 속에 그 목적이 그대로 드러나고 있습니다. 사실 우리는 뛰어난 제품의 개발사로 인정받고 있지만 우리의 제품 개발자들은 말 그대로 다른 경쟁사들이라면 거들떠보지도 않았을 만한 인재들입니다."[38]

조호의 세계적 성공은 저임금을 무기로 내세워 경쟁사들보다 저렴한 소프트웨어를 제작하는 식으로 얻은 것이 아니다. 실제로 조호는 직원들에게 정당한 급여를 지급하며 복지 혜택도 후하다. 조호의 경쟁력은 바로 뱀부의 인재 발굴·육성 방식과 그에 대한 인재들의 호응 방식(적극적 동참의식과 뛰어난 생산성)에서 비롯되고 있다.

대다수 IT 기업에서는 거들떠도 보지 않을 직원들을 잔뜩 채용해서 직원 각자가 회사에 가장 기여가 될 만한 자신의 역할을 독자적으로 찾도록 허용해주는 운영 방식인 조호는 평균주의의 표준에 의거하면 효과를 발휘하지 못해야 한다. 하지만 실제로는 효과를 발휘하고 있다. 벰부는 그 이유를 이렇게 확신했다. "저는 수학에 강해서 숫자를 잘 압니다. 그래서 개개인을 수치로 다루며 평균에 따라 적합성을 매기기 시작하면 아주 위험해진다는 것도 잘 알죠. 개개인을 개개인으로서 존중하고 대우하면 들인 공보다 더 큰 결실을 얻게 됩니다."[39]

모닝스타-관리자 없는 공장

100년이 넘도록 평균주의가 세계적 표준으로 자리 잡아온 제조업 같은 업계에서조차 개개인성에 대한 주목을 통한 새롭고 탁월한 성취 방식이 나타나고 있다. 사실 개개인성에 주목할 경우 얻게 되는 최대의 혜택을 꼽자면 혁신을 빼놓을 수 없다. 공장 같은 테일러주의 모델의 조직은 대체로 일련의 제약 내에서 비용을 관리하고 생산성을 극대화하는 데에는 아주 유용하지만 창의성을 발현시키고 활용하는 측면에서는 걸림돌로 작용하기 일쑤다.

하지만 그러한 기업에서조차 개개인성의 원칙을 활용하면 직원들의 진취성을 자극하고 개개인성을 북돋는 한편 그 제안자가 누구이든 간에 혁신적 아이디어가 환영받는 그런 문화를 조성할 수 있다.

1970년에 크리스 루퍼Chris Rufer가 창설한 모닝스타는 트럭 한 대로 토마토를 운반하는 작은 자영 회사로 출발했다.[40] 현재는 캘리포니아주 우들랜드에 본사를 두고 운영되는데 200대가 넘는 트럭과 여러 군데의 공장에 직원 수천 명을 거느리고 있다. 또한 캘리포니아주의 토마토 가공 물량 가운데 25퍼센트를 점유하고 미국에서 연간 소비되는 토마토 제품의 40퍼센트를 생산하면서 세계 최대의 토마토 가공 회사로 도약했다.[41] 캠벨의 토마토 수프, 라구의 스파게티 소스, 하인즈의 케첩을 산다면 모닝스타의 제품을 원료로 한 제품일 가능성이 높다.[42]

언뜻 보기에 모닝스타의 운영은 테일러주의 모델에 딱 적합할 것 같다. 여러 곳에 퍼져 있는 토마토 산지와 공장들에서 매년 수억 톤에 이르는 토마토를 가공 처리하는 복잡한 업무 처리 과정 속에서도 아주 효율적인 운영으로 꾸준히 업계 최저의 가격을 지켜가는 것을 보면 그렇게 생각할 만도 하다.[43] 하지만 프레더릭 테일러가 크리스 루퍼의 회사 내에서 실제로 돌아가는 업무 방식을 와서 본다면 현기증이 핑 돌 만큼 어리둥절해할지 모른다.

모닝스타에는 관리자가 한 명도 없다. 말이 나와서 말이지만 엄격한 직함도 없고 사실상 위계 서열이 전무하다시피 하다. 나는 모닝스타에서 잔뼈가 굵은 베테랑 직원 폴 그린을 만나 이야기를 나눠봤다. 직원의 교육과 재능 계발을 앞장서서 이끄는 그린은 그런 엄격한 사업 모델 이면의 철학 얘기가 나오자 이렇게 이야기했다. "모든 조직들이 사람들을 본질주의적 가정에 따라 대합니다. 그 사람을 잘 알든 모르든 상관없이 말입니다. 우리 모닝스타에서는 다른 무엇보다 개개인성 하나만을 중요시하면서 개개인의 능력을 북돋워주기 위해 할 수 있는 모든 일을 하고 있습니다."[44]

　이것은 상투적 허세의 말이 아니다. 실제로 모닝스타는 조직의 전 단계, 아니 보다 정확히 말하자면 서로 연결된 조직망 전체에서 회사가 이른바 '자율 관리'라는 철학을 통해 암묵적으로 개개인성의 원칙에 충실히 따르고 있다. 애초에 이 시스템이 마련된 목적도 직원 각자의 들쭉날쭉성에 맞춰 직원들을 각자의 효율적인 맥락에 조합시키고 직원 개개인에게 자신의 독자적 경로를 따를 권한을 부여하기 위해서였다.[45] 특히 개개인의 자유와 책임에 초점을 맞추고 있다는 특징이 가장 두드러지는 사례로는 개인별 임무 기술서가 있다.

　각 직원들은 자신의 임무 기술서를 작성해서 회사의 전반적 임무에 어떤 기여를 할 계획인지 설명하고 포부와 목표도 밝힌다. 이때 해당 직원의 목표와 활동에 영향을 받을 만한 모든 직원들이 그 기술서에 서명을 해줘야 한다. 직원들에게는 임무 완수를 위한 물품 구매권 등 막대한 자유재량권이 주어지지만, 한편 포부와 목표를 달성하거나 달성하지 못한 것에 대해서는 (상사가 아닌) 동료 직원들에게 책임감을 느끼게 된다.[46]

　이는 아주 색다른 직무 수행 방식이라 신입 직원들은 대다수가 어찌 해야 할지 난감해 한다. 예전에 모닝스타에서는 어떤 개인적 자질들이 회사에서의 성공적 적응을 예측하는 데 유용한지를 알아보려 수년간 지능, 성격, 학력 등을 분석해봤는데 그 결과 의미 있는 연관성을 찾지 못했다. 아니, 그런 연관성이 딱 한 가지 있기는 했다. 이 부분은 폴 그린이 설명해준 말로 직접 들어보자. "다른 회사에서 관리자로 오래 일한 적이 있는 신입 직원들은 어쩔 줄 몰라 하며 헤맵니다. 자유를 어떻게 써야 할지 쩔쩔매고 일방적 명령을 내릴 수 없다는 사실에 난감해 하죠. 하지만 다른 회사에서의 업무 방식을 잘 모르거나 다른 회사에서는 잘 적응하지 못했던 입사자들은 한 사람도 예외 없이 아주 빠르고 자연스럽게 제자리를 찾습니다."[47]

모닝스타의 다른 모든 직원과 마찬가지로 그린 역시 직함이 없으며 현재는 전 부서에 회사의 핵심 원칙을 전하는 책무를 맡고 있다. 그린은 2006년에 임시직 직원으로 입사해 커다란 금속 원통 안에 토마토를 넣고 회전시켜 토마토 즙의 손실을 최대한 낮추면서 껍질을 벗겨내는 일명 피니셔finisher라는 대형 산업기계를 관리하는 일을 했다. "지루하기가 이루 말할 수 없는 일이었어요. 하지만 입사 첫날부터 모닝스타에서는 회사의 업무를 촉진시키기만 한다면, 또 제 직무 방식 변화로 영향을 받게 될 직원들에게 좋은 생각이라는 동감을 얻어낼 수만 있다면 제가 원하는 대로 직무를 자유롭게 변경할 수 있다고 들었어요."[48]

그린은 피니셔의 세팅을 다른 식으로 바꾸면 토마토 껍질을 더 효율적으로 분리할 수 있지 않을까, 하는 생각이 들었다. 실험을 해볼 만한 방법도 떠올랐다. 그래서 몇 개월에 걸쳐 여러 대의 피니셔를 서로 다른 세팅으로 돌려보며 15분 단위로 그 결과를 기록했다. 갓 입사한 임시직 기계 관리공이 매일매일의 공장 운영에 없어서는 안 될 값비싼 장비에 독자적으로 실험을 감행한다면 대다수 회사에서는 눈살을 찌푸렸을 것이다. 공장 임시직이 조립라인의 핵심 장비를 이리저리 손대놓으면 대다수 회사에서는 해고당하기 십상이다. 하지만 그린은 해고당하기는커녕 자신의 피니셔 사용법 개선안에 영향을 받을 만한 관계자들 모두에게 자신의 의견을 밝혔다. "다들 적극 지지해줬습니다. 그 실험에 대해서나 우리가 그 실험에서 배울 부분에 대해 낱낱이 확실하게 이야기했더니 그렇게 지지해주더군요."[49]

그린이 실험을 해보니 효율성이 25퍼센트 향상되는 한 가지 새로운 세팅 방식이 있었고 모닝스타에서는 당장 모든 기계를 그 새로운 세팅 방식대로 조정했다. 얼마 뒤 그린은 정식 직원으로 채용돼 이후 쭉 모닝스타에서 일하고 있다.

그린은 나에게 다른 동료의 이야기도 들려줬다. 이름을 에이브라고 부르기로 하고 지금부터 그 동료의 얘기를 해보겠다. 원래 공장의 단순 노무직으로 채용된 에이브는 워낙에 뭔가를 뚝딱뚝딱 고치고 만들기를 좋아하는 기질이라 모닝스타에 들어와서도 기계와 장비를 만지작거리며 다녔지만 이는 자신이 채용된 직무와는 해당 사항이 없는 행동이었다. 그런데 그러던 어느 사이에 기계를 손보거나 개량할 필요가 생기면 주로 찾게 되는 사람으로 명성이 자자해졌다. 그래서 동료들에게 자신이 '만물 수선공'으로 일하게 됐으면 좋겠다는 의견을 밝혔다. 이제껏 모닝스타에서는 듣도 보도 못한 직무를 제안한 것이었다. 게다가 여기에서 그치지 않고 자신의 작업장을 차려서 뚝딱뚝딱 고치고 만들 분야를 다양하게 넓힐 수 있도록 예산을 지원해달라고 요청하기도 했다.[50]

모닝스타는 자신만의 작업장을 만드는 일처럼 직원들이 뭐든 해보고 싶은 일을 제안한다고 해서 무조건 다 자유재량권을 부여해주지는 않는다. 에이브의 요청과 비슷한 요청도 여러 번 거절된 적이 있었다. 하지만 기계를 잘 손보는 그의 재주로 그동안 동료들이 실제로 덕을 봤던 터라 에이브는 동료들에게 지지를 얻었다. 이와 함께 다른 회사에 들어가면 받을 만한 일반적 수준보다 훨씬 높은 급여도 받게 됐다. 그린은 이렇게 말했다. "배경과 자격 조건을 기준으로 보면 막노동자 정도로나 평가받기 십상인 사람이라도 모닝스타에서는 공장 기계 수리 전문가로 인정받아 스스로의 역할을 개척할 수 있습니다."[51]

소속감과 개인적 목적의식(아이디어를 제안해 회사에 보탬이 될 수 있다는 의식, 그 아이디어가 귀 기울여 경청될 것이며 좋은 아이디어로 인정받으면 실행되기도 할 것이라는 의식)은 모닝스타를 성공으로 이끄는 중요한 축이다. 전통적 테일러주의 조직에서는 그런 혁신의 자유재량이 박탈당하기 일쑤거나 위계 구조의 본질상 혁신적 과정에 참여하기를 원하는 직원들의 의욕을 꺾어놓고 만다. 그런 조직에서는 특정 부서가 혁신 업무(연구와 개발 등)를 전담하거나 높은 수수료를 내고 경영 컨설턴트에게 의뢰해 혁신적 방법이나 신제품에 대한 제안을 듣기는 할지 몰라도 (레이어웨이 부서에서 내가 했던 일 같은) 대다수 역할의 직원이 창의력을 보이면 잔뜩 인상을 찌푸린다.

반면에 임시직 노동자가 조립라인 실험을 감행하고 일용직 노동자가 사업에 중대한 장비를 고치는 모닝스타 같은 개개인 중심 기업에서는 혁신이 빈번하고도 유기적으로 일어난다. 개개인성을 진지하게 고려하면, 즉 개개인성을 포용하도록 기업을 구상하면 혁신은 조직망 구석구석 곳곳에서 수시로 일어나기 마련이다. 모든 직원이 자주적 주체자로 거듭나 자신의 직무를 수행해 회사에 이바지할 최상의 방법을 파악하면서 직무에 임하게 되기 때문이다.

그린도 다음과 같이 강조했다. "우리는 무슨 자선단체가 아닙니다. 모든 직원이 회사에 밥값을 해야 합니다. 하지만 모닝스타는 모두에게 밥값을 할 자유재량을 제공해줍니다. 사람은 자신에게 아주 중요한 문제에 대한 통제력을 가질 때 가장 행복해집니다."[52]

테일러주의에서 상생 자본주의로

70년 전에는 테일러주의가 '미국 문명의 특징'으로 간주됐다. 하지만 이제는 개개인성의 원칙이 더 나은 사회로 나아갈 길을 알려주고 있다. 개개인성의 원칙은 개개인의 자유, 창의력, 책임 의식을 포용하면서 자유로운 모험심을 희생시키지 않는 그런 사회로 이끌어주는 길잡이다. 코스트코, 조호, 모닝스타가 증명하고 있는 것처럼 조직이 직원들의 개개인성을 중요시하기로 결정 내리면 직원들에게도 좋고 시스템에도 좋다. 그 이전에는 미처 누리지 못했던 만족감을 얻게 된다. 이것은 서로가 윈윈하는 상생 자본주의이며 국가와 업종을 막론하고 그 어떤 기업에든 가능한 일이다.

코스트코, 조호, 모닝스타의 성공을 통해 배울 만한 교훈은 또 있다. 개개인성을 중요시하기로 결정 내렸으면 그 결정에 흔들림 없이 매진해야 한다는 교훈이다. 이들 기업이 누리는 이득, 즉 직원의 동참의식, 생산성 상승, 광범위한 혁신은 개개인성에 대해 상황이 유리할 때만 열의를 보인다면 실현되지 못한다. 시네갈은 다음과 같이 말했다. "사람들은 개개인에 투자하려는 구상에 도박을 걸고 싶은 마음이 있더라도 힘든 시기가 닥치면 전전긍긍합니다. 공장을 닫고 감원을 하는 등으로 몇 푼을 메꾸려고 온갖 조치를 취합니다. 코스트코가 경기 침체기에 직원들의 급여를 인상해준 이유는 직원들이 생활고와 싸우고 있다는 사실을 알았기 때문입니다."[53] 조호의 뱀부도 비슷한 결론을 내리며 이렇게 말했다. "저는 평생 직원바라기 대표로 회사를 이끌어가고 싶습니다. 그러려면 총력을 기울여 노력해야 합니다. 하지만 그것은 차이를 만드는 노력입니다."[54]

그렇다고 해서 모든 회사가 코스트코, 조호, 모닝스타를 그대로 따라 하려고 노력해야 한다는 의미는 아니다. 개개인성을 추구하려면 해당 기업의 고유 특성에 따라 그 원칙들이 의미하는 것을 해석해 그 해석을 중심으로 기업을 구축해야 한다. 하지만 어떤 기업이나 어떤 관리자든 개개인성의 원칙을 실행할 수 있으며 개개인성의 원칙을 실행하면, 즉 개개인에 투자하기로 정하면 그 개개인들은 충성심과 의욕과 열의를 갖게 된다. 심지어 산업계에서 가장 평균주의적인 업체들에서도 동참의식과 풍부한 창작력을 갖춤으로써 결과적으로 회사에 도움이 되는 직원들을 거느릴 수 있다. 평균에 의존해서는 이런 직원들은 거느릴 수 없다.

제8장

교육을 바꿔라

나는 유타주의 오그던에서 대학생활을 시작할 당시에 생활보호를 받을 정도로 생활고에서 벗어날 방법이 절실했다. 아내와 두 아들을 잘 부양할 수 있도록 더 내세울 만한 경력을 쌓을 길로 들어서긴 해야 했으나 그 길로 들어서더라도 정말 말도 못하게 빠듯한 경제적 형편에 맞춰야 했다. 웨버주립대학교 입학이 그 경로로 들어서는 첫발이었으나 나의 대학생활은 쉬운 일이 하나도 없었다. 입학 후 2년 동안엔 낮에 풀타임 일을 해야 해서 모든 과목을 야간 강의로 들었다. 그렇게 악착같이 살아도 베이글을 굽고 전자 제품을 팔면서 받는 내 변변찮은 급여로는 가족을 제대로 부양하기가 턱없이 부족했다. 우리 가족은 달마다 납부하지 않고 버틸 청구서를 하나씩 골라야만 했다. 아내는 자신의 혈액을 법이 허용하는 한도까지 팔아야 했고 나는 이웃에게 기저귀를 빌리러 다녔다. 우리는 공공 화장실에서 화장지를 훔쳐 오기도 했다.

나뿐만이 아니라 다른 무수한 가족들이 자신이나 아이들의 대학 졸업을 위해 이와 비슷비슷하게 고생을 겪는다. 이렇게 생활고를 겪는 희생 이면에는 이성적이고도 실용적인 계산이 깔려 있다. 딱히 틀린 생각은 아니지만, 아무튼 고등교육이 사회에서의 유일하고도 가장 요긴한 기회의 진입로라고 믿는 것이다. 우리가 기를 쓰고 학위 취득에 매달리는 이유는 학위가 우리나 우리 자녀들에게 괜찮은 직장과 소득, 좋은 이웃과 여유 있는 삶을 누리게 해줄 최상의 기회를 열어줄 것으로 기대하기 때문이다.

이런 실리적 관점에서 대학 학위의 가치를 바라보는 사람은 누구나(나 역시 그런 사람에 속할 테지만) 학생들이 형편에 맞는 비용으로 자신의 선택 경력을 쌓을 준비 과정을 밟는 것을 고등교육의 암묵적 목적으로 삼는다. 물론 고등교육에는 비판적 사고력을 키워주거나 예술을 알아보는 안목을 심어주거나 학생들을 새로운 사상에 접하게 해주는 등의 다른 목적들도 있다고 생각하는 이들도 있을 것이다. 고등교육에 여러 가지의 또 다른 가치 있는 목적들이 있다는 점에는 나도 공감한다. 하지만 그 모든 목적은 경력 쌓을 준비라는 주목적에 수반되는 부차적인 목적이라고 본다. 나 자신도 대학에서 비판적 사고와 사회적 가치를 비롯해 나를 더 나은 사람으로 만들어준 멋진 견문을 많이 익혔으나 그 모든 힘겨운 몇 년의 막바지

에 나에게 맞는 좋은 직장을 얻지 못했다면 그런 대학생활을 헛고
생으로 여겼을 것이다.

고등교육의 실리적 목적에 공감한다면 현재의 시스템이 미흡하
다는 결론에 이를 수밖에 없다.[1] 너무 많은 졸업생들이 전공 분야
의 일자리를 얻지 못하고(구인 구직 사이트 커리어빌더CareerBuilder에서 실시한
최근의 한 조사에 따르면 전공 분야 취업률은 31퍼센트에 불과하다)[2] 너무 많은 고
용주가 보수 좋은 고급직의 직원 채용에 애를 먹고 있다(인력 채용 업
체 맨파워그룹Manpower Group에 따르면 채용률이 35퍼센트에 그치고 있다).[3] 그리고 너
무 많은 고용주가 채용 졸업생들이 직무에 적합한 능력을 갖추지
못하고 있다며 푸념한다.[4] 게다가 내가 굳이 근거를 들이대지 않아
도 학비가 통제 불능 수준이라는 점은 누구나 공감할 테지만 그래
도 꼭 짚고 넘어가고 싶은 사실이 한 가지 있다. 대학 학위를 취득
하기까지의 비용이 1985년 이후 538퍼센트 상승했다는 것이다.[5]
같은 기간 동안의 의료비 상승률 286퍼센트와 비교하면 정말 어마
어마한 상승률이다.[6] 미국은 현재 학자금 대출액이 **1조 1,000억** 달
러에 달하며[7] 미국인의 신용카드 대출액까지 합산하면 이 액수는
더 늘어난다. 나는 아직도 남은 학자금 대출액이 상당해서(미국 여러
지역에서 괜찮은 주택을 구입할 정도의 액수다) 이 빚더미가 내 재정 전망에
먹구름처럼 따라다니고 있다.

우리가 이런 지경에 이른 것이 모두 대학들 탓이라고 생각하기
쉽지만 그렇지는 않다. 아니, 적어도 일부 기업들이 직원들을 통계
적으로 취급하는 것이 자본주의 탓이 아닌 것과 같은 맥락에서 볼

때는 대학들의 탓이 아니다.

　기업계와 별로 다를 것 없이 우리 고등교육 시스템의 교육 모델도 (그리고 그에 못지않게 중요한 고등교육의 사업 모델 역시) 테일러주의에 바탕을 두고 있다.[8] 현재의 대학들은 앞선 시대로부터 물려받은 평균주의 시스템의 관리인 구실을 하면서 평균주의 시스템이 개개인보다 더 중요하다는 확신을 더욱 강화시키고 모든 교육과정의 표준화를 강요하고 있다. 우리 교육 시스템의 단점들(교육 비용은 물론, 다른 무엇보다 큰 문제인 졸업생들의 소양과 구직에 요구되는 소양 사이의 격차)은 오래전에 자리가 잡혀 깊이 뿌리를 내리고 있는 이런 평균주의식 구조 때문이다.

승자 없는 평균의 게임

　오늘날 전문대학들과 대학교들이 자신들의 **소명**으로 생각하는 것이 무엇이든 간에(즉 그 믿는 것이 문제 해결력과 비판적 사고력의 고취든 학생들의 관점 환기시키기든, 아니면 그 밖의 훌륭한 인도주의적 목적을 위해서든 간에) 알아둘 것이 있다. 우리의 현존 고등교육 시스템은 1세기 전에 설계된 것으로서 표준화된 커리큘럼에서의 수행력을 중심으로 학생들을 등급 매겨 분류시키려는 것이 그 명시적인 목적이었다. 현 교육 시스템에서는 최상위권 등급과 시험 성적을 받은 고등학교 학생들은 최고의 명문 대학에 들어가고 그 이후에도 최상위권 등급을 받은 대학생들은 최고의 전문 대학원에 입학할 뿐만 아니라 최고의 일자리를 얻기도 한다. 현 교육 시스템은 한마디로 교육판 '노르마' 닮은꼴 찾기 대회에 해당한다. 일차원적 등급 매기기에 가학적일 정도로 초점을 맞추면서 모든 학생이 평균적 학생과 똑같이 하도록, 더 정확히 말하면 **다른 모든 학생과 똑같이 하되 더 뛰어나도록 강요하고 있기 때문이다.**

현 교육 시스템은 심지어 학생들이 대학에 들어가기 전부터 획일성을 강요한다. 학생들은 좋은 대학에 들어가고 싶으면 다른 모든 학생과 똑같은 교실에서 수업을 받고 똑같은 시험을 치르고 똑같은 과외활동을 하되 다른 학생들보다 더 잘하도록 강요당한다. 일단 대학에 들어가면 같은 전공을 택한 모든 학생들이 똑같은 강의를 똑같은 시간 동안 들으면서 평균에 대비해 점수가 매겨지고 4년의 학업을 마치면 별다를 것 없이 획일적인 학위를 받아야 한다. 그것도 학생들 자신과 부모들이 막대한 비용을 치르면서 말이다.

휴스턴에서 대학 입학 상담사로 일하고 있는 주디 뮤어Judy Muir는 이런 획일성의 문제를 다른 누구보다 잘 이해하고 있다.[9] 그녀는 고등학생들의 대학 진학과 성공적인 대학생활을 돕는 일에 평생을 몸담아온 베테랑이자 내 개인적 견해를 덧붙이자면 이 분야의 최고 실력자다. 뮤어는 유명인, 고위직 인사, 유럽과 중동 부유층의 자녀를 상담해주기도 하지만 주요 고객은 중산층의 10대 학생들이다. 소외 계층의 청소년들에게도 무료 상담을 해주고 있다. 주눅이 들 만큼 복잡한 대학 지원 과정을 학부모들과 10대들에게 알기 쉽게 설명해주고 있기도 하다. 하지만 한자리에 앉아 함께 얘기를 나누다보니 얼마 지나지 않아 가슴속에 오랫동안 쌓였던 좌절감을 토해냈다.

주디가 나에게 털어놓은 하소연을 직접 옮겨보겠다. "교육과정이 학생들의 개개인성을 완전히 무시하도록 짜여 있어요. 온통 평균과 선별 타령을 하면서 10대들이 입학 사정관의 눈에 들기 위한 허울이나 쫓으며 자신의 정체성을 승화하도록 유도하고 있어요. 이게 교육 시스템이라는 것이 할 짓입니까? 모든 학생을 평균에 비교하는 일방적 시스템이 제대로 된 교육 시스템일까요? 아이들은 합격을 의식해 논술을 꾸며 쓰려 하고 별 신념도 없이 기계적으로 인턴십 프로그램에 참가합니다. 해외에서 실시되는 SAT에서 부정행위까지 저지릅니다. 제가 가장 자주 듣는 질문이 뭔지 아세요? 이 대학이나 저 대학에 입학하려면 사회봉사 활동을 몇 시간이나 해야 하느냐는 질문입니다. 그럴 때마다 저는 이렇게 말해주죠. 성공한 인생으로 가는 유일한 길은 학생 자신의 독자적인 개개인성을 이해하고 발현시키는 것이라고요. 그런데 너무도 많은 학부모들과 아이들이 학생의 개개인성을 **발현시키는 것**이 아니라 **감추는데** 급급합니다. 이 모든 것은 다른 모든 학생들이 스스로를 부각시키려 기를 쓰는 방면에서 자신을 부각시키려 기를 쓰면서 비롯되는 문제입니다."[10]

하버드대학교에서 입학 및 학자금 지원 책임자로 있는 빌 피츠시몬스도 나에게 같은 견해를 나타냈다. "대학 입학은 대체로 평균의 게임입니다. 사람들은 집을 담보로 대출까지 받으며 그 평균의 게임을 펼치고 있습니다. 다른 모든 사람들과 똑같아지기 위해 자신의 독자성을 버리고 있습니다. 다른 사람들 모두가 되려고 기를 쓰는 목표상에서 조금 더 뛰어날 수 있기를 희망하면서요. 하지만 평균을 놓고 겨루면 평균적으로 성공하기가 힘듭니다."[11]

그렇다면 재능을 일차원적으로 등급 매기는 일이 실제로 얼마나 문제가 많은 줄 알면서도 우리 모두는 어째서 고분고분 평균의 게임을 계속해서 벌이는 걸까? 어느 16살짜리의 표준화 시험 점수나 어느 17살짜리가 코스타리카에 수많은 교회를 세우도록 이바지한 일이 대법원 판사가 되거나 성공적인 신생 벤처기업 설립이나 암 치료법의 발견과 의미 있는 연관성이 있다는 과학적 증거는 없다. 하지만 다른 사람들 모두가 평균의 게임을 벌이는 한, 그리고 대학들과 고용주들이 그 평균의 게임을 계속 이어가는 한 게임에 참여하지 않기로 결정한 학생은 손해를 보게 된다.

그래서 학생들과 그 가족들은 막대한 빚더미를 떠안아가면서까지 온갖 희생을 감수한다. 19세기의 등급 개념에 의거한 비좁고 가혹한 시스템에 따르기 위해, 즉 더 이상 일자리의 확실한 보증수표도 아닌 학위를 취득하기 위해 말이다. 우리의 평균주의 고등교육 시스템이 안겨주는 보장은 점점 낮아지는 중인 반면 고등교육 시스템이 부과하는 비용은 점점 높아지는 중이다.

고등교육의 **구조**가 학생들을 등급으로 분류할 수 있으며 재능 있는 학생들과 재능이 없는 학생들을 효율적으로 분류하기 위해 시스템 중심의 표준화된 시스템이 필요하다는 그릇된 가정에 바탕을 두고 있는 한, 이 시스템이 아무리 위대한 승리를 만들어낸다 해도 여전히 우리 사회가 묵인할 수 없는 실패들이 배출될 수밖에 없다. 이런 실패를 다루려면 현재의 상황 아래서 더욱 노력하는 것으로는 안 된다. 시스템보다 개개인을 중시해 개개인 학생을 최우선이 되도록 고등교육의 기본 구조를 바꾸려는 노력이 필요하다.

이는 이론상으로는 좋은 아이디어처럼 들리겠지만 실제로는 실행이 어렵다. 그러나 개인화된 고등교육 시스템으로 가는 길은 단순하지도 쉽지도 않은 동시에 어찌 보면 꽤 간단하고 실질적이기도 하며, 이미 전 세계의 여러 대학들에서 아주 성공적 사례가 만들어지고 있다.

기존 시스템의 평균주의 구조에서 학생 개개인을 중요시하는 시스템으로 탈바꿈하기 위해서는 다음의 3가지 개념을 채택해야 한다.

- 학위가 아닌 자격증 수여
- 성적 대신 실력의 평가
- 학생들에게 교육 진로의 결정권 허용하기

위의 3가지 개념은 개개인성의 원칙과 조화될 뿐만 아니라 **모든** 학생이 경력의 진로를 정해서 적절한 교육을 받도록 도와줄 만한 교육 시스템을 세우는 데 청사진을 제시해준다.

학위 시스템 혁신

현재의 대학 교육 시스템은 하나의 고정된 교육 요소, 즉 4년제 학위로 표준화돼 있다. 수 세기가 지나도록 학생들은 이 학위와 학위 획득과 관련된 모든 전통(졸업식, 학사모와 가운 등)을 통해 자신이 인생의 한 지표인 교육상의 통과의례에서 거둔 성취를 사회에 알려왔다.

문제는 학사 학위의 취득 요건이 상당 부분 자의적이라는 것이다. 대학에서 무엇을 전공하든 간에 학사 학위는 거의 예외 없이 똑같은 4년의 과정이 필요하다. 독일 문학을 전공하든 경영학이나 분자생물학을 전공하든 학사 학위 취득에는 똑같은 횟수의 학기에 걸쳐 거의 똑같은 총 이수 단위시간(교육계에서 통용되는 말로 바꾸면 '출석시간seat time')이 요구된다.[12] 선택 전공이 아무리 어려워도, 학생의 학습 속도가 아무리 빠르거나 느려도, 다니는 대학이 작은 사립대학이든 드넓은 공립대학이든 간에, 학생이 희망하는 경력을 위한 필수 기량을 갖추게 됐든 아니든 간에, 필수 출석 시간을 기록하기만 하면 (그리고 낙제 과목이 없으면) 학위를 취득할 수 있다. 4년제 학위 옹호자들이 주장하길 그 덕분에 여러 분야에 걸쳐 이런 4년제 학위 취득에서 일종의 '형평성'이 생겨나고 있다고 한다.

학위를 교육의 기본단위로 활용하는 것은 시스템에 몇 가지 명백한 결함을 초래하고 있다. 기계공학에서의 학사 학위 취득을 위한 4년 동안의 출석 시간을 다 채우고 다른 과목은 모두 이수하고도 인문학의 딱 한 과목을 **이수하지 못한** 경우엔 학위를 받지 못한다. (하지만 여전히 4년 동안 수업료는 꼬박꼬박 납부했어야 한다.) 대학에서 정해놓은 모든 요건을 마치지 못하면 그 학생이 직장에 들어가 기계공학자로 일하기에 얼마나 잘 준비돼 있는지는 중요하지 않다. 반대로 명문대에서 컴퓨터과학 학위의 모든 요건을 채우고도 아직 컴퓨터 프로그래머로 일할 준비가 갖춰지지 않을 수도 있다.[13]

교육적 성취도의 기본단위로서 이런 학위를 대체할 논리적 대안이 있다. 바로 **자격증**이다.[14] 자격증 수여는 아주 세분된 학습 단위별 자격 부여를 강조하는 접근법이다. 예를 들어, 웹 사이트 제작을 위한 자바 프로그래밍, 제1차 세계대전사, 페이스트리 제빵, 아시아 기후학 등등에 대한 자격증을 수여하는 식이다. 자격증의 수여는 경우에 따라 몇 번, 혹은 심지어 딱 한 번의 수업 후에 취득할 수도 있고 1년 이상이 필요할 수도 있다. 이런 식의 자격증 수여는 그 학생의 기량, 능력, 지식에 대해 보다 유연하고 세분화된 증명이 될 수 있다.

여러 자격증이 통합돼('누적'돼) 보다 상급의 자격증을 획득하게 될 수도 있다. 예를 들어 당신이 비디오게임 디자이너가 되고 싶어 한다고 치자. 이때는 일단 컴퓨터학에서 학사 학위를 취득하려고 하는 대신에 프로그래밍 이론, 모바일 기기 프로그래밍, 컴퓨터 애니메이션, 그래픽디자인에서 자격증을 얻으면 된다. 그리고 이 4개 분야의 자격증을 모두 얻으면 통합 '모바일 기기 기반 비디오게임 디자인' 자격증을 수여받는다. 마찬가지로 암흑 물질을 연구하는 천체물리학자가 되고 싶다면 수학, 물리학, 천문학, 연구 방법 등의 여러 분야를 차근차근 밟아나가면서 최종적으로 '암흑 물질 천체물리학' 자격증을 취득하는 식이다. 자격증 수여를 활용하면 표준화 학위를 위해 필요한 출석 시간을 벌기 위해 오직 한 대학에 4년 동안 과도한 수업료를 내야만 하는 대학 프로그램은 없어도 된다. 단 몇 가지든 여러 가지든, 희망 경력을 위해 준비해야 하는 수만큼의 자격증만 따면 된다.

자격증의 개념은 조금 파격적인 것으로 여겨질지 모르겠지만 사실 아주 오래전부터 기량 중심의 교육에서 중요한 부분으로 역할을 해왔다. 한 예로 MIT에서는 이미 (이른바 '수료증certificate'이라는 명칭으로) 몇 가지 자격증 수여 프로그램을 제공하고 있다. 공급망 관리, 복잡한 기술 프로젝트 관리, 빅데이터 같은 분야의 자격증 프로그램이 그러한 예다.[15]

한편 버지니아주에서는 IT, 사이버 보안, 첨단 제조, 에너지, 의료 등 몇몇 분야의 산업체들에서 자격증을 수여하는 대규모의 주정부 후원 프로그램이 마련돼 있다.[16] 이 자격증을 수여받은 졸업생들은 이들 산업체에 취업하게 될 경우 괜찮은 급여와 더불어 장기적 경력 기회를 얻게 된다. 이 프로그램에 참여하려면 진짜 작업 환경처럼 꾸며놓은 곳에서 대략 2~3주의 풀타임 교육을 받아야 하며, 자격증별로 총 250달러가 든다(나머지 비용은 산업체에서 부담하는데 이는 자신들에게 필요한 기량이 잘 훈련돼 있는 직원을 얻기 위한 투자인 셈이다). 지금까지 이 프로그램에서 자격증을 수여받은 졸업생의 93퍼센트가 취업을 했다. 테리 매콜리프 주지사에 따르면 이 프로그램에서는 2030년까지 50만여 개의 자격증 수여를 목표로 삼고 있다.[17]

버지니아주의 이 자격증 정책에는 분야 선정에 특별한 조건이 없다. 단지 자격을 갖춘 구직자들이 부족한 것으로 알려진 분야들이 선정되는데 자격증 수여 분야가 확대돼 프랑스 연극문학에서부터 양자물리학이나 영화 촬영 기법에 이르기까지 고등교육에서 가르치는 전 분야를 아우르지 못하라는 법도 없다.

최근에 이뤄진 또 하나의 교육 발전을 보면 자격증 수여제가 더욱더 실행 가능한 대안으로 기대된다. 흔히 무크MOOC로 불리는 온라인 공개강좌Massively Open Online Course는 대학들이 제공하는 온라인 강좌이며 먼저 대학으로부터 입학 허가를 받지 않아도 강좌에 등록할 수 있다. 지난 10년 동안 수백 곳에 이르는 대학이 아시아 미술에서부터 동물학에 이르는 온갖 주제의 강좌를 무크에 제공해오고 있다. 무크에 쏟아지는 관심은 대체로 할인 가격이나 심지어 무료로 온라인 학습 체험을 얼마나 잘 제공해주는지의 부분에 맞춰져 왔다. 하지만 내 개인적 생각을 밝히자면 무크의 가장 혁신적 측면은 낮은 비용이나 온라인 강좌라는 부분이 아니다. 그보다는 하버드대와 MIT를 비롯한 수많은 쟁쟁한 명성의 무크 강좌 제공자들이 해당 강좌를 모두 이수한 학생들에게 (수료증 같은) 자격증을 제공하기 시작했다는 점이다.[18]

무크는 개인화된 자격증 수여제가 본격적으로 전개되면 어떻게 될지를 잘 보여주고 있다. 표준화된 학위의 취득에 필요한 출석 시간을 얻기 위해 4년 동안 단 한 곳의 대학에 과도한 수업료를 내야 하는 대학 프로그램에 기대지 않아도 되고, 그 대신 자신이 택한 경력을 쌓기 위해 자신의 조건에 맞춰 자신이 원하는 비용으로 필요한 만큼의 자격증을 취득하면 된다.

성적 시스템 혁신

고등교육의 평균주의 시스템에서 반드시 바뀌어야 하는 두 번째 요소는 기본적인 수행력 평가 방식, 바로 성적이다. 능력에 일차원적 등급을 매기는 성적은 과목을 얼마나 잘 터득했는지를 보여줌으로써 그 분야 내에서의 능력을 평가하는 역할을 하고 있다. 또 해당 학생이 표준화되고 고정된 속도의 경로에서 학위 취득까지 어느 정도 진도가 나갔는지를 나타내기도 한다.

성적에 의존한 수행력 평가에는 2가지 문제점이 따른다. 첫 번째이자 가장 중요한 문제는 성적이 일차원적 평가라는 점이다. 당연한 얘기지만 들쭉날쭉성의 원칙에 따르면 일차원적 등급 매기기는 개개인의 진정한 능력이나 기량이나 재능을 정확히 나타내주지 못한다. 게다가 심리학자 토머스 R. 거스키Thomas R. Guskey가『성적 매기기 개혁의 5가지 장애물Five Obstacles to Grading Reform』에서 말했다시피 "누군가 키, 체중, 식생활, 운동 활동을 종합적으로 측정해 단 하나의 숫자나 기호로 그 사람의 건강 상태를 표시하자고 제안한다면 비웃음거리가 되기 쉽다. (중략) 하지만 교사들이 매일같이 학생들의 성취도, 태도, 책임감, 노력, 품행 등의 측면을 종합해 단 하나의 점수를 내서 통지표에 기록하는 것에는 아무도 문제를 제기하지 않는다."[19]

성적의 두 번째 문제는 고용주들로선 특정 졸업자의 학위가 정확히 의미하는 것을 파악하기 위해 복잡한 해석을 내려야 한다는 점이다. 성적 증명서로는 그 학생의 기량이나 능력이나 일정 부문의 숙지 정도를 직접적으로 파악할 만한 단서가 별로 없다. 그나마 있는 근거라고는 대학의 등급과 그 졸업생의 GPA뿐이다.

다행히 이 문제에는 간단한 해결책이 있다. 성적을 **실력**의 측정으로 대체하면 된다. 자격증은 특정 과목에서의 출석 시간 누적, 주어진 시간 내에서의 과제 완수, 중간시험에서의 우수한 평점에 따라 성적을 부여하는 대신, 그 사람의 관련 기량과 능력과 지식에서의 실력을 증명하면, 그리고 증명해야만 수여된다. 실력의 특성이 분야별로 저마다 다르긴 해도 실력 중심의 평가는 3가지 본질적 특징을 지니게 마련이다.

그 첫 번째는 다소 명확하다는 점이다. 실력 중심의 평가에서는 합격 수준과 미비함의 구분이 분명히 나타난다. 실력이 입증됐는지 입증되지 못했는지의 여부가 확인된다. 두 번째는 어떤 식으로든 자격증에 필요한 실력을 쌓을 수 있어야 한다는 점이다. 지금까지와 같은 식으로 어떤 과목을 수강할 수는 있겠지만 현재의 시스템에서처럼 그 과목을 이수했다는 이유만으로 특별한 인정을 얻게 되지는 않는다. 온라인에서 독학으로 실력을 쌓거나 직장생활을 통해 실력을 쌓을 수 있다면 그것도 좋은 방법이다. 수강료를 지불하지 않아도 되니 말이다.

수행력의 실력 중심 평가에서 세 번째 특징은 직업과의 연계다. 실력 중심 평가에서는 자격증을 갖춘 개개인을 고용하게 될 고용주들만이 아니라 직업 조직도 특정 직업과 연관된 자격증의 성질을 결정하는 데 의견을 제시해야 한다. 물론 그렇다고 해서 고용주만이 **유일한** 결정권자가 돼야 한다는 얘기는 아니다. 그렇게 말한다면 말할 수 없이 근시안적인 시각일 테니까. 다만 여기에서 강조하려는 것은 고용주가 결정의 자리에 진정성 있게 참여해야 한다는 것이다. 그래야 학생들이 배우는 것과 실제 직무에서의 성공에 필요한 자질 사이에 밀접하고 유연성 있고 실시간적인 조화가 생기게 된다.

교육을 산업계와 연계된 실력 중심의 방식으로 접근해보자는 이런 접근법이 어림도 없는 아이디어로 보이는가? 하지만 이미 실행되고 있다. 한 예로 웨스턴거버너스대학교Western Governors University, WGU를 살펴보자.[20] WGU는 경영, IT, 의료, 교직 분야의 교육 프로그램을 제공하는 비영리 대학이다. 1997년에 19명의 주지사가 수요가 높은 직종에서 학생들이 경력을 쌓으며 일할 자질을 더 잘 갖출 수 있도록 하려는 혁신적 전략 차원에서 세운 곳이다. WGU는 커리큘럼이 전적으로 온라인으로 이뤄져 학생들이 자신의 속도에 맞춰 진도를 나가도록 한다. 그리고 자격증보다는 학위를 수여하고 있긴 하지만 학생들 각자는 수업의 출석 시간 채우기가 아닌 실력의 입증으로 학위 취득을 위한 학점을 받는다. 또한 이미 잘 아는 영역의 경우에는 불필요한 수업을 들으며 앉아 있지 않고도 능력 시험을 통해 학점을 받을 수도 있다. 수업료는 자율 속도의 개념에 따라 6,000달러의 비용으로 2학기 시간 내에 이수할 수 있는 수만큼 자유롭게 과목을 이수할 수 있다.[21]

WGU는 운영 프로그램들의 산업계와의 연계성을 확실히 하기 위해 분야별로 실력을 규정하는 2단계 과정을 두고 있다. 첫 번째 단계는 '프로그램 위원회'다. 말하자면 산업계와 학계의 전문가들로 구성된 패널이 한자리에 모여 해당 분야의 졸업생이 실무의 원활한 수행을 위해 갖춰야 할 지식과 능력을 정한다. 두 번째 단계는 전국의 전문가들로 구성된 '평가 위원회'다. 이 위원회에서는 학생들이 필요한 내용을 충분히 숙지했는지를 가려내기 위한 능력 시험을 마련하고 있다.

WGU에서 특히 주목할 부분은 독자적인 평가를 새로 만들기보다는 가급적 산업계에서 인정되고 있는 평가에 의존한다는 점이다.[22] WGU 졸업생들은 자신의 분야에서 실력을 입증한 이들이기 때문에 고용주들에게 호감을 사고 있다.

이런 곳은 WGU만이 아니다. 현재 200개가 넘는 학교들이 실력 중심의 수행력 평가 방식을 실시하거나 검토 중에 있다. 심지어 어느 대학 컨소시엄에서는 규모의 조절이 가능한 실력 중심 프로그램의 표준을 개발하기 위해 함께 머리를 맞대고 있다. 성적을 실력 중심의 수행력 평가로 대체하면 학생들이 자신만의 속도로 학습하며 자신의 능력에 따라 평가받을 수 있다.[23]

자율 결정형 교육

학위 대신 자격증을 수여하고 성적 대신 실력 중심의 평가를 하는 것은 고등교육에서 개개인성을 존중하는 데 필요한 요소이긴 하지만 이 둘만으로는 부족하다. 현재의 대학들은 학생들의 교육 진로에서 거의 모든 측면을 통제하고 있다. 당신이 대학 진학을 계획한다고 치자. 초반부터 대학은 학위 수여 프로그램 중 하나에 당신의 입학을 허용할지 말지를 결정한다. 입학이 허용된 다음엔 대학에서 학위 취득을 위해 수행해야 할 요건과 더불어 입학의 혜택을 입은 것에 대해 지불해야 할 비용까지 지정한다. 당신의 교육 측면에서 당신에게 통제권이 있는 것이라곤 어느 대학에 지원할 것인가와 무엇을 전공할 것인가의 문제뿐이다. 이제는 우리의 교육 구조가 **자율 결정의 진로**를 택할 수 있는 기반을 다져 학생 개개인에게 더 많은 통제력을 양도해야 한다.

이를 위해서는 실력 중심의 자격증 수여를 토대로 삼아 고등교육 시스템의 다음 2가지 부가적 특징에 관심의 초점을 맞추면 된다. 첫째, 학생들이 단 한 곳의 대학을 선택해 교육을 받는 방식을 넘어서서 **더 많은** 교육적 선택을 누리게 해야 한다. 둘째로는 자격 인정 절차가 어느 특정 조직에도 종속돼서는 안 된다. 그래야 학생들이 자격증 취득 방법이나 장소에 구애받지 않고 자격증을 쌓아나갈 수 있다.

이런 시스템에서는 학생들이 온라인상이든 교실에서든 고용주의 직업훈련소에서든 지역 대학에서든 자유로운 방식으로 수강할 수 있다. 전 세계 수천 명의 학생들과 함께 온라인으로 수업을 들을 수도 있고 지역의 개인 지도 교수에게 일대일 대면 지도를 받을 수도 있다. 6개월 동안 일주일에 한 번씩 야간 강의를 들을 수도 있고 2주간의 단기 집중 강좌를 들을 수도 있다. 학생들을 몰아붙이는 강한 스타일의 교수를 찾을 수도 있고 다정한 스타일로 지도하는 교수를 선택할 수도 있다. 아니면 그냥 대부분의 과정을 독학으로 자신의 속도에 따라 공짜로 학습할 수도 있다. 선택은 학생들 개개인의 몫이다. 자신의 들쭉날쭉한 측면, 상황 맥락별 기질, 예산 등에 맞춰 **자신이** 관련 지식, 기량, 능력을 숙지하는 데 유용한 자격증 경로를 선택하면 된다.

자율적 진로는 학생들에게 여러 면으로 유익하다. 당신이 하나의 누적 자격증을 목표로 노력하는 중이라고 치자. 구체적인 예를 들어 언젠가 연구원이 되려고 신경과학 분야 자격증을 취득할 계획이라고 해보자. 당신은 신경해부학 자격증, 신경 체계 자격증을 취득한다. 하지만 막상 해보니 사람들을 돕고 상호 교류를 나누는 것을 너무 좋아해서 과학 연구원의 판에 박힌 지루한 일과에 속하는 생리학 세부 분야에서의 경력 쌓기에 소홀하게 된다. 그래서 경력의 방향을 바꿔 임상심리학 자격증을 따기로 마음먹는다. 이 경우엔 임상심리학과 관련된 신경과학 자격증을 이미 따놓은 터라 이 자격증을 임상심리학 자격증을 따는 데 누적 적용해도 된다. 아니면 사람들의 고민을 상담해주는 일도 당신에게 썩 맞지 않는다고 판단되면 기존 획득 자격증을 기반으로 삼아 의료 기기 마케팅 쪽 경력으로 자격증을 재누적해도 된다.

지금의 시스템에서는 전통적인 4년제 신경과학 프로그램을 밟고 있다가 전공을 바꾸면 그 전공의 놓친 수업을 따라가기 위해 추가 수업료를 들이거나, 제 학사 일정에 맞춰 마치기 위해 추가 수강까지 신청해 무리를 하거나, 신경과학 학위를 이수한 뒤 임상심리학 대학원 프로그램이나 경영 대학원에 다시 지원할 것이다. 특히 마지막 선택의 경우엔 더 많은 시간과 수업료를 들여 정말로 좋아하는 학과를 배우기 위해 좋아하지 않는 학과에 4년을 쏟아붓는 격이다.

자율 결정형 실력 중심의 자격증 수여 방식에서는 자신이 진정한 열정을 느끼는 분야를 발견하기 위한 실험으로 인한 불이익이 더 적고 중간에 전공을 바꾸는 비용도 훨씬 적다. 사실 전 교육 시스템이 자율 결정을 지지하는 방향으로 설계되면 학생들 자신이 흥미를 느끼는 분야와 재능 있어 보이는 분야를 끊임없이 재평가해보도록 장려하는 한편 학생들이 자기 자신에 대해 깨달은 것에 따라, 또는 변화하는 취업 시장에 따라 진로 계획을 자연스럽게 조정할 만한 방법도 생긴다.

사람들이 자율 결정형 교육 진로 얘기를 처음 들으면 가장 흔히 보이는 반응은 이것이다. "그러면 대학생들에게 스스로 결정을 내리게 하라고요? 요즘 대학생 애들을 **만나보고** 하는 얘기예요?" 나는 19세가 40세보다 바보 같은 실수를 더 잘 저지르기 쉽다는 지적에는 반대하지 않지만 사람들에게 스스로 결정을 내리도록 맡기면 안 된다는 식의 시스템도 못마땅하다. 사실 개개인의 결정력을 빼앗고 시스템에 결정을 맡겨야 한다는 식의 개념은 전형적인 테일러주의다. 다시 말해 애초에 우리를 곤경에 빠뜨렸던 바로 그런 사고방식이다.

이것은 선택의 문제다. 학생 각자가 다른 모든 학생들과 똑같아지면 오히려 더 좋다고 강요하는 고등교육 시스템을 바라는가? 아니면 학생 각자에게 자신만의 선택을 내리게 해주는 시스템을 바라는가?

새 시대의 교육 모델

지금까지 살펴본 3가지 개념(학위가 아닌 자격증 수여, 성적을 실력으로 대체하기, 학생들에게 교육 진로의 결정권 허용하기)은 고등교육을 상의하달식 위계와 표준화를 중요시하는 테일러주의 공장을 모델로 삼은 시스템에서 탈피해 학생 각자가 자신에게 가장 잘 맞는 교육 진로를 따를 수 있는 역동적인 생태계로 변화시키는 데 필요한 개념들이다.

자율 결정형이며 실력 중심의 자격증 수여 시스템은 개개인성의 원칙과도 보다 밀접하게 연계돼 있다. 먼저 이런 시스템은 들쭉날쭉성의 원칙을 실현해 학생들에게 자신이 좋아하는 것이 뭔지, 어떤 것에 재능이 있는지, 이런 흥미를 살려서 하고 싶은 일을 하려면 어떤 방법이 가장 좋을지를 파악하도록 해준다. 맥락의 원칙도 고려해 학생들이 장차 실제로 일하게 될 직업 환경과 최대한 가까운 맥락에서 학생들의 실력을 평가할 수 있다. 경로의 원칙 또한 적용해 학생들 각자가 자신의 속도에 맞춰 자신에게 적절한 순서에 따라 학습할 수 있게 해준다.

이런 개념을 채택할 경우의 중요한 부분은 어쩌면 획일성의 문제 해결에 유익하다는 점일지 모르겠다. 학생들이 다른 사람들 모두와 똑같되 조금 더 뛰어나려고 기를 쓰는 대신에 최고의 자기 자신이 되기 위해 힘쓸 테니 말이다. 이런 개념이 채택되면 학생들은 명문 대학에 들어가기 위해 평균의 게임을 벌이는 대신에 전문적 우수성을 키우기 위해 노력하게 된다. 다른 학생들과 대학의 최우수 입학 지원자의 자리를 놓고 경쟁하는 대신 건축 회사나 인류학 연구소의 최고 직원이나 최고의 아동복 디자이너가 되기 위해 경쟁한다. 시스템이 요구하는 자신이 아닌 진정한 자신이 된다.

게다가 자율 결정의 실력 중심 자격증 수여제는 끝도 없이 오르는 교육비의 문제를 해결할 길도 열어줄 것이다. 이런 개인화된 시스템에서는 자신이 원하고 필요한 바로 그 자격증에 관련된 수업료만 지불하면 그 외의 비용은 필요없다. 학생들이 한 교육기관에 4년간의 수업료를 꼼짝없이 내는 것이 아니라, 여러 교육기관들이 가능한 한 최저 비용으로 최상의 자격증 프로그램을 제시하며 학생들을 끌기 위해 경쟁할 것이다. 이런 요소들을 채택한 몇몇 교육기관은 웨스턴거버너스대학교의 "뭐든 다 배울 수 있는" 방식, 즉 정액의 요금을 내고 그 교육기관에서 배우고 싶은 모든 교육 프로그램을 배우는 방식을 따라 할지도 모른다.[24]

실력과 자격증 수여 중심의 개인화된 교육 시스템에서는 학생들과 고용주 사이에 조화가 더 잘 이뤄지기도 한다. 끊임없이 변하는 구인 구직 시장의 현실에 따라 자격증의 가치와 유용성이 실시간으로 조정되기 때문이다. 예를 들어 새로운 프로그래밍 언어가 실리콘밸리 전역에 퍼지기 시작하면 기업들은 재빨리 이 새로운 프로그래밍 언어에 자격증이 있는 사람을 구한다는 구인 공고를 낼 것이다. 마찬가지로 자동차 산업이 구식 엔진 스타일에서 새로운 스타일로 전환되면 시대에 뒤진 기술을 다루는 엔지니어링 자격증을 줄여야 한다는 압박이 즉각적으로 작용하게 될 것이다. 이에 따라 학생들은 변화하는 시장에 발맞춰 아주 유연하게 진로를 조정하게 된다. 어떤 학생이든 자신이 일하고 싶은 지역과 자신이 몸담고 싶은 업계에서 자신이 좋아하는 회사가 중요시하는 자격증이 어떤 것인지를 어느 때고 알 수 있다.

한편 기업들과 조직들로선 해당 직무에 필수적인 기량과 지식을 갖춘 입사 지원자들을 확신할 수 있다. 아무리 까다롭거나 복잡한 직무라 해도 그 해당 직무에 필요한 자격증의 조합을 구체적으로 지정할 수 있는 데다 일련의 자격증에 요구되는 구체적 실력에 대해 의견을 제시할 수 있기 때문이다. 고용주들은 쓸모 있는 인재풀 형성에 직접적 영향을 끼칠 수도 있다. 지망생들에게 비용을 후원함으로써 희귀하거나 생소한 자격증이나 심지어 새로운 자격증까지도 취득하게 유도할 수 있기 때문이다.

내 얘기가 대학들이 문제라거나 대학들이 죽어가고 있다는 의미로 들릴지도 모르겠지만 그렇지 않다. 사실 나는 대학을 사랑한다. 대학은 나에게 더 나은 삶을 누릴 기회를 줬고 심지어 현재 대학은 나에게 밥벌이를 시켜주고 있다. 대학은 활기차고 건강한 민주주의나 번영하는 경제를 위해 없어서는 안 되는 존재다. 하지만 현재의 고등교육 시스템 구조는 그릇된 가정을 토대로 삼고 있다. 재능 있는 학생들과 재능 없는 학생들을 효율적으로 구분하기 위해 표준화된 시스템이 필요하다는 그릇된 가정을 따르고 있다. 현재의 이런 시스템이 아무리 대단한 성과를 이끌어준다고 하더라도 그런 구조 아래에서는 여전히 용납할 수 없는 실패들이 발생하게 돼 있다. 이제 그 구조를 변화시켜야 한다.

대학들은 자신들의 교육 모델에 대해 어려운 질문을 던져봐야 한다. 하지만 정말로 고등교육 시스템을 혁신시켜 교육에 대해 새로운 접근을 시도해보고 싶다면 기업계의 도움이 필요하다. 고용주들이 뭔가 다른 것을 요구하지 않는 한 대학들이 변화할 가능성은 희박하다. 고용주들이 여전히 졸업장과 학위를 요구하는 한 대학들로선 시스템을 변화시킬 만한 동기가 별로 없다. 고용주들이 이 혁신을 통해 어떤 혜택을 얻을지 깨닫고 학위보다는 자격증을, 성적보다는 입증된 실력을 바탕으로 직원을 채용하기 시작해야만 비로소 개인화 교육의 혁신이 일어날 것이다.

고등교육을 개인화한 방식으로 접근하기가 쉬운 일은 아니지만 가능한 일이다. 실제로 이미 전 세계의 여러 단과대학과 종합대학에서 이뤄지고 있기도 하다. 그리고 그 혜택은 학생, 고용주, 심지어 대학 자신에게까지도 두루두루 돌아가게 된다. 모든 것은 하나의 결정에서부터 시작된다. 즉 개개인을 소중히 여기기로 마음먹는 일이다.

제9장

/

평균주의를 넘어

2003년에 미군 제3보병 연대는 티그리스강을 가로질러 놓인 다리, 노스바그다드 브리지를 향해 진군 중 예기치 못하게 적군의 은신처에 들어서면서 로켓 추진 수류탄의 집중 포격을 당하기 시작했다. 제3보병연대는 공군에 지원을 요청했고 공군에서는 '킬러 C'라는 호출 신호를 가진 K. 캠벨 대위를 급파했다. 킬러 C는 그 살벌한 별명에 걸맞지 않게 조종사치고는 체구가 정말 작았다. 당시가 1952년이었다면 캠벨은 평균적 조종사에 맞춰 설계된 조종석에 몸이 잘 맞지 않았을 테지만, 2003년 이 왜소한 조종사는 지상부대를 초토화하기 위해 만들어진 괴물 같은 전투기 A-10 워트호그 Warthog('야생 멧돼지'를 뜻하는 말이다—옮긴이)를 몰고 있었다.[1]

그런데 캠벨이 이라크의 공화국 수비대에 워트호그의 화력을 쏟아붓던 중에 엄청난 폭발이 일어나면서 전투기 전체가 요동쳤다. "그 느낌이나 소리가 꼭 자동차 사고를 당하는 것만 같았습니다." 캠벨은 나에게 그때의 느낌을 이렇게 표현했다.[2] 지대공 미사일 한 발이 전투기 후미를 박살 내면서 꼬리, 동체, 엔진 커버, 수평 안전판이 심하게 망가져버린 것이다. 망가진 곳들 모두 전투기에서 없어서는 안 될 중요한 부분들이었다. 유압 게이지가 전부 죽으면서 조종 장치에 불이 들어오며 비상등이 깜빡거렸다. 그러더니 어느 순간 불길에 휩싸인 워트호그가 바그다드 한복판으로 곤두박질치기 시작했고 캠벨이 기체를 상승시키려 안간힘을 썼지만 조종간이 말을 듣지 않았다.

캠벨은 아래쪽의 사출 핸들을 흘깃 내려다봤고 잠깐 동안 낙하산으로 안전하게 탈출할까, 하는 생각을 했다. 하지만 그럴 경우 이 괴물 제트기가 사람들로 북적이는 도심지를 정통으로 들이받게 놔두는 셈이었다. 캠벨은 생각을 바꿔 스위치 하나를 켜서 수동 조종으로 전환시켰다. 조종간을 수동으로 조작하려면 방향타와 보조날개에 고정된 육중한 강철 와이어를 팔 힘으로 직접 당겨야 했다. 이런 수동 조종은 파워스티어링 없이 자동차를 운전하는 것에 비유될 만한 일이다. 단, 이 상황은 미사일 공격을 받으며 덤프트럭을 파워스티어링이나 뒷바퀴도 없이 시속 200마일(약 322킬로미터)의 속도로 운전하는 것에 더 가까웠다. 게다가 워트호그 조종사들은 훈련 기간을 통틀어 수동 조종을 딱 한 차례 연습하고 수동 착륙은

너무 위험하다는 이유로 단 한 차례도 연습하지 않는다.[3]

킬러 C는 구멍이 숭숭 뚫린 기체를 더 통제하기 쉽게 하기 위해 워트호그의 무기를 모두 투하해버렸다. 그런데 어느 순간 갑자기 기체의 무게가 비대칭이 되면서 기체가 왼쪽으로 급격하게 빙글빙글 돌았다. "심장이 멎는 기분이었어요. 그대로 바닥으로 추락하겠구나 싶어 아찔하더군요."[4] 한번 상상해보라. 자그마한 체구의 조종사가 그 옛날 라이트 형제가 썼던 식의 수동 조정 장치를 붙잡고 거대한 괴물 같은 기계를 죽음의 급회전에서 벗어나게 하려 안간힘을 쓰다…… 끝내 성공해내는 그 감격적 장면을.

우여곡절 끝에 전투기를 다시 제어할 수 있게 되자 캠벨은 바그다드에서 벗어나 쿠웨이트의 미군 기지로 회항하기 시작했다. 하지만 쿠웨이트 기지에는 또 한 차례의 피할 수 없는 힘겨운 결정이 기다리고 있었다. 수동 착륙을 시도할 것인가 말 것인가였다. 수동 조종이 최상의 조건에서도 이루 말할 수 없이 어려운 일이라면 수동 착륙은 그보다도 훨씬 더 어려운 일이다. 캠벨이 알고 있기로도 그 이전에 워트호그의 수동 착륙이 이뤄진 경우는 딱 3차례뿐이었다. 첫 번째 시도에서는 조종사가 사망했다. 두 번째 시도 때는 기체가 충돌하며 불길에 휩싸였다. 세 번째 시도에서는 성공했지만 기체가 그때 캠벨이 몰고 있던 워트호그처럼 만신창이가 돼 있지는 않았다.[5]

"기지로 돌아가기까지 1시간이 소요됐는데 그 사이에 기체를 제어하는 일이 차츰 편안해지더군요. 착륙을 시도해보겠다는 제 생각에 모두가 동의한 것은 아니었지만 기지에 도착하기까지의 넉넉한 그 시간 동안 그날의 조건들, 즉 맑게 개어 있는 날씨, 유리한 시야 상태, 조종에 대한 안정감, 노련한 호위기 조종사, 왼쪽 팔로 수동 조종을 하면서 오른쪽 팔은 착륙에 쓸 힘이 아직 생생하다는 사실 등등 이것저것 찬찬히 따져봤습니다. 어쨌든 조종석에 앉은 사람은 저였고 저는 결국 착륙을 시도하기로 결정을 내렸습니다."[6]

캠벨은 충돌도 없었고 불길에 휩싸이지도 않았다. 동료 조종사의 말을 그대로 옮기자면 오히려 캠벨은 "수동 조종을 하면서도 제가 자동 조종으로 착륙하는 것보다 더 부드럽게 착륙했습니다."[7] (현재 국방부에서 대령으로 근무 중인) 캠벨은 수훈비행십자훈장을 수상했는가 하면 사우스캐롤라이나주 의회로부터 공로 표창을 받기도 했다.[8] 하지만 가장 뜻깊었던 것은 감사 인사였는데 냅킨 뒷면에 휘갈겨서 건넨 글이었다. "그날 우리 목숨을 구해주셔서 감사드립니다." 제3보병 연대의 한 병사가 보낸 감사 인사였다.[9]

평등한 기회와 평등한 맞춤

지금까지 조종사 킬러 C의 믿기지 않는 이 실화가 생생히 전달됐길 바란다. 하지만 미 공군이 당시까지도 우리 군의 조종사들이 평균적 조종사에 맞춰 설계된 조종석에 잘 맞는다고 우기던 상황이었다면 이 얘기를 깨낼 기회는 없었을 것이다. 정식 호출 신호가

'킬러 **칙**_{Chick}'인 킴 N. 캠벨 대령의 체구는 160센티미터에 54킬로그램이다.[10] 캠벨 대령은 여자이며, 그녀는 사람들이 흔히 생각하는 '평균적' 조종사의 체구와는 거리가 멀어도 한참 멀다.

이 얘기에서 주목할 만한 교훈은 기회의 특성이다. 군이 길버트 대니얼스 중위의 파격적 아이디어를 채택해 누가 앉아도 몸에 잘 맞는 조정 가능한 조종석을 도입했을 당시에 성 평등은 고사하고 조종사 인재풀의 확대에 대한 얘기를 거론하는 사람은 아무도 없었다. 그저 기존 조종사들의 실력이 더 향상되기만 바랐을 뿐이다. 공군이 캠벨 같은 조종사를 얻은 것도 여성 친화적 항공기를 설계했기 때문이 아니라 조종사 개개인들이 어떤 식의 들쭉날쭉성을 지니고 있든 그런 개개인의 들쭉날쭉한 측면에 잘 맞는 항공기를 제작하려 노력했던 덕분이었다. "저는 워트호그에 탑승하면 좌석 높이를 최대한으로 높이고 페달은 끝까지 젖혀서 조정해야 하지만 그래도 잘 맞아요."[11]

킴 캠벨이 주는 교훈은 한마디로 이것이다. **맞춤이 기회를 만든다.** 환경이 자신의 개개인성과 잘 맞지 않으면(이를테면 조종석에서 팔이 잘 닿지 않아 조종하기가 힘들다면) 그 환경이 조종석이든 교실이든 전망 좋은 고급 사무실이든 간에 자신의 진정한 재능을 펼칠 만한 기회를 제대로 얻지 못한다. 다시 말해 만인에게 평등한 기회를 원한다면, 우리 각자가 잠재력을 한껏 펼칠 기회를 똑같이 누리는 사회를 원한다면, 직장·교육·사회조직이 개개인성에 관심을 가져야 한다는 얘기다.

기회균등을 대하는 일반적인 생각은 이와는 다르다. 평균의 시대 동안 우리는 기회균등을 '평등한 접근권', 즉 모든 사람이 **똑같은** 경험을 접하게 하는 것으로 규정해왔다.[12] 물론 평등한 접근권은 족벌주의, 연고주의, 인종주의, 여성 혐오, 계급주의 같은 더 구시대의 논리보다는 확실히 더 낫기는 하다. 평등한 접근권이 사회를 크게 개선시켜 관대하고 정중하며 포용적인 사회를 이끌었다는 사실에 반박의 여지는 없다.[13] 하지만 평등한 접근권은 한 가지 큰 결함을 가지고 있다. 그 시스템이 실제로 잘 맞든 아니든 상관없이 모든 사람이 똑같은 표준화된 시스템에 접하도록 함으로써 개개인의 기회를 **평균적으로** 최대화하는 것이 그 목적이라는 점이다.

공군이 '필요한 자질'만 갖추고 있다면 남녀를 가리지 않고 누구에게나 전투기 조종사가 될 기회를 허용하는 정책을 통과시키긴 했으나 여전히 평균적 조종사에 맞춰 조종석을 설계했다면 어땠을까? 공군은 킴 캠벨을 받아들이지 않았을 것이다. 그것도 그녀에게 일류급 조종사가 될 재능이 부족하다는 이유에서가 아니라 평균적 조종석에 체형이 맞지 않는다는 이유를 들어서 말이다. 이것을 평등한 기회라고 주장하기는 힘들다.

평등한 접근권은 평등주의적 문제에 대한 평균주의적 해법이다. 수 세대에 걸쳐 사람들은 성, 인종, 종교, 성적 성향, 사회 경제적 계층을 이유로 차별을 당해왔다. 그동안 이런 차별에 대해 보여온 우리의 반응은 기회균등의 정도를 **평균적으로** 균형 잡으려는 노력이었다. 한 그룹의 평균적인 사람이 교육적·직업적·법적·의료적 대우에서 다른 그룹의 평균적 사람과 비교해 다른 접근권을 가지게 될 경우 평균주의 사고에서는 그 평균적인 두 사람을 가능한 한 비슷해지게 만들려 노력해야 공정한 처사라고 간주한다. 이는 평균의 시대에서는 적절한 방식이었다. 표준화된 세계에서는 그런 방식이 불공정을 다루는 가능한 최선책이었기 때문이다.

하지만 이제 우리는 평균적인 사람 따위는 없다는 사실을 잘 알며 기회의 평등한 접근권이라는 방식에 결함이 있다는 사실도 알고 있다. 평균적인 사람 같은 것이 없다면 평균적으로 평등한 기회라는 것도 있을 수 없다. **평등한 맞춤**만이 평등한 기회의 밑거름이 된다.[14]

평등한 맞춤이 색다른 생각처럼 들릴 테지만 궁극적으로 따져보면 에이브러햄 링컨이 밝혔던 기회에 대한 관점과 똑같다. 링컨은 정치의 "주된 목적은 인간의 처우를 향상시키는 것, 즉 모든 이의 어깨를 짓누르는 인위적 짐을 내려주고 모든 이가 가치 있는 이상을 추구하도록 길을 닦아주며 모든 이가 인생이라는 경주에서 자유로운 출발과 공정한 기회를 누리게 해주는 것"이라고 밝힌 바 있다.[15] 평등한 맞춤은 우리의 조직들이 우리의 소중한 가치와 보다 밀접히 조율되도록 이끌어줄 이상이다. 또한 우리 각자에게 최고의 자신으로 도약하고 자신이 생각하는 대로의 훌륭한 삶을 추구하도록 그 기회의 문을 열어준다.

반가운 소식은 평등한 맞춤의 실행이 우리의 힘으로 충분히 해낼 수 있는 일이라는 것이다. 그것도 지금 당장이라도 가능한 일이다.

이제 이 시대에는 더 이상 사람들에게 경직되고 똑같은 표준화 시스템에 순응하도록 강요할 필요가 없다. 이제는 개개인성에 열의를 보이는 조직들을 구축할 만한 과학과 기술이 있기 때문이다. 하지만 평균의 시대에서 개개인성의 시대로의 전환은 저절로 일어나지 않는다. 우리가 그런 전환이 일어나도록 요구해야만 한다.

평등한 맞춤의 실행으로 기회균등에 가장 폭넓고 직접적인 영향을 끼칠 만한 조직을 찾아본다면 가장 먼저 공교육을 꼽을 수 있다. 오늘날 교육에서의 최대 화두가 '개인 맞춤 학습'이라는 사실에도 아랑곳없이, 또 수많은 조직들이 시스템을 변화시키려 노력하고 있는 이 와중에도 전통적 교육 시스템은 여전히 변화가 없다. 아직도 거의 모든 것이 학생들에게 표준화된 똑같은 체험을 강요하도록 짜여 있다. 먼저 교재만 해도 '적정 연령'에 맞도록 기획되고 있다. 특정 연령의 평균적인 학생을 대상으로 제작되고 있다는 얘기다. (부담이 큰 중요한 시험 상당수를 비롯해) 수많은 평가들은 연령이나 학년을 기준으로 하고 있다. 즉 해당 연령이나 학년의 평균적 학생을 중심으로 구성되고 있는 것이다.[16] 여전히 학생들이 학습할 내용만이 아니라 그 내용을 학습하는 방법, 시기, 속도, 순서에 대해서까지 정해놓은 커리큘럼을 강요하고 있다. 한마디로 말해 아무리 부인한다 해도 전통적 공교육 시스템은 개개인성의 원칙에서 어긋나 있다.

교육에 평등한 맞춤을 도입하려면 어떤 방법이 있을까? 그 방법을 생각하기란 쉽지 않을 테지만 그렇다고 어렵지도 않다. 먼저,

교재를 평균적이기보다 '특색 있게' 짜야 한다. 그러니까 커리큘럼 구성이 학년이나 연령에 따라 고정돼 있기보다는 개인별 능력과 속도에 맞춰지도록 해야 한다. 또 교육적 평가가 단순히 학생들을 서로 비교해 순위를 매기는 식이 아니라 **개인별** 학습과 진도를 평가하는 식으로 구성돼야 한다. 마지막으로, 여러 교육 주체들의 실험을 장려하면서 그 성공과 실패를 서로 공유해 학생 주도의 자율 속도형 다경로 교육 체험을 실행시킬 만한 저비용에 확장 가능한 방법들을 찾아내서 채택할 수도 있다.

한편 평등한 맞춤의 원칙은 채용, 해고, 임금 등에 영향을 끼치는 직장 관련 사회정책에도 적용시킬 수 있다. (평균주의 시스템이 더없이 좋은 의도에서 비롯된 것이라 해도) 우리의 학교와 직장을 평균주의 시스템에 맞추는 대신 개인에 맞춰 재설계할 경우 갇혀 있던 굴레에서 풀려날 인재들을 상상해보라. 그 결과는 여조종사 킴 캠벨의 사회, 즉 개개인의 우수성에 관심을 가져주는 그런 사회의 도래일 것이다.

꿈 되찾기

제임스 트러슬로 애덤스James Truslow Adams는 대공황이 한창이던 1931년에 출간된 『미국의 서사시The Epic of America』에서 '아메리칸 드림 American Dream'이라는 말을 신조어로 처음 썼다. 애덤스는 이 아메리칸 드림을 당대의 물질주의에 대별되는 관점에서 논했다. "이것은 자동차와 높은 임금을 향한 꿈이 아니라 사회질서를 향한 꿈이다. 남녀 모두 누구나 다 타고난 재능을 한껏 펼칠 수 있고 타인들로부터 출생이나 지위라는 우연에 따른 배경과 무관한 본연의 모습으로 인정받을 수 있는 그런 사회질서를 동경하는 꿈이다."[17]

원래 아메리칸 드림은 부자가 되거나 유명해지는 것과는 상관이 없는 말이었다. 그보다는 잠재력을 한껏 펼치며 살아갈 기회와 개인으로서의 자신의 가치를 인정받는 차원의 문제였다. 미국은 이 꿈이 시민 대다수에게 가능했던 최초의 국가들 중 하나이긴 하지만 어쨌거나 이 꿈은 어느 한 국가나 국민만의 꿈이 아닌 우리 모두가 공감하는 보편적인 꿈이다. 그런데 이 꿈이 평균주의에 물들어 오염되고 말았다.

애덤스가 아메리칸 드림이라는 말을 만들어낸 것은 테일러주의와 효율성 운동의 영향력이 점차 확산돼가는 현상에 대한 직접적 반응이었다. 그는 테일러주의와 효율성 운동이 시스템만 중요시할 뿐 "어떤 시스템이든 개개인들을 위한 것인데도 정작 개개인들은 무시되고 있다."[18]고 꼬집었다. 또한 테일러주의의 세계관이 사회의 구조를 바꿔놓고 있을 뿐만 아니라 사람들이 스스로나 서로서로를 바라보는 방식, 우선순위를 결정하는 방식, 성공의 의미를 규정하는 방식까지 바꿔놓고 있다고 봤다. 평균주의가 교육 시스템과 직장의 모습을 새롭게 바꿔가는 사이에 아메리칸 드림은 개인적 성취의 의미가 점차 퇴색되면서 최하층의 시민도 경제적 사다리의 가장 높은 디딤대에 올라설 수 있다는 식의 개념이 점차 강해졌다.

이런 가치상의 변화가 일어난 이유는 뻔하지만 또 한편으로는 물질주의만큼 간단하지는 않다. 우리는 누구나 평균주의 문화에 폭넓게 만연돼 있는 일차원적 사고의 영향력을 느끼며 살아간다. 끊임없이 우리를 분류하고 등급 매기는 표준화된 교육 시스템, 이런 교육상의 등급을 바탕으로 우리를 채용한 뒤 매년 직무 수행 평가에서 새로운 등급을 부여하는 직장, 우리의 직업상 등급에 따라 보상과 존경, 인정을 하는 사회 속에서 일상적으로 그 영향력을 느끼고 있다. 우리는 올라야 할 이런 인위적이고 자의적이며 무의미한 디딤대를 올려다보면서 디딤대를 제대로 딛지 못할까 봐, 일차원적 사다리를 온 힘을 다해 올라가야만 주어지는 그런 기회들을 못 얻게 될까 봐 초조해한다.

우리 자신이나 아이들이 남들과 '다른' 사람으로 분류되면 학교생활에서 성공할 가망이 없어지고 사다리의 낮은 곳에서 살아갈 운명에 놓일까 봐 불안해한다. 상위권의 일류 학교에 들어가 높은 성적을 받지 않으면 들어가고 싶은 회사의 고용주들이 우리를 거들떠도 안 볼까 봐 걱정한다. 성격 테스트에서 잘못 대답하면 원하는 일자리를 얻지 못할까 봐 전전긍긍한다. 현재 우리는 다른 사람들 모두와 똑같이 하되 더 뛰어나길 요구하는 한편 아메리칸 드림을 주위 사람들과 **비교해** 더 나은 사람이 되길 바라는 옹졸한 꿈으로 전락시키고 있는 그런 세계에서 살고 있다.

개개인성의 원칙은 아메리칸 드림의 의미는 물론이요, 누구나 그 꿈을 이룰 수 있는 가능성까지 되찾을 방법을 제시하고 있다. 우리가 일차원적 사고, 본질주의적 사고, 규범적 사고의 장벽을 극복해낸다면, 또 사회의 조직들이 평균보다 개개인성을 소중히 여긴다면 개인의 기회가 더욱 증대되고 성공에 대한 생각도 바뀔 것이다. 평균에서의 이탈이라는 관점이 아니라 우리 스스로가 정한 관점에서 성공을 바라보게 될 것이다.

사실 이는 미래의 유토피아 얘기가 아닌 현재 우리 주위에서 이미 일어나고 있는 실질적 현실이다. 현재 우리의 의료 시스템은 모든 환자에게 평등한 맞춤을 제공하려는 목표에 따라 개인 맞춤 의료로 옮겨 가는 중이다. 실력 중심의 자격증 수여가 선도적 대학들에서 성공적으로 시도되고 있다. 맥락 중심의 채용이 이미 실행 중이며 루 애들러 같은 선구자들이 그 선봉에 서고 있다. 코스트코, 조호, 모닝스타처럼 개인을 중요시하는 기업들이 세계적인 성공을 거두고 있다. 이 모두는 평등한 맞춤이란 것이 정확히 어떤 모습인지를 어렴풋이 엿보게 해주는 사례들이다. 이제는 **모든** 조직들이 꿈을 되찾기 위해 필요한 신념으로서 개개인성을 받아들이고 평등한 맞춤을 채택해야 할 때다.

우리가 아메리칸 드림이라고 부르는 이 이상은 우리 모두의 이상이다. 자기 나름의 관점에 따른 최고의 자신이 되고자 하는 꿈이자 자신이 정한 기준에서의 훌륭한 삶을 살아가고자 하는 꿈이다. 노력을 쏟을 만한 가치가 있는 꿈이다. 그리고 이루기 어려운 꿈일 테지만 지금 현재야말로 그 어느 때보다 그 꿈의 실현에 가까이 다가와 있다. 이제 더는 평균의 시대가 강요하는 속박에 제한당할 필요가 없다. 이제는 시스템에 대한 순응이 아니라 개개인성을 중요시함으로써 평균주의의 독재에서 해방돼야 한다. 우리 앞에는 밝은 미래가 펼쳐져 있으며 그 시작점은 평균의 종말이다.

감사의 말

『평균의 종말』의 집필은 내 평생 가장 힘든 모험으로 손꼽을 만한 일이었으나 정말 운이 좋게도 그 여정을 혼자 걷지는 않았다. 내 동료이자 벗이며 공저자인 오기 오가스ogi ogas 박사가 든든한 파트너로 함께해줬다. 이 책에는 나 자신 못지않게 오가스 박사의 피와 땀도 배어 있으며 그런 의미에서 우리 두 사람의 남다른 호흡으로 결실을 맺게 된 이 책을 오가스 박사의 손에 들려주게 된 점을 자랑스럽게 생각한다.

하퍼원출판사의 유능하기 이를 데 없는 편집장 제노베바 로사에게 말로 다 할 수 없는 감사를 전한다. 아이디어를 보태주고 아낌없는 열정을 보여준 그녀는 그야말로 소중한 파트너였다. 초안의 수없는 수정과 보완 작업 중에도 열정과 적극성을 보여준 데 대해 무한한 감사를 느끼며 그 프로 정신에 존경심을 보낸다. 그녀의 비전, 헌신, 조언이 없었다면 이 책이 이렇게 잘 출간되지 못했을 것이다. 하퍼원의 뛰어난 팀원들인 한나 리베라, 킴 데이먼, 수잔 위그햄, 리사 주니가에게도 감사 인사를 전한다.

뛰어난 실력의 출판 대리인 하워드 윤에게도 각별한 감사를 전하고 싶다. 그는 열의에 들뜬 채 미숙하던 아이디어를 버젓한 출판 프로젝트로 잘 가다듬어주는 등 책이 출간되기까지 여러 가지로 중요한 도움을 줬다.

이 책은 개개인의 기회연구소Center for Individual Opportunity 동료들인 듀이 로제티, 빌 로제티, 데비 뉴하우스, 패리사 루하니, 월터 하스, 브라이언 댈리의 무한한 아량이 없었다면 애초부터 출간되지도 못했을 것이다. 이 동료들의 지지가 없었다면 이 책의 중대한 개념을 감히 착안하지도 못했을 테니 이들 한 사람 한 사람 모두가『평균의 종말』에 뜻깊은 기여를 한 셈이다.

이 자리에서는 나의 지적 발전에 있어 가장 큰 빚을 진 스승 커트 피셔의 얘기도 빼놓을 수 없다. 나를 제자로 거둬주고 과학자와 학자로서의 나아갈 길을 가르쳐준 그분이 직접 개설해 기반을 닦아놓은 지성·두뇌·교육 프로그램의 후임 책임자를 맡게 된 일은 학자로서의 내 삶을 통틀어 가장 큰 영광이었다.

여러 사람의 아이디어들이『평균의 종말』에 생명력을 불어넣어줬지만 그중에서도 특히 피터 몰레나에게 각별한 인사를 전하고 싶다. 세상이 우리를 평가하는 방식에 근본적 오류가 있음을 느껴본 적이 있는 사람이라면 누구나 그의 저서나 그의 삶을 통해 영감을 자극받게 된다. 시간을 내서 이야기를 나눠 주고 피드백과 지지를 해줬던 점이나, 또 이 새로운 과학 분야를 위해 지칠 줄 모르는 노력을 쏟아주는 점에 대해 감사 인사를 보낸다.

그 밖에도 개개인성에 관련된 나의 사고에 감명을 줬던 다음의 여러 학자들에게도 감사의 마음을 전한다. 짐 라미엘, 라스 버그먼, 앤 보가트, 피터 보케노, 데니 보스브룸, 알렉산더 폰 아이, 에밀리오 페러, 하워드 가드너, 폴 반 거트, 제임스 그리스, 엘렌 해마커, 마이클 헌터, 미셸 램플, 한 반 데르 마스, 데이비드 마구누손, 마이클 밀러, 월터 미셸, 존 네셀로드, 프리츠 오스텐도르프, 유이치 쇼다, 로버트 시글러, 에스터 텔렌, 얀 발지너, 베아트릭스 베레이켄, 자밀 자키.

캐런 아돌프, 루 애들러, 줄리엣 아그라노프, 켈리 브라이언트, 킴 캠벨 대령, 토드 칼라일, 길버트 대니얼스, 캘럼 니거스 팬시, 빌 피츠시몬스, 애슐리 구달, 폴 그린, 마이클 밀러, 주디 뮤어, 유이치 쇼다, 짐 시네갈, 스리드하르 벰부에게는 인터뷰를 허락해주고 아이디어와 통찰력을 나눠 줘서 진심으로 감사드린다는 말을 전하고 싶다.

감사의 글이 원래 예상했던 분량을 거의 채워가고 있지만 그렇다고 해도 콜로라도대학교의 폴 베일과 MIT의 토머스 그레이택에게 보내는 감사 인사를 빼놓을 수는 없다. 세계적인 물리학자인 두 사람은 나에게 따로 시간을 내어 기체의 양자역학뿐 아니라 통계물리학의 본질을 자세하고 분명하게 짚어줬다. 아돌프 케틀레와 관련해 유익한 대화를 나눠 준 케빈 도넬리에게도 감사드린다.

스테이시 파커 피셔에게도 비전과 열정을 베풀어준 점에 대해 이 자리에서 따로 감사 인사를 전하고 싶다. 개개인성의 개념을 더 많은 이들에게 전하려는 내 노력을 후원한 엘리스 스퍼버, 오크 재단Oak Foundation, 와서만 재단Wasserman Foundation, 월터 앤 엘리스 하스 펀드Walter & Elise Haas Fund, 중요한 조언을 해준 샌디 오텔리니, 소노마카운티의 TEDx(TED로부터 공식적으로 허가를 받아 TED의 가이드라인을 따르되, 자발적이고 독립적으로 운영되고 열리는 지역 단위 행사—옮긴이)에서 처음으로 내 아이디어를 소개할 기회를 마련해준 데비 존슨에게도 고마움을 전한다.

온라인 마케팅, 소셜 미디어, 전략 짜기에서 놀라운 능력을 펼치면서 똑똑하고 재치 있고 열정적인 모습을 보이며 늘 나보다 한발 앞서 내다봤던 케이티 자네치아에게 각별한 고마움을 느낀다. 뛰어난 실력의 디자이너 마이크 딕스, 팩트체커로서 아주 철두철미한 작업을 펼쳐준 노아 갤라거 섀넌, 끊임없이 수정되는 원고에 잇달아 피드백을 해준 토풀 알가넴에게도 고맙다는 말을 하고 싶다.

유클루닷컴Uclue.com의 초절정 능력 연구자들인 데이비드 사로킨, J. D. 우미아트, 바비 세븐스, 캠벨 대령과의 인터뷰를 허락해준 미 공군, 캠벨 대령에게 나를 소개해준 델 크리스트먼, '노르마'의 이미지 사용을 허락해준 클리블랜드 박물관에도 감사드리고 싶다.

기대하지 못했던 도움을 주며 늘 없어서는 안 되는 존재감을 드러내면서도 별로 생색내는 법이 없는 크리스 베트케, 그리고 앤드류 퍼거슨과 매튜 린치 주니어에게 고마운 마음을 전한다.

한 권의 책이 더 나은 내용으로 발전되도록 도움을 줄 수 있는 가장 필수적이고도 실용적인 방법 한 가지는 시간을 내서 글을 읽어주며 솔직한 소감을 이야기해주는 일이다. 그런 의미에서 이 책의 초안에 비평 의견을 내준 다음의 멋진 분들에게 감사드리고 싶다. 데비 뉴하우스, 패리사 루하니, 림 앨가넴, 베이직 앨가넴, 존과 샌디 오가스 부부, 프리얀카 라이, 차이탄야 사이, 엘리자베스 리커, 마리안 브랜든, 아미엘 바우어스, 해마 게다프 댐, 키트 말로니, 딥티 라오, 크리스 베트케, 칼림 살리바, 앤나 스푸룰 라티머, 로스윤 Ross-Yoon의 다라 케이.

나의 부모님 래리 로즈와 리다 로즈에게 고개 숙여 큰 감사를 드린다. 나의 쉽게 꺾일 줄 모르는 낙천성과 개개인성에 대한 신념은 두 분에게서 물려받은 것이다. 특히 내 평생 최고의 교훈을 가르쳐주신 아버지 덕분에 전통을 존중하고 소중히 여기는 동시에 말 그대로 모든 것에 의문을 가질 수도 있음을 알게 됐다.

마지막으로『평균의 종말』이 세상에 나오기까지 묵묵히 가장 큰 힘을 실어준 주인공들이 있다. 그간 가족으로서의 불성실과 대화, 데드라인을 견뎌줘야 했던 아내 칼린과 두 아들 오스틴과 네이선이다. 나와 살면서 많은 것을 참아주는 세 사람에게는 세상 그 어떤 말로도 고마운 마음을 표현할 길이 없다. 세 사람이 없었다면 이 책은 세상의 빛을 보지 못했을 것이다.

참고 문헌

들어가는 말

1. "USAF Aircraft Accidents, February 1950," Accident-Report.com, http://www.accident-report.com/Yearly/1950/5002.html.
2. Francis E. Randall et al., *Human Body Size in Military Aircraft and Personal Equipment* (Army Air Forces Air Materiel Command, Wright Field, Ohio, 1946), 5.
3. United States Air Force, *Anthropometry of Flying Personnel* by H. T. Hertzberg et al., WADC-TR-52-321 (Dayton: Wright-Patterson AFB, 1954).
4. 토드 로즈가 길버트 S. 대니얼스와 나눈 인터뷰. 2014년 5월 14일.
5. 이런 식의 접근법에 대한 개요을 알고 싶다면 다음을 참조 바람. W. H. Sheldon et al., *Atlas of Man* (New York: Gramercy Publishing Company, 1954).
6. Earnest Albert Hooton, *Crime and the Man* (Cambridge: Harvard University Press, 1939), 130.
7. Gilbert S. Daniels, "A Study of Hand Form in 250 Harvard Men" (하버드대 인류학부에 제출된 미발표 논문, 1948)

8. 대니얼스와의 인터뷰.

9. Gilbert S. Daniels, The *"Average Man"*? TN-WCRD-53-7 (Dayton: Wright-Patterson AFB, Air Force Aerospace Medical Research Lab, 1952).

10. Daniels, The *"Average Man"*?, 3.

11. Josephine Robertson, "Are You Norma, Typical Woman? Search to Reward Ohio Winners," *Cleveland Plain Dealer*, September 9, 1945.

12. Anna G. Creadick, *Perfectly Average: The Pursuit of Normality in Postwar America* (Amherst: University of Massachusetts Press, 2010). Note: The sculptures are available at Harvard Countway Library; "CLINIC: But Am I Normal?" Remedia, November 5, 2012. ; Harry L. Shapiro, "A Portrait of the American People," *Natural History* 54 (1945): 248, 252.

13. Dahlia S. Cambers, "The Law of Averages 1: Normman and Norma," *Cabinet*, Issue 15, Fall 2004, http://www.cabinetmagazine.org/issues/15/cambers.php; and Creadick, *Perfectly Average*.

14. Bruno Gebhard, "The Birth Models: R. L. Dickinson's Monument," *Journal of Social Hygiene* 37 (April 1951), 169-174.

15. Gebhard, "The Birth Models."

16. Josephine Robertson, "High Schools Show Norma New Way to Physical Fitness," *Cleveland Plain Dealer*, September 18, 1945, A1.

17. Josephine Robertson, "Are You Norma, Typical Woman? Search to Reward Ohio Winners," *Cleveland Plain Dealer*, September 9, 1945, A8; Josephine Robertson, "Norma Is Appealing Model in Opinion of City's Artists," *Cleveland Plain Dealer*, September 15, 1945, A1; Josephine Robertson, "Norma Wants Her Posture to Be Perfect," *Cleveland Plain Dealer*, September 13, 1945, A1; Josephine Robertson, "High Schools Show Norma New Way to Physical Fitness," *Cleveland Plain Dealer*, September 18, 1945, A1; Josephine Robertson, "Dr. Clausen Finds Norma Devout, but Still Glamorous," *Cleveland Plain Dealer*, September 24, 1945, A3; "The shape we're in," *TIME*, June 18, 1945; Creadick, *Perfectly Average*, 31-35.

18. Josephine Robertson, "Theater Cashier, 23, Wins Title of Norma, Besting 3,863 Entries," *Cleveland Plain Dealer*, September 23, 1945, A1.

19. Robertson, "Theater Cashier," A1.

20. Robertson, "Theater Cashier," A1.

21. Daniels, The *"Average Man"*?, 1.

22. Daniels, The *"Average Man"*?

23. 대니얼스와의 인터뷰.

24. Kenneth W. Kennedy, *International anthropometric variability and its effects on aircraft cockpit design.* No. AMRL-TR-72-45. (Air Force Aerospace medical research lab, Wright-Patterson AFB OH, 1976); 이런 설계 기준을 실행한 제조사의 사례가 궁금하다면 다음을 참조 바람. Douglas Aircraft Company, El Segundo, California, Service Information Summary, Sept.-Oct., 1959.

25. E. C. Gifford, *Compilation of Anthropometric Measures of US Navy Pilots,* NAMC-ACEL-437 (Philadelphia: U.S. Department of the Navy, Air Crew Equipment Laboratory, 1960).

26. L. Todd Rose et al., "The Science of the Individual," *Mind, Brain, and Education* 7, no. 3 (2013): 152-158. See also James T. Lamiell, *Beyond Individual and Group Differences: Human Individuality, Scientific Psychology, and William Stern's Critical Personalism* (Thousand Oaks: Sage Publications, 2003).

27. "Miasma Theory," *Wikipedia,* June 27, 2015, https://en.wikipedia.org/wiki / Miasma_theory.

28. "Infectious Disease Timeline: Louis Pasteur and the Germ Theory of Disease," *ABPI,* http://www.abpischools.org.uk/page/modules/infectious diseases_ timeline/timeline4.cfm.

제1부 평균의 시대

제1장 평균의 탄생

1. Michael B. Miller et al., "Extensive Individual Differences in Brain Activations Associated with Episodic Retrieval Are Reliable Over Time," *Journal of Cognitive Neuroscience* 14, no. 8 (2002): 1200-1214.

2. K. J. Friston et al., "How Many Subjects Constitute a Study?" *Neuroimage* 10 (1999): 1-5.

3. Michael Miller, interviewed by Todd Rose, September 23, 2014.

4. 밀러와의 인터뷰.

5. L. Cahill et al., "Amygdala Activity at Encoding Correlated with Long-Term,

Free Recall of Emotional Information," *Proceedings of the National Academy of Sciences*, U.S.A. 93 (1996): 8016–8021; I. Klein et al., "Transient Activity in the Human Calcarine Cortex During Visual–Mental Imagery: An Event–Related fMRI Study," *Journal of Cognitive Neuroscience* 12 (2000): 15–23; S. M. Kosslyn et al., "Individual Differences in Cerebral Blood Flow in Area 17 Predict the Time to Evaluate Visualized Letters," *Journal of Cognitive Neuroscience* 8 (1996): 78–82; D. McGonigle et al., "Variability in fMRI: An Examination of Intersession Differences," *Neuroimage* 11 (2000): 708–734; S. Mueller et al., "Individual Variability in Functional Connectivity Architecture of the Human Brain," *Neuron* 77, no. 3 (2013): 586–595; L. Nyberg et al., "PET Studies of Encoding and Retrieval: The HERA model," *Psychonomic Bulletin and Review* 3 (1996): 135–148; C. A. Seger et al., "Hemispheric Asymmetries and Individual Differences in Visual Concept Learning as Measured by Functional MRI," *Neuropsychologia* 38 (2000): 1316–1324; J. D. Watson et al., "Area V5 of the Human Brain: Evidence from a Combined Study Using Positron Emission Tomography and Magnetic Resonance Imaging," *Cerebral Cortex* 3 (1993): 79–94. 또한 일명 혈류역학 반응에서의 개개인성이라는 분야에도 주목해보길 권함. 다음을 참조 바람. G. K. Aguirre et al., "The Variability of Human, BOLD Hemodynamic Responses," *Neuroimage* 8 (1998): 360–369.

6. 밀러와의 인터뷰, 2014.
7. 밀러와의 인터뷰, 2014.
8. 케틀레의 정식 본명은 램버트 아돌프 자크 케틀레(Lambert Adolphe Jacques Quetelet)다. 전기 및 이력과 관련해 자세히 알고 싶다면 다음을 참조 바람. Alain Desrosières, *The Politics of Large Numbers: A History of Statistical Reasoning* (Cambridge: Harvard University Press, 1998), chap. 3; K. P. Donnelly, *Adolphe Quetelet, Social Physics and the Average Men of Science*, 1796–1874 (London: Pickering & Chatto, 2015); Gerd Gigerenzer et al., *The Empire of Chance: How Probability Changed Science and Everyday Life* (Cambridge: Cambridge University Press, 1989); Ian Hacking, *The Emergence of Probability: A Philosophical Study of Early Ideas about Probability, Induction and Statistical Inference* (Cambridge: Cambridge University Press, 1975); Ian Hacking, *The Taming of Chance* (Cambridge: Cambridge University Press, 1990); T. M. Porter, *The Rise of Statistical Thinking, 1820–1900* (Princeton: Princeton University Press, 1986); Stephen M. Stigler, *The History of Statistics: The*

Measurement of Uncertainty before 1900 (Cambridge: Harvard University Press, 1986); Stephen M. Stigler, *Statistics on the Table: The History of Statistical Concepts and Methods* (Cambridge: Harvard University Press, 2002).

9. Stigler, *History of Statistics*, 162.

10. Porter, *Rise of Statistical Thinking*, 47.

11. Porter, *Rise of Statistical Thinking*, 47–48.

12. T. M. Porter, "The Mathematics of Society: Variation and Error in Quetelet's Statistics," *British Journal for the History of Science* 18, no. 1 (1985): 51–69, citing Quetelet, "Memoire sur les lois des naissances et de la mortalite a Bruxelles," *NMB* 3 (1826): 493–512.

13. Porter, *Rise of Statistical Thinking*, 104.

14. I. Hacking, "Biopower and the Avalanche of Printed Numbers," *Humanities in Society* 5 (1982): 279–295.

15. C. Camic and Y. Xie, "The Statistical Turn in American Social Science: Columbia University, 1890 to 1915," *American Sociological Review* 59, no. 5 (1994): 773–805; and I. Hacking, "Nineteenth Century Cracks in the Concept of Determinism," *Journal of the History of Ideas* 44, no. 3 (1983): 455–475.

16. Porter, *Rise of Statistical Thinking*, 95.

17. S. Stahl, "The Evolution of the Normal Distribution," *Mathematics Magazine* 79 (2006): 96–113.

18. O. B. Sheynin, "On the Mathematical Treatment of Astronomical Observations," *Archives for the History of Exact Sciences* 11, no. 2/3 (1973): 97–126.

19. Adolphe Quetelet, "Sur l'appréciation des documents statistiques, et en particulier sur l'application des moyens," *Bulletin de la Commission Centrale de la Statistique (of Belgium)* 2 (1844): 258; A. Quetelet, *Lettres à S. A. R. Le Duc Régnant de Saxe Cobourg et Gotha, sur la théorie des probabilités, appliquée aux sciences morales et politique* (Brussels: Hayez, 1846), letters 19–21. 분석 자료가 된 일람표는 다음이 그 출처임. The original data are from the *Edinburgh Medical and Surgical Journal* 13 (1817): 260–264.

20. T. Simpson, "A Letter to the Right Honourable George Macclesfield, President of the Royal Society, on the Advantage of Taking the Mean, of a Number of Observations, in Practical Astronomy," *Philosophical Transactions* 49 (1756):

82–93.

21. Stahl, "Evolution of the Normal Distribution," 96–113; and Camic and Xie, "Statistical Turn," 773–805.

22. Quetelet, *Lettres*, Letters 19–21.

23. Quetelet, *Lettres*, Letter 20.

24. Quetelet, *Lettres*, Letters 90–93.

25. Adolphe Quetelet, *Sur l'homme et le développement de ses facultés, ou Essai de physique sociale* (Paris: Bachelier, 1835); trans. *A Treatise on Man and the Development of his Faculties* (Edinburgh: William and Robert Chambers, 1842), chap. 1. A revised version of this book changed the title: *Physique sociale ou essai sur le développement des facultés de l'homme* (Brussels: C. Muquardt, 1869).

26. Stigler, *History of Statistics*, 171; quoting passage at page 276 of Quetelet, *Sur L'homme* (1835).

27. Quetelet, *Treatise*, 99.

28. Quetelet, *Treatise*, 276.

29. Hacking, "Nineteenth Century Cracks," 455–475; Kaat Louckx and Raf Vanderstraeten, "State–istics and Statistics, 532; N. Rose, "Governing by Numbers: Figuring Out Democracy," *Accounting* 16, no. 7 (1991): 673–692; and "Quetelet, Adolphe." *International Encyclopedia of the Social Sciences*, 1968; *Encyclopedia.com.* (August 10, 2015). http://www.encyclopedia.com/doc/1G2–3045001026.html.

30. John S. Haller, "Civil War Anthropometry: The Making of a Racial Ideology," *Civil War History* 16, no. 4 (1970): 309–324. The original report references Quetelet: J. H. Baxter, *Statistics, Medical and Anthropological, of the Provost Marshal-General's Bureau, Derived from Records of the Examination for Military Service in the Armies of the United States During the Late War of the Rebellion, of Over a Million Recruits, Drafted Men, Substitutes, and Enrolled Men* (Washington: U.S. Government Printing Office, 1875), 17–19, 36, 43, 52. Quetelet uses this result as proof of types (Quetelet, *Anthropometrie* [Brussels: C. Muquardt, 1871], 16); Quetelet, "Sur les proportions de la race noire," *Bulletin de l'acadimie royale des sciences et belles-lettres de Belgique* 21, no. 1 (1854): 96–100).

31. Porter, "Mathematics of society," 51–69.

32. A. Quetelet, *Du systeme et des lois qui social régissent him* (Paris: Guillaumin, 1848), 88-107, 345-346.

33. Mervyn Stone, "The Owl and the Nightingale: The Quetelet/Nightingale Nexus," *Chance* 24, no. 4 (2011): 30-34; Piers Beirne, *Inventing Criminology* (Albany: SUNY Press, 1993), 65; Wilhelm Wundt, *Theorie Der Sinneswahrnehmung* (Leipzig: Winter'sche, 1862), xxv; J. C. Maxwell, "Illustrations of the Dynamical Theory of Gases," *Philosophical Magazine* 19 (1860): 19-32. 다음에 재수록됨. *The Scientific Papers of James Clerk Maxwell* (Cambridge: Cambridge University Press, 1890; New York: Dover, 1952, and Courier Corporation, 2013).

34. 전기 및 이력과 관련, 프랜시스 골턴에 대해 더 자세히 알고 싶다면 다음을 참조 바람. F. Galton, *Memories of My Life* (London: Methuen, 1908); K. Pearson, *The Life, Letters and Labours of Francis Galton* (London: Cambridge, University Press, 1914); D. W. Forrest, *Francis Galton: The Life and Work of a Victorian Genius* (New York: Taplinger, 1974); and R. E. Fancher, "The Measurement of Mind: Francis Galton and the Psychology of Individual Differences," *in Pioneers of Psychology* (New York: Norton, 1979), 250-294.

35. Jeffrey Auerbach, *The Great Exhibition of 1851* (New Haven: Yale University Press, 1999), 122-123.

36. Gerald Sweeney, "Fighting for the Good Cause," *American Philosophical Society* 91, no. 2 (2001): i-136.

37. Sweeney, "Fighting for the Good Cause." 사회의 민주화에 따른 투표권의 변화와 관련해서 알고 싶다면 다음을 참조 바람. Joseph Hendershot Park, *The English Reform Bill of 1867* (New York: Columbia University, 1920).

38. Francis Galton, *Hereditary Genius: An Inquiry into Its Laws and Consequences* (New York: Horizon Press, 1869), 26. '평균적 인간'의 수리적 측면에 대한 논의를 살펴보고 싶다면 부록도 참조해보길 권함.

39. Sweeney, "Fighting for the Good Cause," 35-49.

40. Francis Galton, "Eugenics: Its Definition, Scope, and Aims," *American Journal of Sociology* 10, no. 1 (1904): 1-25.

41. Michael Bulmer, *Francis Galton* (Baltimore: JHU Press, 2004), 175.

42. Francis Galton, "Statistics by Intercomparison, with Remarks on the Law of Frequency of Error," *Philosophical Magazine* 49 (1875): 33-46.

43. Francis Galton, *Inquiries into Human Faculty and Its Development* (London:

Macmillan, 1883), 35-36.

44. Francis Galton, *Essays in Eugenics* (London: The Eugenics Education Society, 1909), 66.

45. Piers Beirne, "Adolphe Quetelet and the Origins of Positivist Criminology," *American Journal of Sociology* 92, no. 5 (1987): 1140-69; for a broader treatment of the topic, see Porter, *Rise of Statistical Thinking*.

46. Quetelet, *Sur l'homme*, 12.

47. K. Pearson, "The Spirit of Biometrika," *Biometrika* 1, no. 1 (1901): 3-6.

48. William Cyples, "Morality of the Doctrine of Averages," *Cornhill Magazine* (1864): 218-224.

49. Claude Bernard, *Principes de médecine expérimentale*, L. Delhoume, ed. (Paris, 1947), 67. 다음에 인용된 것을 발췌함. T. M. Porter, *The Rise of Statistical Thinking, 1820-1900* (Princeton: Princeton University Press, 1986), 160.

50. Claude Bernard, *An Introduction to the Study of Experimental Medicine* (New York: Dover, 1865; 1957), 138.

51. Joseph Carroll, "Americans Satisfied with Number of Friends, Closeness of Friendships," Gallup.com, March 5, 2004, http://www.gallup.com/poll/10891/americans-satisfied-number-friends-closeness-friendships.aspx; "Average Woman Will Kiss 15 Men and Be Heartbroken Twice Before Meeting 'The One', Study Reveals," *The Telegraph*, January 1, 2014, http://www.telegraph.co.uk/news/picturegalleries/howaboutthat/10545810/Average-woman-will-kiss-15-men-and-be-heartbroken-twice-before-meeting-The-One-study-reveals.html; "Finances Causing Rifts for American Couples," AICPA, May 4, 2012, http://www.aicpa.org/press/pressreleases/2012/pages/finances-causing-rifts-for-american-couples.aspx.

제2장 표준화된 세상

1. J. Rifkin, *Time Wars: The Primary Conflict in Human History* (New York: Henry Holt & Co., 1987), 106.

2. 테일러와 관련해 전기에 담긴 내용이 궁금하다면 다음을 참조 바람. Robert Kanigel, *The One Best Way: Frederick Winslow Taylor and the Enigma of Efficiency* (Cambridge: MIT Press Books, 2005).

3. Charles Hirschman and Elizabeth Mogford, "Immigration and the American Industrial Revolution from 1880 to 1920," *Social Science Research* 38, no. 1 (2009): 897–920.

4. Kanigel, *One Best Way*, 188.

5. Eric L. Davin, *Crucible of Freedom: Workers' Democracy in the Industrial Heartland, 1914–1960* (New York: Lexington Books, 2012), 39; Daniel Nelson, *Managers and Workers* (Madison: University of Wisconsin Press, 1995), 3; and J. Mokyr, "The Second Industrial Revolution, 1870–1914," August 1998, http://faculty.wcas.northwestern.edu/~jmokyr/castronovo.pdf.

6. Frederick Winslow Taylor, *The Principles of Scientific Management* (New York: Harper & Brothers, 1911), 5–6.

7. Taylor, *Principles of Scientific Management*, 7.

8. Taylor Society, *Scientific Management in American Industry* (New York: Harper & Brothers, 1929), 28.

9. Taylor, *Principles of Scientific Management*, 83.

10. Kanigel, *One Best Way*, 215.

11. 하원 결의문 제90호 중 III, 1377~1508 항목에 따른 공장관리의 테일러 공장관리 시스템 외 기타 공장관리 시스템을 검토하기 위해 개최된 하원 특별위원회 청문회에서 거론된 내용임. 다음에 재수록됨. *Scientific Management*, Frederick Winslow Taylor (Westport: Greenwood Press, 1972), 107–111.

12. Taylor, *Principles of Scientific Management*, 25.

13. Frederick W. Taylor, "Why the Race Is Not Always to the Swift," *American Magazine* 85, no. 4 (1918): 42–44.

14. Maarten Derksen, "Turning Men into Machines? Scientific Management, Industrial Psychology, and the Human Factor," *Journal of the History of the Behavioral Sciences* 50, no. 2 (2014): 148–165.

15. Taylor, *Principles of Scientific Management*, 36.

16. Kanigel, *One Best Way*, 204.

17. 1906년 6월 4일의 강연 중에 한 발언(다음에 인용된 것을 발췌함. Kanigel, *One Best Way*, 169).

18. Frederick W. Taylor, "Not for the Genius—But for the Average Man: A Personal Message," *American Magazine* 85, no. 3 (1918): 16–18.

19. Taylor, *Principles of Scientific Management*.

20. Thomas K. McCraw, *Creating Modern Capitalism: How Entrepreneurs,*

Companies, and Countries Triumphed in Three Industrial Revolutions (Cambridge, MA: Harvard University Press, 1997), 338; http://www.newyorker. com/magazine/2009/10/12/not-so-fast; and Peter Davis, *Managing the Cooperative Difference: A Survey of the Application of Modern Management Practices in the Cooperative Context* (Geneva: International Labour Organization, 1999), 47.

21. Kanigel, *One Best Way*, 482.

22. Kanigel, *One Best Way*, 11.

23. Nikolai Lenin, *The Soviets at Work* (New York: Rand School of Social Science, 1919). Kanigel, *One Best Way*, 524.

24. Kanigel, *One Best Way*, 8.

25. M. Freeman, "Scientific Management: 100 Years Old; Poised for the Next Century," *SAM Advanced Management Journal* 61, no. 2 (1996): 35.

26. Richard J. Murnane and Stephen Hoffman, "Graduations on the Rise," EducationNext, http://educationnext.org/graduations-on-the-rise/; and "Education," PBS.com, http://www.pbs.org/fmc/book/3education1.htm.

27. Charles W. Eliot, *Educational Reform: Essays and Addresses* (New York: Century Co., 1901).

28. 전반적 논쟁이나 테일러주의자들의 견해에 대해 개략적으로 알고 싶다면 특히 다음의 저서를 권함. Raymond E. Callahan, *Education and the Cult of Efficiency* (Chicago: University of Chicago Press, 1964).

29. Frederick T. Gates, "The Country School of To-Morrow," *Occasional Papers* 1 (1913): 6–10.

30. John Taylor Gatto, *The Underground History of American Education* (Odysseus Group, 2001), 222.

31. H. L. Mencken, "The Little Red Schoolhouse," *American Mercury*, April 1924, 504.

32. 전기에서는 손다이크를 어떻게 평했는지 궁금하다면 다음을 참조 바람. Geraldine M. Joncich, *The Sane Positivist: A Biography of Edward L. Thorndike* (Middletown: Wesleyan University Press, 1968).

33. S. Tomlinson, "Edward Lee Thorndike and John Dewey on the Science of Education," *Oxford Review of Education* 23, no. 3 (1997): 365–383.

34. Callahan, *Education and the Cult of Efficiency*, 198.

35. Edward Thorndike, *Educational Psychology: Mental Work and Fatigue and*

Individual Differences and Their Causes (New York: Columbia University, 1921), 236. 참고: 손다이크는 골턴과 마찬가지로 사람들의 계층화에 열중했다. 실제로 마지막으로 집필한 저서 『인간의 본성과 사회질서(*Human Nature and the Social Order*)』(1940)에서는 사회가 우등 시민과 열등 시민을 구분하는 데 유용하도록 도덕 점수 매기기 시스템을 도입하자고 제안했다. 그러면서 평균적 인간에게는 100점의 점수를 매겨주는 한편 "뉴턴, 파스퇴르, 다윈, 단테, 밀턴, 바흐, 베토벤, 레오나르도 다빈치, 렘브란트는 2,000점에 해당할 만하고 미련해서 밥만 축내는 치들은 1점 정도"라고 평했다. 손다이크의 이 도덕 점수 매기기 시스템에서는 가축들이 미련한 인간보다 높은 점수를 받기도 했다.

36. Joncich, *The Sane Positivist*, 21–22.

37. Edward Thorndike, *Individuality* (Boston: Houghton Mifflin, 1911). 손다이크가 검사에 대해서는 어떤 접근법을 취했는지 궁금하다면 다음도 참고 바람. Edward Thorndike, *An Introduction to the Theory of Mental and Social Measurements* (New York: Science Press, 1913).

38. Callahan, *Education and the Cult of Efficiency*, chap. 5.

39. Callahan, *Education and the Cult of Efficiency*, chap. 5.

40. Robert J. Marzano, "The Two Purposes of Teacher Evaluation," *Educational Leadership* 70, no. 3 (2012): 14–19. http://www.ascd.org/publications/educational-leadership/nov12/vol70/num03/The-Two-Purposes-of-Teacher-Evaluation. aspx; "Education Rankings," *U.S. News and World Report*, http://www.usnews.cm/rankings; "PISA 2012 Results," OECD, http://www.oecd.org/pisa/keyfindings/pisa-2012-results.htm.

41. Robert J. Murnane and Stephen Hoffman, "Graduations on the Rise," http://educationnext.org/graduations-on-the-rise/; "2015 Building a Grad Nation Report," Grad Nation, http://gradnation.org/report/2015-building-grad-nation-report.

42. Seth Godin, *We Are All Weird* (The Domino Project, 2011).

제3장 평균주의 뒤엎기

1. 토드 로즈가 피터 몰레나와 나눈 인터뷰, 2014년 8월 18일.

2. 몰레나와의 인터뷰, 2014년.

3. Frederic M. Lord and Melvin R. Novick, *Statistical Theories of Mental Test*

Scores (Reading, MA: Addison—Wesley Publishing Co., 1968).

4. J. B. Kline, "Classical Test Theory: Assumptions, Equations, Limitations, and Item Analyses," in *Psychological Testing* (Calgary: University of Calgary, 2005), 91–106.

5. Lord and Novick, *Statistical Theories*, 27–28.

6. Lord and Novick, *Statistical Theories*, 29–32.

7. Lord and Novick, *Statistical Theories*, 32–35.

8. 에르고딕 이론의 역사와 개략적 내용을 알고 싶다면 다음을 참조 바람. Andre R. Cunha, "Understanding the Ergodic Hypothesis Via Analogies," *Physicae* 10, no. 10 (2013): 9–12; J. L. Lebowitz and O. Penrose, "Modern Ergodic Theory," *Physics Today* (1973): 23; Massimiliano Badino, "The Foundational Role of Ergodic Theory," *Foundations of Science* 11 (2006): 323–347; A. Patrascioiu, "The Ergodic Hypothesis: A Complicated Problem in Mathematics and Physics," *Los Alamos Science Special Issue* (1987): 263–279.

9. 에르고딕 이론은 1931년에 수학자 버코프(Birkhoff)에 의해 증명됐다.: G. D. Birkhoff, "Proof of the Ergodic Theorem," *Proceedings of the National Academy of Sciences of the United States of America* 17, no. 12 (1931): 656–660.

10. Peter C. M. Molenaar, "On the Implications of the Classical Ergodic Theorems: Analysis of Developmental Processes Has to Focus on Intra—Individual Variation," *Developmental Psychobiology* 50, no. 1 (2007): 60–69. 참고: 이 2가지 조건은 가우스 과정(Gaussian process), 즉 이 책에서 이 시점까지 논의해온 그런 과정에는 필요충분조건이다. 하지만 일반적 과정에는 충분한 조건이 아니다. 역동적 시스템이 에르고딕이라는 것을 증명하기는 아주아주 어려워서 성공적으로 입증된 역동적 시스템의 사례는 소수에 불과하다.

11. 사례가 궁금하다면 다음을 참조 바람. Bodrova et al., "Nonergodic Dynamics of Force—Free Granular Gases," arXiv:1501.04173 (2015); Thomas Scheby Kuhlman, *The Non-Ergodic Nature of Internal Conversion* (Heidelberg: Springer Science & Business Media, 2013); and Sydney Chapman et al., *The Mathematical Theory of Non-Uniform Gases* (Cambridge: Cambridge University Press, 1970). 일부 이상 기체(ideal gas: 실제 존재하지 않는 이론적인 기체—옮긴이)는 에르고딕이며 그 사례가 알고 싶다면 다음을 참조 바람. K. L. Volkovysskii and Y. G. Sinai, "Ergodic properties of an ideal gas with an infinite number of degrees of freedom," *Functional Analysis and Its*

Applications, no. 5 (1971): 185–187. "Ergodic Theorem Passes the Test," *Physics World,* October 20, 2011, http://physicsworld.com/cws/article/news/2011/oct/20/ergodic-theorem-passes-the-test.

12. 피터 몰레나와의 인터뷰, 2014년. 다음도 참조를 권함. Peter Molenaar et al., "Consequences of the Ergodic Theorems for Classical Test Theory, Factor Analysis, and the Analysis of Developmental Processes," in *Handbook of Cognitive Aging* (Los Angeles: SAGE Publications, 2008), 90–104.

13. A. Quetelet, *Lettres à S. A. R. Le Duc Régnant de Saxe Cobourg et Gotha, sur la théorie des probabilités, appliquée aux sciences morales et politique* (Brussels: Hayez, 1846), 136.

14. Peter Molenaar, "A Manifesto on Psychology as Idiographic Science: Bringing the Person Back into Scientific Psychology, This Time Forever," *Measurement* 2, no. 4 (2004): 201–218.

15. 피터 몰레나와의 인터뷰, 2014년.

16. 피터 몰레나와의 인터뷰, 2014년.

17. 피터 몰레나와의 인터뷰, 2014년.

18. 피터 몰레나와의 인터뷰, 2014년.

19. Rose et al., "Science of the Individual," 152–158.

20. Paul Van Geert, "The Contribution of Complex Dynamic Systems to Development," *Child Development Perspectives* 5, no. 4 (2011): 273–278.

21. Rose et al., "Science of the Individual," 152–158.

22. Anatole S. Dekaban, *Neurology of Infancy* (Baltimore: Williams & Wilkins, 1959), 63.

23. M. R. Fiorentino, *A Basis for Sensorimotor Development—Normal and Abnormal: The Influence of Primitive, Postural Reflexes on the Development and Distribution of Tone* (Springfield: Charles C. Thomas, 1981), 55; R. S. Illingworth, *The Development of the Infant and Young Child: Normal and Abnormal,* 3rd ed. (London: E. & S. Livingstone, 1966), 88; M. B. McGraw, "Neuromuscular Development of the Human Infant As Exemplified in the Achievement of Erect Locomotion," *Journal of Pediatrics* 17 (1940): 747–777; J. H. Menkes, *Textbook of Child Neurology* (Philadelphia: Lea & Febiger, 1980), 249; G. E. Molnar, "Analysis of Motor Disorder in Retarded Infants and Young Children," *American Journal of Mental Deficiency* 83 (1978): 213–222; A. Peiper, *Cerebral Function in Infancy and Childhood* (New York: Consultants

Bureau, 1963), 213–215.

24. 에스터 텔렌의 연구에 바쳐진 찬사를 읽어보고 싶다면 다음을 참조 바람. Karen
    E. Adolph and Beatrix Vereijken, "Esther Thelen (1941–2004)," *American
    Psychologist* 60, no. 9 (2005): 1032.

25. E. Thelen and D. M. Fisher, "Newborn Stepping: An Explanation for a
    'Disappearing' Reflex," *Developmental Psychology* 18, no. 5 (1982): 760–775.

26. E. Thelen et al., "The Relationship Between Physical Growth and a Newborn
    Reflex," *Infant Behavior and Development* 7, no. 4 (1984): 479–493.

27. http://www.f22fighter.com/cockpit.htm.

제2부 교육 혁명을 위한 개개인성의 원칙

제4장 인간의 재능은 다차원적이다

1. Robert Levering and Milton Moskowitz, "2007 100 Best Companies to Work
   for," Great Place to Work, http://www.greatplacetowork.net/best-companies/
   north-america/united-states/fortunes-100-best-companies-to-work-
   forr/439-2007.

2. Virginia A. Scott, *Google* (Westport: Greenwood Publishing Group, 2008), 61.

3. Steve Lohr, "Big Data, Trying to Build Better Workers," *New York Times*, April
   20, 2013, http://www.nytimes.com/2013/04/21/technology/big-data-trying-
   to-build-better-workers. html?src=me&pagewanted=all&_r=1. See also Eric
   Schmidt and Jonathan Rosenberg, *How Google Works* (New York: Grand
   Central Publishing, 2014).

4. George Anders, *The Rare Find: How Great Talent Stands Out* (New York:
   Penguin, 2011), 3.

5. Leslie Kwoh, " 'Rank and Yank' Retains Vocal Fans," *Wall Street Journal*,
   January 21, 2012, http://www.wsj.com/articles/SB1000142405297020336350457
   7186970064375222.

6. 토드 로즈가 애슐리 구달과 나눈 인터뷰, 2015년 4월 17일. 다음도 참조를 권
   함. Marcus Buckingham and Ashley Goodall, "Reinventing Performance
   Management," *Harvard Business Review*, April 2015, https://hbr.org/2015/04
   /reinventing-performance-management. 참고: 구달은 현재 시스코 시스템스

(Cisco Systems)에서 리더십 및 팀 지능 부문 수석 부사장을 맡고 있다.

7. Kwoh, " 'Rank and Yank.' "

8. '강제 등급'에 대해 개략적으로 알고 싶다면 다음을 참조 바람. Richard C. Grote, *Forced Ranking: Making Performance Management Work* (Cambridge: Harvard Business Press, 2005).

9. David Auerbach, "Tales of an Ex-Microsoft Manager: Outgoing CEO Steve Ballmer's Beloved Employee-Ranking System Made Me Secretive, Cynical and Paranoid," *Slate*, August 26, 2013, http://www.slate.com/articles/business/moneybox/2013/08/microsoft_ceo_steve_ballmer_retires_a_firsthand_account_of_the_company_s.html.

10. Kwoh, "'Rank and Yank'" and Julie Bort, "This Is Why Some Microsoft Employees Still Fear the Controversial 'Stack Ranking' Employee Review System," *Business Insider*, August 27, 2014, http://www.businessinsider.com/microsofts-old-employee-review-system-2014-8.

11. Anders, *Rare Find*, 3-4. Also see Thomas L. Friedman, "How to Get a Job at Google," *New York Times*, February 22, 2014, http://www.nytimes.com/2014/02/23/opinion/sunday/friedman-how-to-get-a-job-at-google.html?_r=0.

12. 토드 로즈가 토드 칼라일과 나눈 인터뷰, 2015년 4월 21일.

13. Buckingham and Goodall, "Reinventing Performance Management."

14. 토드 로즈가 애슐리 구달과 나눈 인터뷰, 2015년 4월 17일.

15. Kurt Eichenwald, "Microsoft's Lost Decade," *Vanity Fair*, August 2012, http://www.vanityfair.com/news/business/2012/08/microsoft-lost-mojo-steve-ballmer.

16. Marcus Buckingham, "Trouble with the Curve? Why Microsoft Is Ditching Stack Rankings," *Harvard Business Review*, November 19, 2013, https://hbr.org/2013/11/dont-rate-your-employees-on-a-curve/.

17. Francis Galton, *Essays in Eugenics* (London: The Eugenics Education Society, 1909), 66.

18. 일차원적 사고에 대한 더 폭넓은 논의를 보고 싶다면 다음을 참조 바람. Paul Churchill, *A Neurocomputational Perspective: The Nature of Mind and the Structure of Science* (Cambridge, MA: MIT Press, 1989), 285-286; Herbert Marcuse, *One-Dimensional Man: Studies in the Ideology of Advanced Industrial Society*, 2nd ed. (London: Routledge, 1991).

19. Daniels, The *"Average Man"*?, 3.

20. William F. Moroney and Margaret J. Smith, *Empirical Reduction in Potential User Population as the Result of Imposed Multivariate Anthropometric Limits* (Pensacola, FL: Naval Aerospace Medical Research Laboratory, 1972), NAMRL_1164.

21. David Berri and Martin Schmidt, *Stumbling on Wins* (Bonus Content Edition) (New York: Pearson Education, 2010), Kindle Edition, chap. 2.

22. David Berri, "The Sacrifice LeBron James' Teammates Make to Play Alongside Him," *Time*, October 16, 2014, http://time.com/3513970/lebron-james-shot-attempts-scoring-totals/; also see Henry Abbott, "The Robots Are Coming, and They're Cranky," ESPN, March 17, 2010, http://espn.go.com/blog/truehoop/post/_/id/14349/the-robots-are-coming-and-theyre-cranky.

23. David Berri, "Bad Decision Making Is a Pattern with the New York Knicks," *Huffington Post*, May 14, 2015, http://www.huffingtonpost.com/david-berri/bad-decision-making-is-a-b_7283466.html.

24. Berri and Schmidt, *Stumbling on Wins*, chap. 2; 다음도 참조를 권함. David Berri, "The Sacrifice LeBron James' Teammates Make to Play Alongside Him," *Time.com*, October 16, 2014, http://time.com/3513970/lebron-james-shot-attempts-scoring-totals/.

25. David Friedman, "Pro Basketball's 'Five-Tool' Players," *20 Second Timeout*, March 25, 2009, http://20secondtimeout.blogspot.com/2009/03/pro-basketballs-five-tool-players_25.html.

26. Dean Oliver, *Basketball on paper: rules and tools for performance analysis* (Potomac Books, 2004), 63-64. 성공적인 팀 구성과 관련된 질적 측면의 통찰이 궁금하다면 다음을 참조 바람. Mike Krzyzewski, *The Gold Standard: Building a World-Class Team* (New York, Business Plus, 2009).

27. Berri, "Bad Decision Making."

28. D. Denis, "The Origins of Correlation and Regression: Francis Galton or Auguste Bravais and the Error Theorists," *History and Philosophy of Psychology Bulletin* 13 (2001): 36-44.

29. Francis Galton, "Co-relations and Their Measurement, Chiefly from Anthropometric Data," *Proceedings of the Royal Society of London* 45, no. 273-279 (1888): 135-145.

30. 엄밀히 말하자면 상호 연관성은 관계의 방향을 가리키는 신호도 같이 붙여서 −1.00부

터 +1.00까지로 표시한다. 다만 여기에서는 강조하려는 점이 관계의 강도이기 때문에 명확성을 위해 0~1로 표시하기로 결정한 것임을 밝혀둔다.

31. "Five Questions About the Dow That You Always Wanted to Ask," Dow Jones Indexes, February 2012, https://www.djindexes.com/mdsidx/downloads/brochure_info/Five_Questions_Brochure.pdf.

32. William F. Moroney and Margaret J. Smith, *Empirical Reduction in Potential User Population as the Result of Imposed Multivariate Anthropometric Limits* (Pensacola, FL: U.S. Department of the Navy, 1972), NAMRL-1164. 이 조사의 분석 자료는 다음에서 발췌했음. E. C. Gifford, *Compilation of Anthropometric Measures on US Naval Pilot* (Philadelphia: U.S. Department of the Navy, 1960), NAMC-ACEL_437. 맞춤 설계가 결여될 경우의 실질적 결과에 대해서는 다음을 참조 바람. George T. Lodge, *Pilot Stature in Relation to Cockpit Size: A Hidden Factor in Navy Jet Aircraft Accidents* (Norfolk, VA: Naval Safety Center, 1964).

33. Francis Galton, "Mental Tests and Measurements," *Mind* 15, no. 59 (1890): 373–381.

34. 전기에 담긴 내용이 궁금하다면 다음을 참조 바람. W. B. Pillsbury, *Biographical Memoir of James McKeen Cattell 1860-1944* (Washington, DC: National Academy of the Sciences, 1947); M. M. Sokal, "Science and James McKeen Cattell, 1894–1945," *Science* 209, no. 4452 (1980): 43–52.

35. James McKeen Cattell and Francis Galton, "Mental Tests and Measurements," *Mind* 13 (1890): 37–51; and James McKeen Cattell and Livingstone Farrand, "Physical and Mental Measurements of the Students of Columbia University," *Psychological Review* 3, no. 6 (1896): 618. Also see Michael M. Sokal, "James McKeen Cattell and Mental Anthropometry: Nineteenth–Century Science and Reform and the Origins of Psychological Testing," in *Psychological Testing and American Society*, 1890–1930, ed. Michael Sokal (New Brunswick: Rutgers University Press, 1987).

36. 커텔의 제자인 클라크 위슬러가 박사 학위 논문의 일환으로 분석·발표한 결과임. 다음을 참조 바람. Clark Wissler, "The Correlation of Mental and Physical Tests," *Psychological Review: Monograph Supplements* 3, no. 6 (1901): i.

37. Wissler, "Correlation of Mental and Physical Tests," i.

38. Charles Spearman, "'General Intelligence,' Objectively Determined and Measured," *American Journal of Psychology* 15, no. 2 (1904): 201–292.

39. 개개인이 들쭉날쭉함을 지니고 있다는 사실뿐만 아니라 그 들쭉날쭉함의 정도가 한

사람 한 사람 다 다르다는 점까지 증명해낸 멋진 연구에 대해 알고 싶다면 다음을 참조 바람. C. L. Hull, "Variability in Amount of Different Traits Possessed by the Individual," *Journal of Educational Psychology* 18, no. 2 (February 1, 1927): 97–106. 현재의 연구에 대해 더 알고 싶다면 다음을 참조 바람. Laurence M. Binder et al., "To Err Is Human: 'Abnormal' Neuropsychological Scores and Variability Are Common in Healthy Adults," *Archives of Clinical Neuropsychology* 24, no. 1 (2009): 31–46.

40. G. C. Cleeton, and Frederick B. Knight, "Validity of Character Judgments Based on External Criteria," *Journal of Applied Psychology* 8, no. 2 (1924): 215.

41. 에드워드 손다이크의 아버지가 벌였던 연구에 대한 논의가 궁금하다면 다음을 참조 바람. Robert L. Thorndike and Elizabeth Hagen, *Ten Thousand Careers* (New York: John Wiley & Sons, 1959). 참고: 손다이크의 관점을 익히 잘 아는 독자라면 지능에 대한 일차원적 관점이 손다이크로부터 기인된 것이라는 주장에 고개를 갸웃할지 모른다. 손다이크는 지능이 다차원적이라고 (그리고 추상적이고 사회적이고 기계적이라고) 일관된 주장을 폈으며 스피어먼을 아주 신랄히 비난한 사람이었기 때문이다. 하지만 그는 학습 능력에 적용되는 하나의 고유 요소가 있으며 그 요소가 상호 연관성을 형성하는 신경계 기능과 관계가 있다고 믿기도 했다.

42. David Wechsler, *Wechsler Adult Intelligence Scale–Fourth Edition* (WAIS-IV) (San Antonio, TX: NCS Pearson, 2008).

43. Wayne Silverman et al., "Stanford–Binet and WAIS IQ Differences and Their Implications for Adults with Intellectual Disability (aka Mental Retardation)," *Intelligence* 38, no. 2 (2010): 242–248.

44. 이 점은 우리가 으레 측정하는 그런 특징들 전부에 대해서도 해당한다. 다음을 참조 바람. Hull, "Variability in Amount of Different Traits," 97–106.

45. Jerome M. Sattler and Joseph J. Ryan, *Assessment with the WAIS-IV* (La Mesa, CA: Jerome M. Sattler Publisher, 2009). 지능 본연의 들쭉날쭉성에 대해 더 자세히 알고 싶다면 다음을 참조 바람. Adam Hampshire et al., "Fractionating Human Intelligence," *Neuron*, December 10 (2012): 1–13.

46. Sergio Della Sala et al., "Pattern Span: A Tool for Unwelding Visuo–Spatial Memory," *Neuropsychologia* 37, no. 10 (1999): 1189–1199.

47. Jennifer L. Kobrin et al., *Validity of the SAT for Predicting First-Year College Grade Point Average* (New York: College Board, 2008).

48. Steve Jost, "Linear Correlation," course document, IT 223, DePaul University, 2010, http://condor.depaul.edu/sjost/it223/documents/correlation.htm.

49. 토드 로즈가 토드 칼라일과 나눈 인터뷰, 2015년 4월 21일.

50. 칼라일과의 인터뷰, 2015년.

51. 칼라일과의 인터뷰, 2015년; 다음도 참조를 권함. Saul Hansell, "Google Answer to Filling Jobs Is an Algorithm," *New York Times*, January 3, 2007, http://www.nytimes.com/2007/01/03/technology/03google.html?pagewanted=1&_r=2&; 토드 칼라일의 사고방식, 접근법, 결론과 유사한 통찰을 더 보고 싶다면 다음을 참조 바람. Anders, *Rare Find*.

52. 칼라일과의 인터뷰, 2015년.

53. 칼라일과의 인터뷰, 2015년. 다음도 참조를 권함. Saul Hansell, "Google Answer to Filling Jobs Is an Algorithm," *New York Times*, January 3, 2007, http://www.nytimes.com/2007/01/03/technology/03google.html?pagewanted=2&_r=0.

54. 직원의 수는 다음에서 참고함. "Google," *Wikipedia*, June 19, 2015, http://en.wikipedia.org/wiki/Google; "IGN," *Wikipedia*, June 13, 2015, http://en.wikipedia.org/wiki/IGN. 연 매출액은 다음에서 참고함. "Google," *Forbes*, http://www.forbes.com/companies/google/; "j2 Global," *Forbes*, ·http://www.forbes.com/companies/j2-global/), 참고로 IGN의 연 매출액은 모회사인 j2 Global을 기반으로 삼아 산출한 액수였음.

55. E. B. Boyd, "Silicon Valley's New Hiring Strategy," *Fast Company*, October 20, 2011, http://www.fastcompany.com/1784737/silicon-valleys-new-hiring-strategy.

56. http://www.ign.com/code-foo/2015/.

57. Boyd, "Silicon Valley."

58. Boyd, "Silicon Valley."

59. "GRE," ETS, http://www.ets.org/gre.

제5장 본질주의 사고 깨부수기

1. Francis Galton, "Measurement of Character," reprinted in *Fortnightly Review* 42 (1884): 180.

2. L. Rowell Huesmann and Laramie D. Taylor, "The Role of Media Violence in Violent Behavior," *Annual Review of Public Health* 27 (2006): 393–415. 상황심리학자들의 관점을 개략적으로 알고 싶다면 다음을 참조 바람. Lee Ross and Richard E. Nisbett, *The Person and the Situation: Perspectives of Social Psychology*

(London: Pinter & Martin Publishers, 2011).

3. Quetelet, *Sur l'homme* (1942) 108 (English edition).

4. Stanley Milgram, "Behavioral Study of Obedience," *Journal of Abnormal and Social Psychology* 67, no. 4 (1963): 371.

5. Milgram, "Behavioral Study of Obedience."

6. Douglas T. Kenrick and David C. Funder, "Profiting from Controversy: Lessons from the Person–Situation Debate," *American Psychologist* 43, no. 1 (1988): 23.

7. "Understanding the Personality Test Industry," Psychometric Success, http://www.psychometric-success.com/personality-tests/personality-tests-understanding-industry.htm; Lauren Weber, "Today's Personality Tests Raise the Bar for Job Seekers," *Wall Street Journal*, April 14, 2015, http://www.wsj.com/articles/a-personality-test-could-stand-in-the-way-of-your-next-job_1429065001.

8. Drake Baer, "Why the Myers–Briggs Personality Test Is Misleading, Inaccurate, and Unscientific," *Business Insider*, June 18, 2014, http://www.businessinsider.com/myers-briggs-personality-test-is-misleading_2014_6; and Lillian Cunningham, "Myers–Briggs: Does It Pay to Know Your Type?" *Washington Post*, December 14, 2012, http://www.washingtonpost.com/national/on-leadership/myers-briggs-does-it-pay-to-know-your-type/2012/12/14/eaed51ae_3fcc_11e2–bca3–aadc9b7e29c5_story.html.

9. Salesforce.com, "How to Use the Enneagram in Hiring Without Using a Candidate's Enneatype," The *Enneagram in Business*, October 25, 2012, http://theenneagraminbusiness.com/organizations/salesforce-com-how-to-use-the-enneagram-in-hiring-without-using-a-candidates-enneatype/.

10. Lawrence W. Barsalou et al., "On the Vices of Nominalization and the Virtues of Contextualizing," in *The Mind in Context,* ed. Batja Mesquita et al. (New York: Guilford Press, 2010), 334–360; Susan A. Gelman, *The Essential Child: Origins of Essentialism in Everyday Thought* (Oxford: Oxford University Press, 2003); David L. Hull, "The Effect of Essentialism on Taxonomy—Two Thousand Years of Stasis (I)," *British Journal for the Philosophy of Science* (1965): 314–326; and Douglas L. Medin and Andrew Ortony, "Psychological Essentialism," *Similarity and Analogical Reasoning* 179 (1989): 195.

11. John Tierney, "Hitting It Off, Thanks to Algorithms of Love," *New York Times*,

January 29, 2008, http://www.nytimes.com/2008/01/29/science/29tier.html?_r=0; and "28 Dimensions of Compatibility," http://www.eharmony.com/why/dating-relationship-compatibility/.

12. J. McV. Hunt, "Traditional Personality Theory in Light of Recent Evidence," *American Scientist* 53, no. 1 (1965): 80-96. Walter Mischel, "Continuity and Change in Personality," *American Psychologist* 24, no. 11 (1969): 1012; and Walter Mischel, *Personality and Assessment* (New York: Psychology Press, 2013).

13. Erik E. Noftle and Richard W. Robins, "Personality Predictors of Academic Outcomes: Big Five Correlates of GPA and SAT Scores," *Journal of Personality and Social Psychology* 93, no. 1 (2007): 116; and Ashley S. Holland and Glenn I. Roisman, "Big Five Personality Traits and Relationship Quality: Self-Reported, Observational, and Physiological Evidence," *Journal of Social and Personal Relationships* 25, no. 5 (2008): 811-829.

14. "Yuichi Shoda, Ph.D.," University of Washington Psychology Department Directory, http://web.psych.washington.edu/directory/areapeople.php?person_id=85.

15. 토드 로즈가 유이치 쇼다와 나눈 인터뷰, 2014년 11월 19일.

16. 쇼다와의 인터뷰, 2014년.

17. "Research," Wediko Children's Services, http://www.wediko.org/research.html.

18. Yuichi Shoda et al., "Intraindividual Stability in the Organization and Patterning of Behavior: Incorporating Psychological Situations into the Idiographic Analysis of Personality," *Journal of Personality and Social Psychology* 67, no. 4 (1994): 674.

19. Shoda et al., "Intraindividual Stability in the Organization and Patterning of Behavior."

20. Shoda et al., "Intraindividual Stability in the Organization and Patterning of Behavior."

21. Lisa Feldman Barrett et al., "The Context Principle," in *The Mind in Context*, ed. Batja Mesquita, Lisa Feldman Barrett, and Eliot R. Smith (New York: Guildford Press, 2010), chap. 1; Walter Mischel, "Toward an Integrative Science of the Person," *Annual Review of Psychology* 55 (2004): 1-22; Yuichi Shoda, Daniel Cervone, and Geraldine Downey, eds., *Persons in Context: Building a Science of the Individual* (New York: Guilford Press, 2007); and

Robert J. Sternberg and Richard K. Wagner, *Mind in Context: Interactionist Perspectives on Human Intelligence* (Cambridge: Cambridge University Press, 1994).

22. Shoda et al., *Persons in Context*.

23. Lara K. Kammrath et al., "Incorporating If . . . Then . . . Personality Signatures in Person Perception: Beyond the Person—Situation Dichotomy," *Journal of Personality and Social Psychology* 88, no. 4 (2005): 605; Batja Mesquita, Lisa Feldman Barrett, and Eliot R. Smith, eds., *The Mind in Context* (New York: Guilford Press, 2010); Sternberg and Wagner, Mind in Context; and Donna D. Whitsett and Yuichi Shoda, "An Approach to Test for Individual Differences in the Effects of Situations Without Using Moderator Variables," *Journal of Experimental Social Psychology* 50, no. C (January 1, 2014): 94–104.

24. 전기에 어떤 인물로 설명됐는지 궁금하다면 다음을 참조 바람. Raymond P. Morris, Hugh Hartshorne, "1885–1967," *Religious Education* 62, no. 3 (1968): 162.

25. Marvin W. Berkowitz and Melinda C. Bier, "Research—Based Character Education," *Annals of the American Academy of Political and Social Science* 591, no. 1 (2004): 72–85.

26. Hartshorne and May, *Studies, Vol. 1: Studies in Deceit*, 47–103.

27. Hartshorne and May, *Studies, Vol. 1: Studies in Deceit*. 다음도 참조를 권함. John M. Doris, *Lack of Character: Personality and Moral Behavior* (Cambridge: Cambridge University Press, 2002).

28. Hartshorne, May, and Shuttleworth, *Studies, Vol. III: Studies in the Organization of Character* (1930): 291. 참고: 원래의 조사에서는 학생 중 한 명은 남학생이었고 또 한 명은 여학생이었으나 이 책의 도표에서는 성별보다는 성격의 측면에 초점이 맞춰지게끔 둘 다 여학생으로 나타냈다.

29. Hartshorne, May, and Shuttleworth, *Studies, Vol. III: Studies in the Organization of Character*, 287.

30. For a recent example, see Mark Prigg, "Self Control Is the Most Important Skill a Parent Can Teach Their Child, Says Study," *Daily Mail*, April 14, 2015, http://www.dailymail.co.uk/sciencetech/article_3038807/Self—control—important—thing—parent—teach—children—Study—says—major—influence—child—s—life.html.

31. 이 주제에 대해 개략적으로 알아보고 싶다면 이런 연구의 원조 격인 인물이 최근에 펴

내 다음의 책을 참조 바람. Walter Mischel, *The Marshmallow Test* (New York: Random House, 2014). 이 연구에 대해 자세히 알고 싶다면 다음을 참조 바람. "Delaying Gratification," in "What You Need to Know about Willpower: The Psychological Science of Self–Control," American Psychological Association, https://www.apa.org/helpcenter/willpower–gratification.pdf; "Stanford Marshmallow Experiment," *Wikipedia*, June 13, 2015, https://en.wikipedia.org/wiki/Stanford_marshmallow_experiment.

32. Walter Mischel et al., "The Nature of Adolescent Competencies Predicted by Preschool Delay of Gratification," *Journal of Personality and Social Psychology* 54, no. 4 (1988): 687; Walter Mischel et al., "Cognitive and Attentional Mechanisms in Delay of Gratification," *Journal of Personality and Social Psychology* 21, no. 2 (1972): 204.

33. Yuichi Shoda et al., "Predicting Adolescent Cognitive and Self–Regulatory Competencies from Preschool Delay of Gratification: Identifying Diagnostic Conditions," *Developmental Psychology* 26, no. 6 (1990): 978. See also Walter Mischel and Nancy Baker, "Cognitive Appraisals and Transformations in Delay Behavior," *Journal of Personality and Social Psychology* 31, no. 2 (1975): 254; Walter Mischel et al., "Delay of Gratification in Children," *Science* 244, no. 4907 (1989): 933–938; Walter Mischel et al., "'Willpower' over the Life Span: Decomposing Self–Regulation," *Social Cognitive and Affective Neuroscience* (2010); Tanya R. Schlam et al., "Preschoolers' Delay of Gratification Predicts Their Body Mass 30 Years Later," *Journal of Pediatrics* 162, no. 1 (2013): 90–93; and Inge–Marie Eigsti, "Predicting Cognitive Control from Preschool to Late Adolescence and Young Adulthood," *Psychological Science* 17, no. 6 (2006): 478–484.

34. B. J. Casey et al., "Behavioral and Neural Correlates of Delay of Gratification 40 Years Later," *Proceedings of the National Academy of Sciences* 108, no. 36 (2011): 14998–15003.

35. Louise Eckman, "Behavior Problems: Teaching Young Children Self–Control Skills," National Mental Health and Education Center, http://www.nasponline.org/resources/handouts/behavior%20template.pdf.

36. Martin Henley, *Teaching Self-Control: A Curriculum for Responsible Behavior* (Bloomington, IN: National Educational Service, 2003); and "Self Control," Character First Education, http://characterfirsteducation.com/c/curriculum–

detail/2039081.

37. 관련 논의가 궁금하다면 다음을 참조 바람. Jacoba Urist, "What the Marshmallow Test Really Teaches About Self-Control," *Atlantic*, September 24, 2014, http://www.theatlantic.com/health/archive/2014/09/what-the-marshmallow-test-really-teaches-about-self-control/380673/.

38. 쇼다와의 인터뷰, 2014년.

39. 셀레스트 키드의 연구에 대해 더 알고 싶다면 다음을 참조 바람. "Celeste Kidd," University of Rochester, Brain & Cognitive Sciences, http://www.bcs.rochester.edu/people/ckidd/.

40. 토드 로즈가 셀레스트 키드와 나눈 인터뷰, 2015년 6월 12일. 다음도 참조를 권함. "The Marshmallow Study Revisited," University of Rochester, October 11, 2012, http://www.rochester.edu/news/show.php?id=4622.

41. Kidd et al., "Rational Snacking: Young Children's Decision-Making on the Marshmallow Task Is Moderated by Beliefs About Environmental Reliability," *Cognition* 126, no. 1 (2013): 109-114.

42. Kidd et al., "Rational Snacking."

43. "What We Do," Adler Group, http://louadlergroup.com/about-us/what-we-do/.

44. 토드 로즈가 루 애들러와 나눈 인터뷰, 2015년 3월 27일.

45. 애들러와의 인터뷰, 2015년; 수행력 기반의 채용에 대해 개략적으로 알고 싶다면 다음을 참조 바람. Lou Adler, *Hire with Your Head: Using Performance-Based Hiring to Build Great Teams* (Hoboken: John Wiley & Sons, 2012).

46. 애들러와의 인터뷰, 2015년.

47. 애들러와의 인터뷰, 2015년.

48. Dr. Matthew Partridge, "Callum Negus-Fancey: 'Put People and Talent First,'" *MoneyWeek*, January 22, 2015, http://moneyweek.com/profile-of-entrepreneur-callum-negus-fancey/.

49. 토드 로즈가 캘럼 니거스 팬시와 나눈 인터뷰, 2015년 4월 3일.

50. 니거스 팬시와의 인터뷰, 2015년.

51. 니거스 팬시와의 인터뷰, 2015년.

52. 애들러와의 인터뷰, 2015년.

제6장 이정표 없는 길을 걷는다는 것

1. Arnold Gesell, "Developmental Schedules," in *The Mental Growth of the Pre-School Child: A Psychological Outline of Normal Development from Birth to the Sixth Year, Including a System of Developmental Diagnosis* (New York, NY: Macmillan, 1925).

2. Robert Kanigel, *The One Best Way: Frederick Winslow Taylor and the Enigma of Efficiency* (Cambridge: MIT Press Books, 2005).

3. Raymond E. Callahan, *Education and the Cult of Efficiency* (Chicago: University of Chicago Press, 1964).

4. E. Thelen and K. E. Adolph, "Arnold L. Gesell: The Paradox of Nature and Nurture," *Developmental Psychology* 28, no. 3 (1992): 368–380; Laura Sices, "Use of Developmental Milestones in Pediatric Residency Training and Practice: Time to Rethink the Meaning of the Mean," *Journal of Developmental and Behavioral Pediatrics* 28, no. 1 (2007): 47; K. E. Adolph and S. R. Robinson, "The Road to Walking: What Learning to Walk Tells Us About Development," in *Oxford Handbook of Developmental Psychology*, ed. P. Zelazo (New York: Oxford University Press, 2013); and "Child Growth Standards: Motor Development Milestones," *World Health Organization*, http://www.who.int/childgrowth/standards/motor_milestones/en/.

5. 캐런 아돌프 박사와 박사의 연구에 대해 궁금하다면 그녀의 연구소 웹 사이트를 참조 바람. http://psych.nyu.edu/adolph/.

6. Karen E. Adolph et al., "Learning to Crawl," *Child Development* 69, no. 5 (1998): 1299–1312.

7. Adolph et al., "Learning to Crawl."

8. Adolph et al., "Learning to Crawl."

9. 토드 로즈가 캐런 아돌프와 나눈 인터뷰, 2015년 6월 13일.

10. "Discovery: Will Baby Crawl?" *National Science Foundation*, July 21, 2004, https://www.nsf.gov/discoveries/disc_summ.jsp?cntn_id=103153.

11. Kate Gammon, "Crawling: A New Evolutionary Trick?" *Popular Science*, November 1, 2013, http://www.popsci.com/blog-network/kinderlab/crawling-new-evolutionary-trick.

12. "David Tracer, Ph.D." University of Colorado Denver Fulbright Scholar Recipients, http://www.ucdenver.edu/academics/InternationalPrograms/oia/

fulbright/recipients/davidtracer/Pages/default.aspx; Kate Wong, "Hitching a Ride," *Scientific American* 301, no. 1 (2009): 20–23; "Discovery: Will Baby Crawl?"

13. "What Are the Key Statistics About Colorectal Cancer?" American Cancer Society, http://www.cancer.org/cancer/colonandrectumcancer/detailedguide/colorectal-cancer-key-statistics.

14. Eric R. Fearon and Bert Vogelstein, "A Genetic Model for Colorectal Tumorigenesis," *Cell* 61, no. 5 (1990): 759–767.

15. Gillian Smith et al., "Mutations in APC, Kirsten-ras, and p53—Alternative Genetic Pathways to Colorectal Cancer," *Proceedings of the National Academy of Sciences* 99, no. 14 (2002): 9433–9438; Massimo Pancione et al., "Genetic and Epigenetic Events Generate Multiple Pathways in Colorectal Cancer Progression," *Pathology Research International* 2012 (2012); Sylviane Olschwang et al., "Alternative Genetic Pathways in Colorectal Carcinogenesis," *Proceedings of the National Academy of Sciences* 94, no. 22 (1997): 12122–12127; and Yu-Wei Cheng et al., "CpG Island Methylator Phenotype Associates with Low-Degree Chromosomal Abnormalities in Colorectal Cancer," *Clinical Cancer Research* 14, no. 19 (2008): 6005–6013.

16. Daniel L. Worthley and Barbara A. Leggett, "Colorectal Cancer: Molecular Features and Clinical Opportunities," *Clinical Biochemist Reviews* 31, no. 2 (2010): 31.

17. Kenneth I. Howard et al., "The Dose–Effect Relationship in Psychotherapy," *American Psychologist* 41, no. 2 (1986): 159; Wolfgang Lutz et al., "Outcomes Management, Expected Treatment Response, and Severity-Adjusted Provider Profiling in Outpatient Psychotherapy," *Journal of Clinical Psychology* 58, no. 10 (2002): 1291–1304.

18. Jeffrey R. Vittengl et al., "Nomothetic and Idiographic Symptom Change Trajectories in Acute-Phase Cognitive Therapy for Recurrent Depression," *Journal of Consulting and Clinical Psychology* 81, no. 4 (2013): 615.

19. 등결과성의 문제를 다룬 논문이 3편 있는데 먼저 다음은 발달과 관련해 등결과성을 다룬 논문임. Dante Cicchetti and Fred A. Rogosch, "Equifinality and Multifinality in Developmental Psychopathology," *Development and Psychopathology* 8, no. 04 (1996): 597–600; 다음은 리더십 발달과 관련된 논문임. Marguerite Schneider and Mark Somers, "Organizations as Complex Adaptive Systems: Implications

of Complexity Theory for *Leadership Research*," Leadership Quarterly 17, no. 4 (2006): 351–365; 그리고 다음은 수문학(水文學)과 관련된 논문임. Keith Beven, "A Manifesto for the Equifinality Thesis," *Journal of Hydrology* 320, no. 1 (2006): 18–36.

20. Kurt W. Fischer and Thomas R. Bidell, "Dynamic Development of Action and Thought," in *Handbook of Child Psychology* (Hoboken, NJ: John Wiley & Sons, 2006); and Kathleen M. Eisenhardt and Jeffrey A. Martin, "Dynamic Capabilities: What Are They?" *Strategic Management Journal* 21, no. 10–11 (2000): 1105–1121.

21. Edward L. Thorndike, "Memory for Paired Associates," Psychological Review 15, no. 2 (1908): 122.

22. Edward L. Thorndike, *The Human Nature Club: An Introduction to the Study of Mental Life* (New York: Longmans, Green, and Company, 1901), chap. 1.

23. Edward L. Thorndike, "Measurement in Education," *The Teachers College Record* 22, no. 5 (1921): 371–379; and Linda Mabry, "Writing to the Rubric: Lingering Effects of Traditional Standardized Testing on Direct Writing Assessment," *Phi Delta Kappan* 80, no. 9 (1999): 673.

24. Raiann Rahman, "The Almost Standardized Aptitude Test: Why Extra Time Shouldn't Be an Option on Standardized Testing," *Point of View*, October 18, 2013, http://www.bbnpov.com/?p=1250.

25. 벤저민 블룸과 그의 경력과 관련해 전기에서 다뤄진 내용이나 이력 사항이 궁금하다면 다음을 참조 바람. Thomas R. Guskey, Benjamin S. Bloom: *Portraits of an Educator* (Lanham, MD: R&L Education, 2012); Elliot W. Eisner, "Benjamin Bloom," *Prospects* 30, no. 3 (2000): 387–395.

26. Benjamin S. Bloom, "Time and Learning," *American Psychologist* 29, no. 9 (1974): 682; and Benjamin S. Bloom, *Human Characteristics and School Learning* (New York: McGraw–Hill, 1976).

27. 연구의 착안 공적은 블룸에게 돌려야 마땅하지만 중대한 조사는 다음의 박사 과정 학생 2명이 벌였던 사실도 짚고 넘어갈 만하다. Joanne Anania (Joanne Anania, "The Influence of Instructional Conditions on Student Learning and Achievement," *Evaluation in Education* 7, no. 1 [1983]: 1–92); Arthur Burke (Arthur Joseph Burke, "Students' Potential for Learning Contrasted Under Tutorial and Group Approaches to Instruction" [Ph.D. diss., University of Chicago, 1983]).

28. 이 조사에서는 또 다른 실험 조건도 검토됐는데, 여기에서 특별히 다루고 있는 주제와

는 관련이 없는 조건인 그룹 중심의 통달 학습이었다.

29. Benjamin S. Bloom, "The 2 Sigma Problem: The Search for Methods of Group Instruction as Effective as One-to-One Tutoring," *Educational Researcher* (1984): 4-16.

30. Chen-Lin C. Kulik et al., "Effectiveness of Mastery Learning Programs: A Meta-Analysis," *Review of Educational Research* 60, no. 2 (1990): 265-299.

31. Bloom, "2 Sigma Problem," 4-16.

32. Khan Academy, https://www.khanacademy.org/; and "Khan Academy," *Wikipedia*, June 3, 2015, https://en.wikipedia.org/wiki/Khan_Academy.

33. Anya Kamenetz, "A Q&A with Salman Khan, Founder of Khan Academy," *Fast Company*, November 21, 2013, http://live.fastcompany.com/Event/A_QA_With_Salman_Khan.

34. "A Personalized Learning Resource for All Ages," Khan Academy, https://www.khanacademy.org/about.

35. "Salman Khan," TED, https://www.ted.com/speakers/salman_khan.

36. "Khan," TED.

37. Arnold Gesell, "Arnold Gesell," *Psychiatric Research Reports* 13 (1960): 1-9.

38. Arnold Gesell and Catherine Strunk Amatruda, *The Embryology of Behavior: The Beginnings of the Human Mind* (New York: Harper & Brothers, 1945); Arnold Gesell, *The Ontogenesis of Infant Behavior* (New York: Wiley & Sons, 1954); Gesell, *Mental Growth of the Pre-School Child; Arnold Gesell, Infancy and Human Growth* (New York: MacMillan, 1928); Arnold Gesell and Helen Thompson, *Infant Behavior: Its Genesis and Growth* (New York: McGraw-Hill, 1934); Arnold Gesell, *How a Baby Grows* (New York: Harper & Brothers, 1945); Thomas C. Dalton, "Arnold Gesell and the Maturation Controversy," *Integrative Physiological & Behavioral Science* 40, no. 4 (2005): 182-204; and Fredric Weizmann and Ben Harris, "Arnold Gesell: The Maturationist," *in Portraits of Pioneers in Developmental Psychology* 7 (New York: Psychology Press, 2012).

39. Gesell, "Developmental Schedules;" and Gesell and Thompson, "Infant Behavior."

40. Gesell, "Developmental Schedules," 다음에서 인용된 내용을 발췌함. Adolph et al., "Learning to Crawl." 다음도 참조를 권함. Adolph, Karen E., and Sarah E. Berger, "Motor Development," *Handbook of Child Psychology* (2006).

41. Gesell and Thompson, *Infant Behavior: Its Genesis and Growth*, chap. 3.

42. Weizmann and Harris, "Gesell: The Maturationist," 1.

43. Gesell and Amatruda, *Developmental Diagnosis* (New York: Harper, 1947).

44. Gesell and Amatruda, *Developmental Diagnosis*, 361.

45. Arnold Gesell, "Reducing the Risks of Child Adoption," *Child Welfare League of America Bulletin* 6, no. 3 (1927); and Ellen Herman, "Families Made by Science: Arnold Gesell and the Technologies of Modern Child Adoption," *Isis* (2001): 684–715.

46. Thelen and Adolph, "Gesell: Paradox of Nature and Nurture," 368–380.

47. Arlene Eisenberg et al., *What to Expect When You're Expecting* (New York: Simon & Schuster, 1996); and Heidi Murkoff et al., *What to Expect the First Year* (New York: Workman Publishing, 2009).

48. Thomas R. Bidell and Kurt W. Fischer, "Beyond the Stage Debate: Action, Structure, and Variability in Piagetian Theory and Research," *Intellectual Development* (1992): 100–140.

49. Rose et al., "The Science of the Individual," 152–158; L. Todd Rose and Kurt W. Fischer, "Dynamic Development: A Neo–Piagetian Approach," in *The Cambridge Companion to Piaget* (Cambridge: Cambridge University Press, 2009): 400; L. Todd Rose and Kurt W. Fischer, "Intelligence in Childhood," in *The Cambridge Handbook of Intelligence* (Cambridge: Cambridge University Press, 2011): 144–173.

50. "Kurt W. Fischer," *Wikipedia*, May 17, 2015, https://en.wikipedia.org/wiki/Kurt_W._Fischer.

51. 피셔의 연구에 대해 개략적으로 알고 싶다면 다음을 참조 바람. Kurt W. Fischer and Thomas R. Bidell, "Dynamic Development of Action and Thought," in *Handbook of Child Psychology*, 6th ed. (Hoboken, NJ: Wiley, 2006).

52. Catharine C. Knight and Kurt W. Fischer, "Learning to Read Words: Individual Differences in Developmental Sequences," *Journal of Applied Developmental Psychology* 13, no. 3 (1992): 377–404.

53. 토드 로즈가 커트 피셔와 나눈 인터뷰, 2014년 8월 14일.

54. Knight and Fischer, "Learning to Read Words."

55. Knight and Fischer, "Learning to Read Words."

56. 피셔와의 인터뷰, 2014년.

57. Tania Rabesandratana, "Waltz to Excellence," *Science*, August 7, 2014.

http://sciencecareers.sciencemag.org/career_magazine/previous_issues/articles/2014_08_07/caredit.a1400200.

58. Rabesandratana, "Waltz to Excellence."

59. Rabesandratana, "Waltz to Excellence."

60. Rabesandratana, "Waltz to Excellence."

61. "Characteristics of Remedial Students," Colorado Community College System, http://highered.colorado.gov/Publications/General/StrategicPlanning/Meetings/Resources/Pipeline/Pipeline_100317_Remedial_Handout.pdf; and "Beyond the Rhetoric: Improving College Readiness Through Coherent State Policy," http://www.highereducation.org/reports/college_readiness/gap.shtml.

62. CLEP (College Level Examination Program), https://clep.collegeboard.org/.

제3부 평균 없는 세상

제7장 개개인성의 원칙으로 성장하는 기업

1. Victor Lipman, "Surprising, Disturbing Facts from the Mother of All Employment Engagement Surveys," *Forbes*, September 23, 2013, http://www.forbes.com/sites/victorlipman/2013/09/23/surprising-disturbing-facts-from-the-mother-of-all-employee-engagement-surveys/.

2. "Glassdoor's Employee's Choice Awards 2015: Best Places to Work 2015," *Glassdoor*, http://www.glassdoor.com/Best-Places-to-Work-LST_KQ0,19.htm; Rich Duprey, "6 Reasons Costco Wholesale Is the Best Retailer to Work For," *The Motley Fool*, December 13, 2014, http://www.fool.com/investing/general/2014/12/13/6-reasons-costco-wholesale-is-the-best-retailer-to.aspx; and "Top Companies for Compensation & Benefits 2014," *Glassdoor*, http://www.glassdoor.com/Top-Companies-for-Compensation-and-Benefits-LST_KQ0,43.htm.

3. Duprey, "6 Reasons."

4. 토드 로즈가 짐 시네갈과 나눈 인터뷰, 2015년 4월 8일.

5. Duprey, "6 Reasons"; "Jim Sinegal on Costco's 'Promote from Within' Strategy and Why It Needs to Think Like a Small Company," *The Motley Fool*, June 21, 2012, http://www.fool.com/investing/general/2012/06/21/jim-sinegal-on-

costcos-promote-from-within-strateg.aspx.

6. 토드 로즈가 아네트 알바레즈 피터스와 (이메일을 통해) 나눈 인터뷰, 2015년 5월 5일. 참고: 알바레즈 피터스는 1993년에 코스트코와 합병한 프라이스 클럽(Price Club)에 입사해서 일을 시작했음.

7. "Annette Alvarez-Peters," *Taste Washington*, http://tastewashington.org/annette-alvarez-peters/.

8. "The Decanter Power List 2013," Decanter, July 2, 2013, http://www.decanter.com/wine-pictures/the-decanter-power-list-2013-14237/.

9. 시네갈과의 인터뷰, 2015년.

10. Christ Horst, "An Open Letter to the President and CEO of Costco," *Smorgasblurb*, August 4, 2010, http://www.smorgasblurb.com/2010/08/an-open-letter-to-costco-executives/.

11. 시네갈과의 인터뷰, 2015년.

12. Adam Levine-Weinberg, "Why Costco Stock Keeps Rising," *The Motley Fool*, May 21, 2013, http://www.fool.com/investing/general/2013/05/21/why-costco-stock-keeps-rising.aspx.

13. Andres Cardenal, "Costco vs. Wal-Mart: Higher Wages Mean Superior Returns for Investors," *The Motley Fool*, March 12, 2014, http://www.fool.com/investing/general/2014/03/12/costco-vs-wal-mart-higher-wages-mean-superior-retu.aspx.

14. Duprey, "6 Reasons;" and Jeff Stone, "Top 10 US Retailers: Amazon Joins Ranks of Walmart, Kroger for First Time Ever," *International Business Times*, July 3, 2014, http://www.ibtimes.com/top-10-us-retailers-amazon-joins-ranks-walmart-kroger-first-time-ever-1618774.

15. http://www.businessinsider.com/why-wal-marts-pay-is-lower-than-costco-2014-10.

16. 시네갈과의 인터뷰, 2015년. 다음도 참조를 권함. Megan McArdle, "Why Wal-Mart Will Never Pay Like Costco," *Bloomberg View*, August 27, 2013, http:// www.bloombergview.com/articles/2013-08-27/why-walmart-will-never-pay-like-costco.

17. Aaron Taube, "Why Costco Pays Its Retail Employees $20 an Hour," *Business Insider*, October 23, 2014, http://www.businessinsider.com/costco-pays-retail-employees-20-an-hour-2014-10; Mitch Edelman, "Wal-Mart Could Learn from Ford, Costco," *Carroll County Times*, July 19, 2013, http://www.

carrollcountytimes.com/cct-arc-67d6db6e-db9f-5bc4-83c3-c51ac7a66792-20130719-story.html.

18. Wayne F. Cascio, "The High Cost of Low Wages," *Harvard Business Review*, December 2006 issue, https://hbr.org/2006/12/the-high-cost-of-low-wages; for more information on this strategy, see Zeynep Ton, "Why 'Good Jobs' Are Good for Retailers," *Harvard Business Review*, January-February 2012, https://hbr.org/2012/01/why-good-jobs-are-good-for-retailers/?conversationId=3301855.

19. 시네갈과의 인터뷰, 2015년.

20. 시네갈과의 인터뷰, 2015년.

21. Saritha Rai, "The Fifth Metro: Doing IT Differently," *The Indian Express*, November 24, 2014, http://indianexpress.com/article/opinion/columns/the-fifth-metro-doing-it-differently/.

22. *Zoho*, https://www.zoho.com/; 다음도 참조를 권함. "Sridhar Vembu," *Wikipedia*, April 17, 2015, https://en.wikipedia.org/wiki/Sridhar_Vembu.

23. *Zoho*, https://www.zoho.com/.

24. Mark Milian, "No VC: Zoho CEO 'Couldn't Care Less for Wall Street'," *Bloomberg*, November 29, 2012, http://go.bloomberg.com/tech-deals/2012-11-29-no-vc-zoho-ceo-couldnt-care-less-for-wall-street/; Rasheeda Bhagat, "A Life Worth Living," Rotary News, October 1, 2014, http://www.rotarynewsonline.org/articles/alifeworthliving.

25. Sridhar Vembu, interviewed by Todd Rose, April 21, 2015; see also: Rasheeda Bhagat, "Decoding Zoho's Success," *The Hindu Business Line*, February 4, 2013, http://www.thehindubusinessline.com/opinion/columns/rasheeda-bhagat/decoding-zohos-success/article4379158.ece.

26. 벰부와의 인터뷰, 2015년.

27. 벰부와의 인터뷰, 2015년.

28. 벰부와의 인터뷰, 2015년; 비슷한 의견을 더 보고 싶다면 다음을 참조 바람. Sridar, "How We Recruit-On Formal Credentials vs. Experience-based Education," *Zoho Blogs*, June 12, 2008, http://blogs.zoho.com/2008/06/page/2.

29. *Zoho University*, http://www.zohouniversity.com/; Bhagat, "A Life Worth Living."

30. 벰부와의 인터뷰, 2015년.

31. 벰부와의 인터뷰, 2015년.

32. 벰부와의 인터뷰, 2015년. 또한 다음도 참조 바람. "Zoho University Celebrates a Decade of Success," https://www.zoho.com/news/zoho-university-celebrates-decade-success.html; Leslie D'Monte, "Challenging Conventional Wisdom with Zoho University," *Live Mint*, November 21, 2014, http://www.livemint.com/Companies/LU4qIlz47C5Uph2P5i250K/Challenging-conventional-wisdom-with-Zoho-University.html.

33. Krithika Krishnamurthy, "Zoho-Run Varsity Among Its Largest Workforce Providers," *Economic Times*, March 14, 2014, http://articles.economictimes.indiatimes.com/2015-03-14/news/60111683_1_students-csir-iisc.

34. 벰부와의 인터뷰, 2015년; D'Monte, "Challenging Conventional Wisdom."

35. 벰부와의 인터뷰, 2015년.

36. 벰부와의 인터뷰, 2015년.

37. 벰부와의 인터뷰, 2015년.

38. 벰부와의 인터뷰, 2015년.

39. 벰부와의 인터뷰, 2015년.

40. "About Us: Company History," *The Morning Star Company*, http://morningstarco.com/index.cgi?Page=About%20Us/Company%20History.

41. 다음을 참조 바람. "About Us: Company History"; Frédéric Laloux, *Reinventing Organizations: A Guide to Creating Organizations Inspired by the Next Stage of Human Consciousness* (Brussels: Nelson Parker, 2014), 112; "Chris Rufer," http://www.self-managementinstitute.org/about/people/1435.

42. 다음을 참조 바람. Allen, "Passion for Tomatoes," "About Us: Company History."

43. Laloux, *Reinventing Organizations*, 112; Goldsmith, "Morning Star Has No Management."

44. 토드 로즈가 폴 그린 주니어와 나눈 인터뷰, 2014년 7월 28일.

45. "About Us: Colleague Principles," *The Morning Star Company*, http://morningstarco.com/index.cgi?Page=About%20Us/Colleague%20Principles.

46. Gary Hamel, "First, Let's Fire All the Managers," *Harvard Business Review*, December 2011, https://hbr.org/2011/12/first-lets-fire-all-the-managers.

47. 그린과의 인터뷰, 2014년.

48. 그린과의 인터뷰, 2014년.

49. 그린과의 인터뷰, 2014년.

50. 그린과의 인터뷰, 2014년.

51. 그린과의 인터뷰, 2014년.

52. 그린과의 인터뷰, 2014년.

53. 시네갈과의 인터뷰, 2015년.

54. 벰부와의 인터뷰, 2015년.

제8장 교육을 바꿔라

1. 이런 문제와 그 관련 기회에 대해 개략적으로 알고 싶다면 다음을 참조 바람. Michelle R. Weise and Clayton M. Christensen, *Hire Education: Mastery, Modularization, and the Workforce Revolution* (Clayton Christensen Institute, 2014), http://www.christenseninstitute.org/wp-content/uploads/2014/07/Hire-Education.pdf.

2. Casey Phillips, "A Matter of Degree: Many College Grads Never Work in Their Major," *TimesFreePress.com*, November 16, 2014, http://www.timesfreepress.com/news/life/entertainment/story/2014/nov/16/matter-degree-many-college-grads-never-work-/273665/.

3. James Bessen, "Employers Aren't Just Whining—The 'Skills Gap' Is Real," *Harvard Business Review*, August 25, 2014, https://hbr.org/2014/08/employers-arent-just-whining-the-skills-gap-is-real; Stephen Moore, "Why Is It So Hard for Employers to Fill These Jobs?" CNSNews.com, August 25, 2014, http://cnsnews.com/commentary/stephen-moore/why-it-so-hard-employers-fill-these-jobs.

4. Jeffrey J. Selingo, "Why Are So Many College Students Failing to Gain Job Skills Before Graduation?" *Washington Post*, January 26, 2015, www.washingtonpost.com/news/grade-point/wp/2015/01/26/why-are-so-many-college-students-failing-to-gain-job-skills-before-graduation/; Eduardo Porter, "Stubborn Skills Gap in America's Work Force," *New York Times*, October 8, 2013, http://www.nytimes.com/2013/10/09/business/economy/stubborn-skills-gap-in-americas-work-force.html; and Catherine Rampell, "An Odd Shift in an Unemployment Curve," *New York Times*, May 7, 2013, http://economix.blogs.nytimes.com/2013/03/07/an-odd-shift-in-an-unemployment-curve/.

5. Michelle Jamrisko and Ilan Kolet, "College Costs Surge 500% in U.S. Since 1985: Chart of the Day," *Bloomberg Business*, August 26, 2013, http://www.

bloomberg.com/news/articles/2013-08-26/college-costs-surge-500-in-u-s-since-1985-chart-of-the-day.

6. Jamrisko and Kolet, "College Costs Surge 500% in U.S. Since 1985."

7. "Making College Cost Less," *The Economist*, April 5, 2014, http://www.economist.com/news/leaders/21600120-many-american-universities-offer-lousy-value-money-government-can-help-change; "Understanding the Rising Costs of Higher Education," *Best Value Schools*, http://www.bestvalueschools.com/understanding-the-rising-costs-of-higher-education/.

8. Raymond E. Callahan, *Education and the Cult of Efficiency* (Chicago: University of Chicago Press, 1964).

9. 토드 로즈가 주디 뮤어와 나눈 인터뷰, 2014년 10월 28일. 대학 입학에 대한 뮤어의 접근법에 대해 더 알고 싶다면 다음을 참조 바람. Judith Muir and Katrin Lau, *Finding Your U: Navigating the College Admissions Process* (Houston: Bright Sky Press, 2015).

10. 뮤어와의 인터뷰, 2014년.

11. 토드 로즈가 빌 피츠시몬스와 나눈 인터뷰, 2014년 8월 4일.

12. Elena Silva, "The Carnegie Unit—Revisited," *Carnegie Foundation*, May 28, 2013, http://www.carnegiefoundation.org/blog/the-carnegie-unit-revisited/.

13. 학위에 대한 보다 개괄적인 기준에 대해 알고 싶다면 다음을 참조 바람. Charles A. Murray, "Reforms for the New Upper Class," *New York Times*, March 7, 2012, http://www.nytimes.com/2012/03/08/opinion/reforms-for-the-new-upper-class.html.

14. "Micro-Credentialing," *Educause*, http://www.educause.edu/library/micro-credentialing; and Laura Vanderkam, "Micro-credentials," *Laura Vanderkam*, December 12, 2012, http://lauravanderkam.com/2012/12/micro-credentials/.

15. Gabriel Kahn, "The iTunes of Higher Education," *Slate*, September 19, 2013, http://www.slate.com/articles/technology/education/2013/09/edx_mit_and_online_certificates_how_non_degree_certificates_are_disrupting.html; https://www.edx.org/press/mitx-introduces-xseries-course-sequence; Nick Anderson, "Online College Courses to Grant Credentials, for a Fee," *Washington Post*, January 9, 2013, http://www.washingtonpost.com/local/education/online-college-courses-to-grant-credentials-for-a-fee/2013/01/08/ffc0f5ce-5910-11e2-88d0-c4cf65c3ad15_story.html; Nick

Anderson, "MOOCS—Here Come the Credentials," *Washington Post*, January 9, 2013, http://www.washingtonpost.com/blogs/college-inc/post/moocs-here-come-the-credentials/2013/01/09/a1db85a2-5a67-11e2-88d0-c4cf65c3ad15_blog.html.

16. Maurice A. Jones, "Credentials, Not Diplomas, Are What Count for Many Job Openings," *New York Times*, March 19, 2015, http://www.nytimes.com/roomfordebate/2015/03/19/who-should-pay-for-workers-training/credentials-not-diplomas-are-what-count-for-many-job-openings; for more on national credential initiative, see "President Obama and Skills for America's Future Partners Announce Initiatives Critical to Improving Manufacturing Workforce," *The White House*, June 8, 2011, https://www.whitehouse.gov/the-press-office/2011/06/08/president-obama-and-skills-americas-future-partners-announce-initiatives.

17. Jones, "Credentials, Not Diplomas."

18. http://www.slate.com/articles/technology/education/2013/09/edx_mit_and_online_certificates_how_non_degree_certificates_are_disrupting.html.

19. Thomas R. Guskey, "Five Obstacles to Grading Reform," *Educational Leadership* 69, no. 3 (2011): 16–21.

20. Western Governors University, http://www.wgu.edu/.

21. "Competency-Based Approach," Western Governors University, http://www.wgu.edu/why_WGU/competency_based_approach?utm_source=10951; John Gravois, "The College For-Profits Should Fear," *Washington Monthly*, September/October 2011, http://www.washingtonmonthly.com/magazine/septemberoctober_2011/features/the_college_forprofits_should031640.php?page=all; "WGU Named 'Best Value School' by University Research & Review for Second Consecutive Year," *PR Newswire*, April 9, 2015, http://www.prnewswire.com/news-releases/wgu-named-best-value-school-by-university-research-review-for-second-consecutive-year-300063690.html; Tara Garcia Mathewson, "Western Governors University Takes Hold in Online Ed," *Education DIVE*, March 31, 2015, http://www.educationdive.com/news/western-governors-university-takes-hold-in-online-ed/381283/.

22. George Lorenzo, "Western Governors University: How Competency-Based Distance Education Has Come of Age," *Educational Pathways* 6, no. 7 (2007): 1–4, http://www.wgu.edu/about_WGU/ed_pathways_707_article.pdf; Matt

Krupnick, "As a Whole New Kind of College Emerges, Critics Fret Over Standards," *Hechinger Report*, February 24, 2015, http://hechingerreport.org/whole-new-kind-college-emerges-critics-fret-standards/.

23. Krupnick, "As a Whole New Kind of College Emerges;" and "Overview," Competency-Based Education Network, http://www.cbenetwork.org/about/.

24. EdX and Arizona State University Reimagine First Year of College, Offer Alternative Entry Into Higher Education," April 22, 2015, https://www.edx.org/press/edx-arizona-state-university-reimagine; John A. Byrne, "Arizona State, edX to offer entire freshman year of college online," *Fortune*, April 22, 2015, http://fortune.com/2015/04/22/arizona-state-edx-moocs-online-education/. For more on ASU, see Jon Marcus, "Is Arizona State University the Model for the New American University?" *Hechinger Report*, March 11, 2015, http://hechingerreport.org/is-arizona-state-university-the-model-for-the-new-american-university/.

제9장 평균주의를 넘어

1. A-10 워트호그에 대해 더 알고 싶다면 다음을 참조 바람. "Fairchild Republic A-10 Thunderbolt II," *Wikipedia*, June 29, 2015, https://en.wikipedia.org/wiki/Fairchild_Republic_A.10_Thunderbolt_II.

2. 토드 로즈가 킴 C. 캠벨 중위와 나눈 인터뷰, 2015년 4월 8일.

3. 캠벨과의 인터뷰, 2015년.

4. 캠벨과의 인터뷰, 2015년.

5. 캠벨과의 인터뷰, 2015년.

6. 캠벨과의 인터뷰, 2015년.

7. "Kim Campbell," *Badass of the Week*, April 7, 2003, http://www.badassoftheweek.com/kimcampbell.html.

8. "Kim N. Campbell," *Military Times*, http://valor.militarytimes.com/recipient.php?recipientid=42653.

9. 캠벨과의 인터뷰, 2015년.

10. 캠벨과의 인터뷰, 2015년.

11. 캠벨과의 인터뷰, 2015년.

12. 평등한 기회의 개념에 대해 개략적으로 알고 싶다면 다음을 참조 바람. "Equal

Opportunity," *Wikipedia*, June 24, 2015, https://en.wikipedia.org/wiki/Equal_opportunity.

13. 평등한 접근권은 인종 평등을 위한 투쟁에서 아주 중요한 역할을 펼쳐왔다(다음을 참조 바람. "School Desegregation and Equal Education Opportunity," *Civil Rights 101*, http://www.civilrights.org/resources/civilrights101/desegregation.html?referrer=https://www.google.com/. "The Civil Rights Movement (1954–1965): An Overview," *The Social Welfare History Project*, http://www.socialwelfarehistory.com/eras/civil-rights-movement/); 성 평등을 위한 투쟁에서도 역시 중요한 역할을 펼쳐왔다(다음을 참조. Bonnie Eisenberg and Mary Ruthsdotter, "History of the Women's Rights Movement," National Women's History Project, 1998, http://www.nwhp.org/resources/womens-rights-movement/history-of-the-womens-rights-movement/); 장애인 평등을 위한 투쟁에서도 마찬가지였다("A Brief History of the Disability Rights Movement," *The Anti-Defamation League*, 2005, http://archive.adl.org/education/curriculum_connections/fall_2005/fall_2005_lesson5_history.html.)

14. 여기에서는 평등한 접근권이 여전히 중요하며 평등한 접근권을 얻기 위한 투쟁이 가치 있는 일이라는 점을 반드시 짚고 넘어가야 한다. 이는 (킬러 칙이 영웅적 위업을 펼치고서 2년 뒤인) 2005년 의회에서 여성의 전투 참여를 금지하려는 시도가 있었던 사례를 감안해보더라도 정말로 중요하다("Letters to the Editor for Friday, May 27, 2005," *Stars and Stripes*, May 27, 2005, http://www.stripes.com/opinion/letters-to-the-editor-for-friday-may-27-2005-1.35029).

15. Abraham Lincoln, "Message to Congress," July 4, 1861, *Collected Works of Abraham Lincoln*, vol. 4 (Rutgers University Press, 1953, 1990): 438.

16. 이런 규준참조평가(norm-referenced test)에 대해 더 알고 싶다면 다음을 참조 바람. "Norm-Referenced Achievement Tests," *FairTest*, August 17, 2007, http://www.fairtest.org/norm-referenced-achievement-tests.

17. James Truslow Adams, *The Epic of America* (New York: Blue Ribbon, 1931), 214–215.

18. Adams, "Epic of America," 180.

찾아보기

KI신서 9744

평균의 종말(개정판)

1판 1쇄 발행 2021년 6월 14일
1판 12쇄 발행 2024년 10월 11일

지은이 토드 로즈 **옮긴이** 정미나 **감수** 이우일
펴낸이 김영곤 **펴낸곳** (주)북이십일 21세기북스

정보개발팀장 이리현
정보개발팀 이수정 강문형 김설아 최수진 박종수
표지디자인 윤대한
출판마케팅팀 한충희 남정한 나은경 최명열 한경화
영업팀 변유경 김영남 강경남 황성진 김도연 권채영 전연우 최유성
해외기획팀 최연순 소은선 홍희정
제작팀 이영민 권경민

출판등록 2000년 5월 6일 제406-2003-061호
주소 (우 10881) 경기도 파주시 회동길 201(문발동)
대표전화 031-955-2100 **팩스** 031-955-2151 **이메일** book21@book21.co.kr

(주)북이십일 경계를 허무는 콘텐츠 리더

21세기북스 채널에서 도서 정보와 다양한 영상자료, 이벤트를 만나세요!

페이스북 facebook.com/jiinpill21 **포스트** post.naver.com/21c_editors
인스타그램 instagram.com/jiinpill21 **홈페이지** www.book21.com
유튜브 www.youtube.com/book21pub

서울대 가지 않아도 들을 수 있는 **명강의!** 〈서가명강〉
유튜브, 네이버, 팟캐스트에서 '**서가명강**'을 검색해보세요!

ⓒ 토드 로즈, 2018

ISBN 978-89-509-9587-4 03370